JJYGLZYJCK

经济与管理专业基础课系列教材

金融学基础

JIN RONG XUE JI CHU

韩玉珍 / 主编

首都经济贸易大学出版社
Capital University of Economics and Business Press
· 北 京 ·

图书在版编目(CIP)数据

金融学基础/韩玉珍主编.—北京:首都经济贸易大学出版社,2007.1

(经济与管理专业基础课系列教材)

ISBN 978-7-5638-1402-2

Ⅰ.①金… Ⅱ.①韩… Ⅲ.①金融学—高等学校—教材 Ⅳ.①F830

中国版本图书馆 CIP 数据核字(2006)第 133102 号

金融学基础

韩玉珍 主编

出版发行 首都经济贸易大学出版社

地　　址 北京市朝阳区红庙(邮编 100026)

电　　话 (010)65976483 65065761 65071505(传真)

网　　址 http://www.sjmcb.com

E-mail publish@cueb.edu.cn

经　　销 全国新华书店

照　　排 北京砚祥志远激光照排技术有限公司

印　　刷 北京九州迅驰传媒文化有限公司

开　　本 787 毫米×960 毫米 1/16

字　　数 316 千字

印　　张 18

版　　次 2007 年 1 月第 1 版 2017 年 12 月第 1 版第 6 次印刷

书　　号 ISBN 978-7-5638-1402-2/F·818

定　　价 32.00 元

前　　言

面对金融这个熟悉的名词，相信大多数读者都有一种似有所知而又不知的感觉。其实，金融作为一个特殊的门类，已当之无愧地成为现代经济的核心。经济决定金融，经济的发展水平决定金融的发展水平。但是，金融在服务于经济的过程中，又反作用于经济，金融的发展和信贷结构影响经济发展的速度和结构。因此，大到一个国家和地区，小到一个家庭和个人，在金融活动中的行为选择，都影响着国民经济整体的运行状况。毫不夸张地说，金融意识的强弱、金融知识的多少，是衡量一个企业、一个经理人员，乃至一个普通公民是否适应现代化市场经济、是否适应新时代要求的一个重要标志。

每一门成熟的学科都有其独特的研究对象、基本范畴和基本原理，学科的基本内容构成不会因为时间、空间或环境的改变而改变，数学是如此，物理学、化学是如此，金融学也应该是如此。

然而，金融学的研究对象是什么？其基本范畴、基本原理又是什么？

金融学是研究融通货币和货币资金的经济活动的学科。

在经济生活中，信用和货币流通处于不可分割的状态，把信用和货币流通紧密联系在一起，研究它们本身的运动规律和它们在经济生活中的地位、作用，以及它们与其他经济范畴的相互制约关系，是金融学的基本内容。

金融学在古代不是独立的学科，如在中国，一些金融理论观点散见在论述“财货”问题的各种典籍中。它作为一门独立的学科，最早形成于西方，叫“货币银行学”。近代中国的金融学，是从西方介绍来的，有从古典经济学直到现代经济学的各派货币银行学说。

我们所撰写的《金融学基础》，既研究货币、信用、银行活动的一般规律，现代金融经济运行的一般形式、规范、原则、操作程序，又研究社会主义市场经济条件下的特殊规律；其内容既具有宏观性、综合性、战略性，又具有微观性、个别性、适用性。所以，本教材主要涵盖货币、信用、金融机构与金融体系、金融市场、货币供求与均衡、通货膨胀与通货紧缩、国际金融等内容。本书以马克思主义基本原理和基本方法为指导，系统阐述金融学的基本知识、基本理论及其运动规律，客观介绍国际主流货币金融理论及最新研究成果、实务运作机制及最新发展；立足中国实际，交融历史与现实，概括反映我国经济体制改革、金融体制改革的实践和理论研究成果，实事求是地探讨社会主义市场经济发展中的金融理论与实践问题。我们力求使本书内容信息量大、兼容性强、涉及面宽。

概括起来，本教材的写作着力突出以下特点：

1. **重新**。本教材既学习借鉴了国内外著作的内容精华，又参考借鉴了最新研究成果的新内容、新方法，力求突破单纯地介绍理论的传统模式，侧重于将各种理论和实际工作中的案例进行融合、归纳、集成，形成一个比较完整的理论与实践有机融为一体的内容体系，具有较强的科学性、系统性、实用性和超前性。

2. **重特**。在教材内容、知识体系和编写体例上，以全面推进素质教育为着眼点，注重学生在素质教育和创新能力、实践能力方面的综合提高，为学生在知识、能力以及综合素质方面的协调发展创造条件，对本学科知识和其领域的前沿性问题尽可能地做了介绍和叙述，不仅为学生展示了一个广袤的科学发展世界，而且使学生感到是在与前辈科学家们进行思想交流，在学习科学知识的同时，逐步学会如何做一个高素质的社会人。

3. **重实**。本书以金融实务为重心，注重实务操作的介绍。在介绍金融理论的同时，尽可能地把理论与金融改革的实践结合起来。例如，阐述国际收支理论，则探讨中国的国际收支状况；诠释国际储备理论，则结合分析我国的外汇储备的适度性等问题。我们力求把学习、探究、实训、拓展有机结合，使学生在学习知识的同时，提高分析问题和解决问题的能力。

鉴于本教材的特点，它可作为普通高等院校、成人高等院校学生的教材，也适用于企业、公司高层管理人员和接受继续教育培训人员的教材。因此，凡有志于获得更高的效益或更好的结果，有志于掌握并提高金融技能，有志于取得成功的人士能从此书中获益匪浅。

本教材在编写过程中，借鉴、吸收了国内外专家学者的研究成果及著作，并得到了国内外有关专家学者、企业、公司和出版单位的大力支持和帮助，在此一并致谢。本教材的作者都是具有多年教学实践经验的教师，他（她）们集教学经验和科研成果于一体，严谨认真地编写了此书。全书共分八章，第一、第二章由李多全执笔，第三章由李丹执笔，第四、第七章由刘雅丽执笔，第五、第六章由贾辉艳执笔，第八章由韩玉珍执笔。全书由韩玉珍总纂、审定、定稿。

本教材虽然几经修改，但因水平有限，错误或疏漏之处在所难免，敬请同行和读者批评指正。

韩玉珍

2007 年 1 月

目录

CONTENTS

1

第一章

货币概述

本章学习重点

- 货币的本质与职能
- 货币制度的构成要素
- 货币制度的类型
- 信用货币制度
- 人民币本位制度
- 货币流通的实质
- 金属货币的流通规律
- 纸币的流通规律

我们天天与货币打交道，我们的生活一时一刻都离不开货币；我们不敢想象没有货币的生活将是什么样子。货币与我们的关系十分密切，对我们来说非常重要。然而，有时我们又觉得它很神秘，不识其庐山真面目。因此，就让我们来揭开货币女神的神秘面纱，弄清楚货币到底是什么样子、它的作用有哪些、它是如何运动的。

第一节 货币的本质与职能

为了阐述货币的本质与职能，我们首先要探究货币的起源与发展。

一、货币的起源与发展

相对人类社会在地球上已有百万年的历史来说，货币自产生至今，只不过有几千年的历史。关于货币的起源，不同历史时期的学者曾经有过各种各样的解释。有的人认为货币是人们“协商”的结果，是某些聪明人的发明；有的人认为货币就是黄金，把货币看成是黄金的天然属性；还有的人认为，货币是先王的意旨和睿智等。但是，只有马克思第一次科学地阐明了货币的起源与本质，建立了科学的货币理论。

（一）货币的起源

马克思认为，货币是商品交换发展的结果。在人类社会的初期，不存在商品交换，当然也不存在货币。随着生产力的发展，有了剩余产品，便有了简单的以物易物形式的商品交换。当人类社会出现了第二次社会大分工，即手工业从农业中分离出来以后，这时的生产已经不再仅仅是为了满足自己生活的需要，而是为了商品交换，人们自然不会满足交换的偶然性与个别性，这样，物与物交换的局限性就充分暴露出来了。普遍性交换必然要求出现一种大家都能接受的中间商品。这种大众都能接受的中间商品就是我们所说的“媒介物”，以实现商品交换时间上的错位、空间上的分离。它也被我们称为“一般等价物”，这就是货币的雏形。而对于究竟何者可为一般等价物，最初还依然是一个大众选择的问题。可以是鸡，也可以是石头，还可以是树叶。这时的商品无论在种类上还是在范围上，都比以前有了明显的扩大和提高。

但是，人们之所以最终选择了金银而不是其他的东西作为货币，是因为金银本身所具有的天然的物质属性最适宜于充当货币材料。所谓“金银天然不是货币，货币天然是金银”就是这个意思。金银具有的不易腐烂、易分割、价值适中等自然特性决定了它们是最好的一般等价物，从而也就使它们和其他的货币商品相比具有无可比拟的优势，最终成为了我们的货币。

综上所述，从商品交换的历史发展可以看出：货币是随着商品经济的发展而逐步出现的。它是从商品交换中自发分离出来充当一般等价物的特殊商品,而不是某个人的发明或妥协的产物。

（二）货币形式的发展

货币的具体形式是随着生产力的发展和社会的进步而不断变化的。随着商品生产和商品交换的发展,随着人们对货币在经济中所起作用的认识的深化,货币不断地从自发演变形态,向着有更多的人为管理和控制因素的形态方向发展。迄今为止的货币形态发展过程表现为:一个从金属货币到纸币,从名副其实的价值实体到名不副实的价值符号,从真实价值到名义价值的演变过程。这一过程与社会经济发展有着紧密的内在联系。一方面,不断发展的商品交换规定了货币形态历史沿革的轨迹;另一方面,不断演进的货币形态也更好地适应了商品交换发展的需要。从金属货币到纸币,从实体形态到"观念上"的存在,这是货币发展史的一条基本线索。

具体地说,货币的历史发展经历了实物货币、金属货币、纸币、信用货币 4 个阶段,并逐渐向电子货币的新阶段迈进。

1. 实物货币。实物货币又称为商品货币,它是货币形态发展的最原始形式。谷物、布、兽皮、家畜等许多商品都作过货币。在我国的夏代,人们将贝壳作为货币使用,所以我国汉字中与钱有关的字大都是"贝"字旁。但是,一般实物货币或多或少都有缺陷,如有的体积笨重,有的价值量较小,而有的不易分割、不易携带等等。实物货币的这些缺陷阻碍了商品交换的发展。于是,在商品生产和交换的发展中,货币才逐渐自发地固定在金属货币形态上。

2. 金属货币。金属货币也称实体货币。从广义上说,它是实物货币的一个阶段,即实物货币的高级阶段。但是,严格地讲,金属货币同原始的实物货币有着明显的区别。这主要表现在:在实物货币阶段,由多种商品在不同时期、不同区域交替地扮演着货币的角色,这些特殊等价物往往是多变的和不固定的。而在贵金属货币阶段,扮演货币角色的特殊等价物集中在某一种商品上,这就是黄金或白银。

随着商品交换的发展,人们逐步看到黄金或白银由于单位体积价值高、价值稳定、质地均匀且易于分割、耐磨等优点,是用做货币币材的最佳材料,所以,几乎所有的国家在不同历史时期都经历了金属货币阶段。这种货币的优点在于其本身具有十足的价值,当金属货币量大于媒介商品流通需要量时,它会自动退出流通,作为价值贮藏手段,因而具有稳定币值的作用。这一货币形式成为古典意义上比较完美的货币形式。我们后面所分析的金本位制度，就是建立在这一货币形态基础之上的。

3. 纸币。一般来说，纸币主要是指国家发行作为法定通货的纸制货币。纸币是从货币作为流通手段的职能产生的。货币作为流通手段，只是转瞬即逝的媒介。因此，作为流通手段的货币，就不必要十足价值的货币。我国是世界上最早使用纸币的国家。早在西汉时期，汉武帝曾经发行过“皮币”，这就已具有纸币的性质了。到了 1 000 多年前的北宋时代，出现了一种印刷的纸币，叫“交子”或“钱引”，它是一种兑换券。

4. 信用货币。信用货币就是以信用作为保证，通过信用程序发行和流通的信用证券。它包括本票、汇票、银行券和支票等。信用货币是商品经济和信用制度发展的产物。在流通贵金属货币的情况下，由于货币数量的增加，使其在来源上受到金银采掘量的限制。随着市场经济的发展，一方面，由于金银货币有限制的增加难以适应流通对货币需要量的增加；另一方面，随着信用制度的扩大，货币作为支付手段的职能也在扩大，就逐渐出现了各种形式的信用货币。

5. 电子货币。电子货币通常是指利用网络或者储值卡进行电子资金转移，利用电子计算机记录和转移存款。电子货币是当今货币形态发展的新趋势，由信用货币的“符号化”向电子货币的“观念化”发展。银行在各销售场所安装终端机并与银行电脑中心连接。顾客购物后，只需将其专用的货币卡插入终端机，电子计算机会自动将交易金额分别记入买卖双方的银行账户。究其实质，电子计算机网络内传输的是“数码信号”电子流，并非具体的货币形态。电子计算机只是执行人们“观念上”认为这钱应该由买方向卖方转移的指令，所以，电子货币可以被认为是一种“观念上”的货币。

电子货币具有转移迅速、相对安全和节约费用的优点。然而，使用电子货币的人们在产生方便感之余，总免不了有一些担心，如害怕电子货币被盗，担心个人资产资信情况泄密等。由于电子货币与人们使用现金货币相比，仍然具有某些竞争上的缺陷和劣势，因此，电子货币全面应用时代的到来恐怕还需要一段时间，还有赖于科技进步成果的积累，保障设施的完善以及电子终端的普及。

纵观货币形态的发展与演变，可以使我们从中得到一些启发：一是商品生产与交换的发展是货币形态演化的根本原因。能否取得货币的资格，取决于能否满足商品生产和商品交换在广度上和深度上不断拓展的需要，取决于社会大众的普遍信任和接受。二是随着货币形态的演变,人们对货币的本质和货币在经济中所起的作用的认识在不断深化,借以使人们能够能动地控制货币,从而实现驾驭经济的需要。

二、货币的本质

货币产生的根源及其历史发展过程可以充分证明,货币本身所固有的本质属性就是它是固定地充当一般等价物的特殊商品,并体现一定的生产关系。事实上,也正是由于货币的这种本质特征,才使得货币区别于其他一切商品。

(一)货币是充当一般等价物的特殊商品

从现象上看,货币和其他一切商品一样,都是用于交换的劳动产品,都是价值和使用价值的统一体。但货币与一般商品又有着本质上的区别,货币的特殊性主要表现在以下几个方面:①货币是表现其他一切商品价值的材料,而其他一切商品没有这种特性。在商品世界中,普通商品直接以使用价值形式出现为社会所接受,而货币则是以其他商品价值的一般等价物形式出现的,是表现其他一切商品价值和交换价值的特殊材料。②货币具有与一切商品直接交换的能力。货币和其他普通商品一样具有特定的使用价值,如金、银可以用来镶牙,但更重要的是货币具有一般的使用价值,即作为交换手段,货币可以用来购买任何商品,具有与一切商品直接交换的能力。

(二)货币体现了一定的生产关系

从生产关系的角度看,货币作为交换的媒介和一般等价物出现,反映了商品交换背后的商品生产者之间互相交换劳动的经济关系,货币体现了一定的社会生产关系。商品生产者相互交换商品,实际上是相互交换他们各自的劳动,只不过这种劳动的交换表面上看不出来,而是采取了价值形式。货币作为一般等价物,使商品的所有者通过商品交换实现了他们的社会联系。商品生产者卖出了商品获得货币,就表明该商品生产者的私人劳动得到了社会承认,从而私人劳动转化为社会劳动。他出售自己的商品获得的货币是多于还是少于他生产该商品所耗费的劳动,反映了他在交换中是否进行了等价交换,以及他的生产是否按照社会的客观需要量进行生产,货币在商品交换中体现了人与人之间一定的生产关系。因此,货币本质上体现了一种社会生产关系。

三、货币的职能

货币的职能就是货币在经济中作用的发挥，也是货币本质的具体体现。一般来说，货币具有价值尺度、流通手段、贮藏手段、支付手段和世界货币五种职能。其中，价值尺度和流通手段这两种职能通称为货币的基本职能；贮藏手段、支付手段和世界货币是由其基本职能派生出来的，被称为派生职能。

（一）价值尺度

货币的第一个基本职能是充当价值尺度。所谓价值尺度，即货币具有表现商品价值并能衡量商品价值量大小的职能。

货币之所以能充当价值尺度，是因为作为贵金属货币，其本身也是商品，也具有价值，就像衡量长度的尺子本身也具有长度一样。

货币在执行价值尺度的职能时，并不需要现实的货币而是采取观念形态的货币，即商品的价格。商品的价格是商品价值的货币表现，是为各种商品之间的交换提供便利的基础。在足值的金属货币流通的条件下，价格的变化往往要依据商品价值和货币价值这两个基本因素的变化。一般地说，商品的价格与商品的价值成正比例的变化，商品的价格与货币的价值成反比例变化。而在不足值的金属货币流通和价值符号流通的条件下，情况就不相同了，这是由于价格受劳动生产率和市场因素等多方面的影响，价格的变化并不与商品价值的变化完全一致，有时甚至呈现背离的情况。

为了能够衡量和计量各种商品的价值量，也为了交换的方便，有必要确定货币本身的计量单位，即在技术上把某一标准固定下来作为货币单位，并把这一单位再划分为若干等份，这种货币本身的计量单位及其等份，称为价格标准。例如，以黄金作为货币，就要把黄金划分为两、钱等计量单位。历史上，最初的价格标准和货币重量单位是一致的，如英国的货币单位英镑，原来是重一磅的银的货币名称。

但是，在历史发展过程中，价格标准和货币本身的重量标准逐渐脱钩，最后又过渡到仅仅作为价值符号的纸币形态。

（二）流通手段

对于货币的流通手段职能，也有学者将之称为交换媒介，两者所表达的内涵是一致的。

货币充当交换媒介，使买与卖不再像物物交换那样必须同时进行，而是可以分别进行。首先是所有者将商品换成货币，然后再以货币买回自己所需的物品或劳务。在这当中，直接交换行为也就变成间接交换行为。如果说在前工业时代，不利用货币而单单凭借物物交换即可满足需求还能成为一种现实的话，那么，工业生产主导化的时代已经使之不再可能。我们试想，如若我们今天没有货币作为流通手段，那么，我们又怎样才能让交易者寻找到具有相互弥补需求的人，而其所带来的社会成本的浪费无疑是无法估量的。

充当流通手段的货币不能是观念形态的货币，而必须是现实的货币。最初，充当交换手段的货币，是以金属条块形式出现的，每次交易时都要验成色，称分量，很不便利。随着商品交换的发展，出现了铸币的萌芽，即有些商人在金属条块上烙有个人印记，以信誉来保证金属条块的质地。后来，逐步由国家出面铸造铸币。铸币是具有一定形状、重量、成色的金属货币。在其流通过程中，出现了因不断磨损而不足值的铸币与铸币的名义重量相背离的状况，但不足值的铸币仍然可以充当流通手段。这是因为，流通手段的作用是转瞬即逝的，人们并不关心币值的大小，而是关心是否能换回等价使用价值的商品。以后，国家就开始有目的地铸造不足值铸币，进而开始发行无任何内在价值的纸币。纸币是一种由国家发行的并强制实行流通的价值符号，但它也能执行流通手段的职能。

（三）贮藏手段

货币的贮藏手段职能，是指货币作为社会财富的一般代表，在退出流通领域之后可以被人们贮藏起来，具有保存价值。贮藏手段的职能是在价值尺度和流通手段职能基础上产生的。

在金属货币流通的条件下，充当贮藏手段的货币，必须是具有内在价值的金币或银币，当时除了金、银币直接的“窖藏”之外，人们还将金、银的艺术制品进行贮藏。而这些行为的产生，正是与当时的商品经济不发达有关。在金属货币和纸币同时流通的条件下，人们除了贮藏金属货币外，还将不具有内存价值的货币符号即纸币积蓄起来作为一种对未来流通手段或支付手段需要的“准备金”。当信用制度在商品经济中发展起来后，货币贮藏便集中到银行。在经济发达的社会中，储蓄已经成为家庭、企业和政府的一种普遍贮藏形式。但是，要想正常发挥纸币的贮藏手段职能的作用，必须具备一定的前提条件，即货币的币值较为稳定。贮藏货币可以带来稳定的收益。如果发生了通货膨胀或纸币贬值，就会使货币的贮藏职能有所削弱。

（四）支付手段

货币的支付手段职能，是指货币作为清偿债务、赋税、支付租金和工资的时候，发挥支付手段职能。

货币执行支付手段的职能，最初是由商品的赊销买卖引起的。当货币被用来偿还赊销一定期限的货款时，商品的让渡和货币的支付实际上已经在时间上分离开来，货币发生了价值单方面的转移，因此，这时的货币已不是充当商品交换的媒介，而是作为偿还债务、延期付款的手段。随着商品经济的发展，又形成了货币借贷关系，货币本身成了商品，货币商品的借和贷成了两个独立的行为，货币的借入者在借款到期后必须偿还本息。货币的偿还债务手段更为明显。

货币贮藏手段和支付手段的存在和发展，使银行业得以形成和发展。在一定的信用制度下，货币作为支付手段的职能得到了进一步强化，又派生出信用货币，即取代了金属货币而充当支付手段的信用凭证和票据。由于信用货币的推广，债权债务相互之间的支付，能够集中于某一特定地点进行相互抵消，债务余额减少，从而充当支付手段的货币流通量也就日益减少。由于货币的价值会发生波动，因而，货币作为支付手段的功能也会发生动摇。债权人与债务人之间也就常常会因此发生诸多争端。再者，因为货币在承担履行债务职能之前，是信用在发挥作用，而信用的易破坏性往往使债务的履行成为泡影，从而加剧商品经济的矛盾，增大经济危机的可能性。

（五）世界货币

随着经济的发展，商品流通越过国界，扩大到世界范围，货币也就超越了国界。货币在国际市场上起到一般等价物的作用，即执行世界货币的职能。

世界货币职能具体包括以下 3 个方面的内容：①作为平衡国际收支差额的最后支付手段，用以支付国际收支差额；②作为国际普遍的购买手段，主要是一国向另一国购买商品，货币商品直接同另一国的一般商品相交换；③社会财富的转移手段，即由一国转移到另一国，如战争赔款、资本输出等。

在国际货币流通领域内，一直以贵金属特别是黄金作为世界货币的代表。在当代，执行世界货币职能的并不只是黄金，还有国际间广泛使用的货币，例如，世界上各国大多采用美元作为计价、结算和转移财富的世界货币代表。此外，欧元、日元等也在一定范围内起着世界货币的作用。原因就是这些国家的经济实力比较强，外汇储备多，兑现程度也较高，币值也相对稳定；加之金融组织机构遍布世界各地、服务于各国，因此，这些国家的货币易于被他国所接受和使用。与此同时，黄金仍发挥着世界货币的作用，并没有退出历史舞台。

第二节　货币制度

有了货币以后，各国都针对货币问题制定了各种法令，规范货币的发行与流通，这就是货币制度。

一、货币制度的形成

货币制度简称“币制”，是一个国家以法律形式确定的该国货币流通的结构、体系与组织形式。它主要包括：货币本位制度，货币单位，货币的铸造、发行和流通程序，以及准备制度等。货币制度的形成经过了漫长的历史发展过程。

（一）铸币流通

在前资本主义社会，世界各国先后出现了铸币流通。所谓铸币，是指国家铸造的具有一定形状、重量和成色（即贵金属的含量）并标明面值的金属货币。最初的金属货币是以条块形状流通的，每次交换都必须鉴定成色，权衡重量，然后按交易额的大小来进行分割。但是这样做会出现许多麻烦：一是金属货币携带不便；二是由于分割困难往往引起交易纠纷。在这种情况下，一些在商界有影响的富商大贾便在金属货币上加盖自己的印戳并标明重量和成色，于是这块金属货币就成为以该富商大贾信誉为保证的铸币。这种以个人信誉为保证的铸币流通，受到各方面因素的制约，因此带有很大的局限性。后来逐步演变为由国家来铸造铸币，因为拥有政治权力的国家最具有权威。国家铸造具有一定形状、重量和成色并打上印记的铸币，能够起到稳定价值尺度、统一流通手段的作用。

这一时期的铸币流通有以下几个特点：

1. 铸币材料价值较低。这种状况与前资本主义社会商品经济不够发达有关。在中国 2 000 多年的封建社会中，曾经广泛使用铜钱，而银基本上是以块状按其重量流通使用的。直到 1910 年即清宣统二年颁布币制条例，宣布实行银本位制，银币形态才出现在流通领域。在欧洲的封建社会，虽然主要是用银作为货币材料，但也使用铜币，或用铜掺合银铸成不同成色的合金币。虽然在罗马时代已经使用金币，在中国历史上也较早地出现过黄金以块状按重量流通使用，但在前资本主义社会，黄金都不是主要的货币材料。

2. 铸币的铸造分散，流通具有地方性。人类使用金属铸币大约有3 000多年的历史。在欧洲的封建社会，没有统一的民族国家，各个封建主统治着其所属的独立的城堡，各个城市有自己独立的行政、司法、财政等权利，有自己独立的管理机构，并以此分别铸造货币，在各自独立的城邦流通着不同的铸币。比如，在中世纪的德国，仅隶属于各封建主的铸币局就有 600多所。中国虽自秦以来就形成了统一的民族国家，但也未形成现代社会那种统一的货币制度，铸币的铸造极其分散，造成名目繁多、形式杂乱、成色重量不一、标准币不同等状况。例如，在清朝，白银是主要币材，实行“称两制”，即按重量计量流通。仅就称两制来说，同是一两，就有广平、关平、漕平、库平之分。清朝末年，各省均铸造银元，重量、成色不一，大多限于本省流通。

3. 铸币不断变质。在封建割据的条件下，封建诸侯为了扩张自己的权力，掠夺他人的财富，必然不断进行战争，这就需要增加军费支出；同时，统治者为了满足自己穷奢极欲的生活需要，以及对内维护自己的统治，也要增加财政支出。由于铸币铸造权属于封建统治者，统治者就会通过降低铸币成色、减低铸币重量的方式解决财政困难、聚敛财富，从而使铸币变质。

概括地说，前资本主义社会的货币流通是分散的、混乱的，而不是集中的、定型的、制度化的。这显然不能满足资本主义商品经济发展需要有一个统一的、稳定的货币制度的客观要求。

（二）货币制度的形成过程

货币制度的一些要素在前资本主义社会就陆续产生了。但是，作为一种系统的货币制度，还是在资本主义经济制度产生之后形成的。资本主义经济制度的核心是统一的市场，这就需要有统一、稳定和规范的货币流通制度。为了改变当时货币流通的混乱状况,各国政府先后以法令或条例的形式对货币流通作出了种种规定。这些规定包括以下几个方面的内容:①建立以中央银行为唯一发行机构的统一和集中的货币发行体系,垄断货币发行;②就相对稳定的货币单位作出相应的规定,以保证货币制度的稳定;③就贵金属充当币材料并能自发调节流通中的货币量作出规定。

西方国家政府在资本主义上升时期为克服货币流通混乱的状况,将已颁布的本位货币金属、货币单位,货币铸造、发行和流通程序、发行准备等法令和条例集中起来制度化的过程,就是资本主义货币制度的形成过程。

二、货币制度的构成要素

世界上任何国家的货币制度的构成主要包括以下要素:

(一)货币本位制度

所谓货币本位制度,是指以何种材料作为本位货币,从而作为其他货币的标准与计算单位的制度。确定的货币材料不同,就有不同的货币本位制度。例如,以白银作为货币材料就是银本位制度,以黄金作为货币材料即金本位制度,以纸质作为货币材料即为纸币本位制度等。

(二)货币单位

货币材料确定后,就要进一步确立货币单位,包括规定货币单位的名称和单位货币价值量。各国货币都有着自己的名称,在金属本位制下,还要确定单位货币所包含的货币金属的重量。例如,英国的货币单位命名为"英镑",其 1816 年 5 月的《金币本位制案》规定,1 英镑含 7.97 克黄金;美国的货币单位是"美元"(U. S. Dollar),根据其 1934 年 1 月的法令规定,1 美元含金量为 0.888 671 克;1914 年中国当时的北洋政府颁布的《国币条例》规定,货币单位为"圆",1 圆含纯银 0.648 两,合 23.977 克。

(三)各国通货的铸造、发行与流通程序

一国的通货,通常分为主币(即本位币)和辅币,它们各有不同的铸造、发行和流通程序。

1. 金属本位币。在金属货币制度下,本位币是用一定货币金属按照国家规定的货币单位铸造的铸币。起初,货币在民间铸造,其信誉和流通范围受一定限制,后来逐步由国家来进行铸币的制造,因为拥有政治权力的国家最具权威。国家铸造一定形状、重量、成色并打上印记的货币,能够起

到稳定价值尺度、统一流通手段的作用。

金属本位币在流通上具有3大特征：

(1)自由铸造，即每个公民都有权把货币金属送到造币厂铸成本位币。自由铸造的意义在于：①可以使铸币的名义价值与实际价值相符，也就是铸币的名义价值与铸币所包含的贵金属价值保持一致；②可以保证铸币量自发地适应流通中对铸币的客观需要量。如果流通中铸币过多，人们会自发地把铸币熔化为金属块。所以，货币作为价值贮藏手段，其调节流通中货币量的功能，是借助于自由铸造得以实现的。

(2)无限法偿，即国家规定本位币拥有无限制的支付能力。不论每次支付的数量多么巨大，如果用本位币支付偿债，商品出卖者和债权人都不能拒绝接受或要求改用其他货币。无限法偿是国家赋予本位币的绝对权力，确保了本位币的权威，有利于国内金融市场的统一和货币流通秩序的稳定。

(3)规定磨损公差。由于技术原因，有时会出现铸币的实际重量与法定标准不符，或在流通中因逐渐磨损而使重量减轻的铸币。为了避免因此而导致的本位币贬值，货币制度规定了每枚铸币实际重量不足法定重量的限度，称为磨损公差，超过磨损公差的铸币不能流通使用。

2. 辅币。辅币是本位币以下的小额通货，供日常交易与找零之用。其流通特点恰与本位币相反：①限制铸造。由于辅币通常用贱金属铸造，其名义价值高于实际价值，故辅币仅限于国家铸造。②有限法偿。法律规定辅币在一次支付中的最高限额，超过限额，债权人有权拒收。如美国曾规定，10美分以上的辅币每次支付以10美元为限。

3. 纸币的发行和流通程序。在金属货币制度下，流通中的货币除了铸币形式的本位币及其辅币外，还有银行券、纸币或不兑现的信用货币。银行券和纸币虽然都是没有内在价值的纸制的货币符号，却因为它们的产生和性质各不相同，所以其发行和流通程序也有所不同。

银行券是一种信用货币，它产生于货币的支付手段职能，是代替金属货币充当支付手段和流通手段职能的银行证券。在银行办理信贷业务时，既可以支付现金，也可以开出随时能够兑现的银行券。在银行业发展的早期，银行券由商业银行分散发行，19世纪以后各国才集中统一由中央银行发行。国家以法律形式规定中央银行发行的银行券为法定支付手段，拒绝接受者被视为违法。1929～1933年，西方国家经济危机后，各国的银行券都不再兑现，从而演变为不兑现的纸币。

纸币是本身没有什么价值、又不能兑现的货币符号。它产生于货币的流通手段职能。货币在发生流通手段职能时，只是交换的媒介，而不是交换的目的，这就意味着货币符号可以替代货币进行流通。后来，国家政府根据流通手段的这一特性，有意识铸造和发行不足值铸币，直至发行本身几乎没有价值的纸币，并通过国家法律强制其流通。可见，纸币产生的前提不是发达的信用制度，而是中央集权的国家政权和统一的国内市场。

在当代社会经济中，银行券和纸币已基本成为同一概念。因为：①各国银行券已经不再兑现金属货币；②各国的纸币已经完全通过银行的信贷程序发放出去，两者已经演变为同一事物。

（四）规定准备制度

国家确定一种本位货币之后，为保证其履行流通媒介与价值衡量等功能，必须建立相应的黄金准备，以应付出现信用支付危机。可见，准备制度是指一国货币发行的物质基础。从历史上看，贵金属准备制度长期以来一直是准备制度的主要内容。

贵金属准备制度是指国家集中储备黄金或白银，作为稳定货币和汇率的平准基金以及发行货币的准备金。黄金准备的用途有：①作为国际支付的准备金；②作为调节国内金属货币流通的准备金；③作为支付存款和兑换银行券的准备金。在目前贵金属货币停止流通的条件下，货币金属准备的第二和第三个用途已经消失，只有第一个用途依然存在，因为黄金仍是国际支付和清算的最后手段。世界各国建立了以特定自由兑换的外汇，如美元、英镑、日元，还有以这些货币的债权等作为准备金的制度，以便用于国际支付结算。

（五）规定货币的对外关系

规定货币的对外关系，即规定本国法定货币同外国货币是自由兑换货币，还是不自由兑换货币，即管制货币。货币的对外关系，是由一国的政治、经济、文化和历史传统等诸多因素决定的。

三、货币制度的类型和演进过程

货币制度是一种社会经济制度，它经历了一个不断发展和演进的历史过程。追溯世界各国货币制度的历史发展，大体上经历了银本位制、金银复本位制、金本位制、不兑现的信用货币制度等阶段。

（一）银本位制

银本位制是最早的货币制度之一，它是指以白银作为币材的一种货币制度。银本位制的特征：①以白银为本位币币材，银币为无限法偿货币，并有强制流通能力；②本位币的名义价值与它所含的白银的价值相等；③银币可以自由铸造，自由熔化，白银可以自由兑换银币；④银币和白银可以自由输出输入。

从世界范围看，银本位制的推行时间是从16世纪到19世纪。由于银本位制中白银的价值不稳定，各国先后放弃了银本位制而采用金银复本位制或金本位制。我国于1910年宣布实行银本位制，1935年废止银本位制。

（二）金银复本位制

金银复本位制是指以金、银两种金属同时作为本位币币材的货币制度。实行金银复本位制，必须确定金币和银币的比价。按比价的确定方式不同，金银复本位制又有3种类型：平行本位制、双本位制、跛行本位制。

平行本位制，是指金银两种货币均按其所含金属的实际价值流通的货币制度。其特点是，两种货币的比价完全由市场价格确定。但这种制度会导致由于两种货币金属自身价值的变动而引起市场交易的混乱，故各国开始以法律形式规定金银的比价，两种货币按规定比价流通，这样的制度就是双本位制度。它解决了商品交换规模扩大同白银价值较低的矛盾。但是这一做法具有违反经济规律行事的色彩，并且以两种货币同时作为本位往往会导致对货币本性的背离，从而出现“劣币驱逐良币”的现象。这一现象由16世纪英国财政家汤姆斯·格雷欣提出，因而，这一现象又叫做“格雷欣法则”。对此，我们可通过一个形象的例子即可让大家明白。假设A国为适用金银复本位制的国家，同时流通着金银两种币种，它们两者的实际价值并不相同，但是，A国为防止平行本位制下市场交易的混乱，便规定两者的比例。假设金银两者的市场比为1∶30，而法定比却为1∶20，这样，银的价格就相对上涨了，此时，市场的逐利性便促使人们会将金币熔化为金块而按市场比价换成银块，再把银块铸成银币，这样，他就可以得到10份白银的利润。所以，虽然法律规定两种铸币可以按法定比价同时流通，但实际上，劣币会驱逐良币，这样，市场上充斥的将是那种法定提高其价格的货币。

由此，为防止人们任意毁坏金银币材，出现了跛行本位制。在跛行本位制下，金币可以自由铸造，银币不能自由铸造，将银币的铸造权完全收归政府，以保持银币与金币的比价稳定的货币制度。在这样的金银复本位制度下，因人们无法再通过铸造银币来获得利润，故复本位制已经变质。打个形象的比喻，金银好比人的两只脚，但“银脚”已经不健全了，故而这种制度运行起来自然就像瘸腿的人在走路，所以人们称为跛行本位制。这样的一种复本位制已经是一种异常的复本位制，它只能向金本位制过渡。

（三）金本位制

在世界各国中，最早实现金本位制的国家是英国，而这也与最早发现格雷欣现象的格雷欣爵士此前就此向伊丽莎白一世女王所作的奏陈有关。金本位制是指以黄金作为本位货币币材的货币制度。其具体形式先后是：金币本位制、金块本位制和金汇兑本位制。

1. 金币本位制。金币本位制是典型的金本位制，具有以下特点：①金币可以自由铸造，自由熔化，金币作为唯一法偿货币流通；②辅币和银行券可自由兑换金币；③黄金可以自由输出和输入。

上述特征决定了金币本位制是具有稳定性的货币制度。这种稳定性突出地表现在自发调节货币流通量、通货的币值对黄金不贬值、外汇行市的相对稳定等方面。英国是最早实行金币本位制的国家，于 1816 年宣布，从 1819 年开始实施。其后，19 世纪 70 年代，先后有德国、丹麦、瑞典、挪威、法国等欧洲工业国家相继由金银复本位制过渡到金币本位制。到 19 世纪末，美国和其他资本主义国家开始实行金本位制，至 20 世纪初，世界各国已广泛实行金本位制。

金币本位制这一稳定的货币制度，极大地推动了资本主义经济的发展，建立了历史的功绩。人们把金本位制下的金币流通称为“货币的黄金时代”。第一次世界大战以后，由于各资本主义国家经济发展的不平衡与黄金存量不平衡的加剧，英、法等国的黄金存量锐减，资本主义各国要恢复战前那种典型的金本位制已不可能。于是就建立了变相的金本位制，即金块本位制和金汇兑本位制。

2. 金块本位制。金块本位制也称生金本位制，是指没有金币的铸造和流通，而由中央银行发行以金块为准备的银行券作为流通货币。其特点是：①发行和流通的银行券规定有含金量；②不铸造、不流通金币；③黄金由政府集中存储，人们可按本位币的含金量（银行券的官方定价），在一定数额以上、一定用途以内兑换黄金。例如，英国 1925 年规定，银行券在 1 700英镑（合 400 盎司纯金）以上才能兑换黄金；法国 1928 年规定，兑换黄金的最低限额为 21 500 法郎。其间,实行金块本位制的国家还有荷兰、比利时等国。

3. 金汇兑本位制。金汇兑本位制又称虚金本位制,是实行银行券流通,只准以外汇间接兑换黄金的货币制度。其特点是:①货币单位规定有含金量,但不能直接兑换黄金,只可换取外汇,以外汇间接兑换黄金;②中央银行将黄金存于另一个实行金本位制的国家,规定本国货币与该国货币的法定比率;③以固定价买卖外汇来稳定币值和汇率。

第一次世界大战以前,菲律宾、印度等国曾实行金汇兑本位制。1924 ~ 1928 年资本主义相对稳定时期,战败国和某些殖民地国家整顿币制,如法国、智利、意大利和一些殖民地国家共 30 多个国家实行这种制度。实行金汇兑制的国家,实际上是使本国货币依附于经济实力雄厚的外国货币,如英镑、美元、法郎等,从而在经济上和货币政策上受这些国家的左右和控制。

(四)不兑现的信用货币制度

资本主义周期性经济危机,特别是 1929 ~ 1933 年的世界经济危机,使资本主义经济受到重创。严重的经济危机冲击了货币制度,各国纷纷放弃金本位制,转而实行不兑现的信用货币制度,从而开始了纸币流通的历史。

不兑现的信用货币制度是以纸币为本位币,是一种凭借国家信用,通过信用渠道发行和流通而且不能兑现黄金、取消黄金保证的纸币制度。

不兑现的信用货币制度的主要特征是:

1. 不兑现的信用货币一般是由中央银行发行的,并由国家法律赋予无限法偿的能力。

2. 货币不与任何金属保持等价关系,也不能兑换黄金,货币发行一般不以金银为保证,也不受金银数量的限制。

3. 货币是通过信用程序投入流通领域,货币流通是通过银行的信用活动进行调节,而不像金属货币制度那样由铸币自身进行自发的调节。银行信用的扩张,意味着货币流通量增加;银行信用的紧缩,则意味着货币流通量减少。

4. 不兑现的信用货币制度是一种管理货币制度。一国中央银行或货币管理当局通过公开市场政策、存款准备金率、贴现政策等手段,调节货币供应量,以保持货币稳定;通过公开买卖黄金、外汇,设置外汇平准基金,管理外汇市场等手段,保持汇率的稳定。

5. 货币流通的调节构成了国家对宏观经济进行控制的一个重要手段，但流通领域究竟能够容纳多少货币量，则取决于货币流通规律。当国家通过信用程序所投放的货币超过了货币需要量，就会引起通货膨胀，这是不兑现的信用货币流通所特有的经济现象。

6. 流通中的货币不仅指现钞，银行存款也是通货。随着银行转账结算制度的发展，存款通货的数量越来越大，现钞流通数量越来越小。

在不兑现的信用货币制度下，货币的制造过程是轻而易举的，成本微不足道，并且受政府不同程度的控制。在现代经济社会中，货币供应量的变化对经济的影响十分巨大。通过改变货币供应量，直接影响社会总需求，引导经济达到政府预定的经济目标，已成为各国政府经济政策不可或缺的组成部分。

四、我国的货币制度

我国现行的货币制度是人民币本位制度。人民币是由中国人民银行发行的，是法定的货币，任何单位与个人不得拒收。

（一）人民币制度的诞生

我国的人民币是1948年12月1日开始发行的。1955年3月1日起发行新人民币，规定以新币1元兑换旧币1万元，提高了人民币单位“元”所代表的价值量。人民币地位的确立是与中国共产党政权取代国民党政权相伴而行的。对于国民党政府发行的法币、金圆券和银圆券，解放前后政府采取了按某一比价迅速收兑的措施；对解放区发行的各种货币也采取逐步收兑、逐步统一的措施，建立起了人民的、统一的、独立自主的新货币制度——人民币制度。

（二）人民币制度的主要内容

人民币制度包括以下一些基本内容：

1. 货币单位和票券种类。《中华人民共和国中国人民银行法》明确规定：人民币是我国的法定货币，以人民币支付我国境内的一切公共的和私人的债务，任何单位和个人不得拒收。人民币没有法定含金量，也不能自由兑换黄金。人民币的单位是“元”，元是主币，辅币的名称是“角”和“分”，1元等于10角，1角等于10分，符号为“¥”。这些规定明确了人民币的地位和货币单位，对中国人民银行执行货币政策、加强宏观调控都具有深远的指导意义和现实作用。

2. 人民币的印制与发行。人民币由中国人民银行统一印制、发行。国务院每年在国民经济计划综合平衡的基础上，核准货币发行指标，并授权中国人民银行发行。禁止伪造、变造人民币。禁止出售、购买伪造、变造的人民币。禁止故意毁损人民币。禁止在宣传品、出版物或其他商品非法使用人民币图样。任何单位和个人不得印制、发售代币票券以代替人民币在市场上流通。残缺、污损的人民币，按照中国人民银行的规定兑换，并由中国人民银行负责收回、销毁。

中国人民银行设立人民币发行库，在其分支机构设立分库。分库调拨人民币发行基金，应当按照上级库的调拨命令办理。任何单位和个人不得违反规定动用发行基金。

3. 人民币的发行保证。人民币是信用货币。首先，人民币的发行是根据商品生产的发展和流通的扩大对货币的需要而发行的，这种发行有商品物资作基础，可以稳定币值，这是人民币发行的首要保证；其次，人民币的发行还有大量的信用保证，包括政府债券、商业票据、商业银行票据等；再次，黄金、外汇储备也是人民币发行的一种保证。我国建立的黄金和外汇储备，主要用于平衡国际收支。进口需要大量外汇，这就需要用人民币购买，出口收入外汇必须向外汇指定银行出售，银行在购买外汇的同时也就发行了人民币，因此，对人民币的发行也起着保证作用。

4. 人民币实行有管理的货币制度。作为我国市场经济体制构成部分的货币体制，必须是国家宏观调节和管理下的体制，包括：货币发行、货币流通、外汇价格等都不是自发的而是有管理的。有管理的货币制度形式，是在总结历史经验和逐步认识客观经济规律的基础上，运用市场这只无形的手和计划这只有形的手来灵活有效地引导、组织货币运行。

5. 人民币对外国货币的汇率及可兑换性。我国人民币对外币的汇率在现阶段实行的是有管理的浮动汇率。人民币汇率采取直接标价法；银行买卖外汇实行买入价和卖出价；现行挂牌的人民币汇率，一是对西方国家或地区，二是双边使用的。

货币的可兑换性是货币制度的内容之一。所谓可兑换性，是指一国货币可以兑换成其他国家货币的可能性。我国实行人民币的可兑换采取的是一个渐进的过程。现阶段，我国的人民币制度已具有相当稳定的经济基础和社会基础。在与我国接壤的一些周边国家中，人民币已被接受，有的还当成“硬通货”。1996 年,我国宣布人民币在国际收支经常项目下可兑换。

第三节　货币流通

一、货币流通的实质

货币作为流通手段时不断地从买者手里转移到卖者手里,作为支付手段时不断地从债务人手里转移到债权人手里,从而形成了川流不息的货币运动。货币流通,是指在商品流通过程中,货币作为流通手段和支付手段在买者和卖者之间不断转手的运动。

货币流通由商品流通引起。所谓商品流通,是指以货币为媒介的商品连续交换的整个过程,它的运动表现形式是 W—G—W。因此,商品流通的规模、速度、方向,影响着货币流通的规模、速度、方向。从货币流通和商品流通的定义可知,货币流通是由商品流通引起的,是商品流通借以实现的形式,货币流通受商品流通的制约。因此,商品流通决定货币流通,货币流通反作用于商品流通。商品流通是货币流通的基础,货币流通是商品流通的表现,货币流通影响商品流通,进而影响经济的运行。正常的货币流通会促进商品流通的发展,不正常的货币流通会给商品流通造成不利的影响。

二、货币流通的形式

我国现阶段流通中的货币,分为现金货币和存款货币;与之相适应,我国的货币流通表现为现金流通和非现金流通两种形式。

(一)现金流通

现金流通是指用人民币现款(包括主币和辅币)直接进行的货币收付行为。在商品交换中,与居民个人相关的购买具有涉及面广、购买次数频繁、每次支付的金额小,同时,居民在购买时要求在市场上自由选购和支付等特点,因此,需要一种比较灵活方便的支付形式与这种购买形式相适应。人民币现款具有可随身携带、随时支付,又适宜小额购买的特点,正好适宜居民个人购买的要求,这样便形成了现金流通。在我国,现金流通的主要部分是与居民个人相关的收支,此外,机关、企业和行政事业单位用于零星小额的货币收支也是现金流通的构成部分。

（二）非现金流通

非现金流通也称转账结算，是指银行将款项从付款单位的账户转到收款单位账户的货币结算行为。转账结算是以各企业单位或个人在银行开立存款账户为条件进行的货币结算，它适应于国家机关、企业和事业单位之间的大宗商品交易和大额货币收付，尤其是生产资料的交易和消费品的批发贸易。因为在这里，货币收付数额大，收付比较集中，收付双方的距离比较远，因此，采用转账结算方式进行货币收付，既可以节约与钞票印刷、清点、运送、保管等有关的大量社会流通费用，又简便、安全，并可加速资金的周转。

以转账结算方式进行的存款货币的流通，是我国货币流通的主要形式，也是当代世界各国货币流通的主要形式。而且科学技术越是进步和信用制度越是发达的国家，其转账结算在整个货币流通中所占的比重就越大。目前，在我国的货币流通中，非现金流通占 95% 左右，现金流通只占 5% 左右。

三、货币流通的渠道

货币流通渠道就是货币运动的途径。货币流通形式不一样，货币媒介的商品交换具有不同的内容，它所运动的途径就不相同。我国的货币流通形式分为现金流通和非现金流通形式。作为两种不同的货币流通形式，必然存在着不同的流通渠道。

（一）现金流通渠道

我国的现金流通是以银行为中心进行的。现金通过各种渠道从银行流出进入流通过程，又通过各种渠道，从流通中不断地流回银行。在这里，流出银行的渠道即现金投放渠道，流入银行的渠道即现金回笼渠道。

1. 现金投放渠道。现金投放渠道主要有：

（1）支付职工工资和对个人的其他支出。这是向城市投放现金的主渠道，包括：支付给国家行政管理机关、文教科学卫生单位的干部以及职工的工资、奖金，各种所有制企业发放的工资、奖金等支出以及对个人发放的救济费和抚恤费。这类投放是形成城镇居民消费品购买力的基本要素。

（2）农副产品采购支出。这是向农村投放现金的主渠道，主要包括：国家向农村集体生产单位和农民家庭收购农副产品和部分手工业品而支付的现金。这类投放是形成农村居民消费品和农用生产资料购买力的基本因素。

(3)行政管理费用支出。包括:企业、行政事业单位日常管理费用中的零星开支,如购买办公用品和支付差旅费等。这类投放形成社会集团购买力的一部分。

(4)财政信贷支出。包括:国家财政支援农村的投资、小型农田水利补助费、国家发放的农贷和农副产品预购定金,以及国家对居民的各类补贴、国家财政和银行对居民支付的有价证券与存款的利息等。

2. 现金回笼渠道。现金回笼渠道主要有:

(1)商品回笼,指企业因销售商品取得的现金收入送存银行形成的现金回笼。这是我国现金回笼的主要渠道。

(2)服务回笼,指服务行业提供各种劳务所取得的现金存入银行产生的现金回笼。主要包括:医疗卫生、饮食服务、交通运输、房租水电、文化娱乐和旅游等部门的现金收入。随着第三产业的迅速发展,服务回笼的比重将会有较大幅度的提高。

(3)财政回笼,指向居民个人征收的税款和向个人发行国债等收入中的现金部分。例如,国家向个人征收车船牌照税、屠宰税、关税、个人所得税等。

(4)信用回笼,包括:城乡储蓄存款和收回农贷而回笼的现金。

(二)非现金流通渠道

我国的非现金流通也是以银行为中心进行的,通过银行在各存款账户之间的数字划转进行。因此,存款货币的转移过程始终是在银行内部进行的,始终处于银行的直接控制和监督之下。非现金流通渠道按不同的标准有不同的分类方法。

1. 根据不同经济内容的结算可划分为:

(1)商品交易结算。这是各单位之间由于购买生产资料和消费资料而引起的货币结算等。商品交易结算是非现金流通的主要渠道。

(2)劳务费用结算。这是各企事业单位之间由于提供或获取劳务而引起的转账结算。

(3)财政性结算。这是指各单位上缴财政的各种税款,财政部门以各种支出形式拨付给企事业单位的资金和经费所引起的货币结算。

（4）信用性结算。这是指银行向国民经济各部门、各企业发放贷款以及收回到期贷款所引起的货币结算。信用性结算对流通中货币量的增减影响很大。

2. 按地区之间的流向可划分为：

（1）同城转账结算。它表现为同一地区内各企业、单位之间的存款转移。其特点是存款在同一地区的不同账户之间转移，此减彼增，不影响地区存款总量。

（2）异地转账结算。它表现为不同地区之间发生经济往来而引起的存款转移，它是由地区间物资交流，资金上交下拨所引起的。

四、货币的流通规律

所谓货币流通规律，即一定时期内、一定范围内流通领域中对货币的客观需要量的规律。由于货币作为流通手段和支付手段发挥作用时，都可以由它的符号来代替，因而货币流通规律既包括金属货币流通规律，也包括在金属货币流通规律基础上派生出来的纸币（货币符号）流通规律的内容。

（一）金属货币的流通规律

金属货币流通规律是指流通中对金属货币需要量的规律。在金属货币流通条件下，一国在一定时期流通中需要多少金属货币，不以人们的主观意志为转移，而由客观的流通过程中对金属货币的需要量决定。根据马克思揭示的货币流通规律，货币作为流通手段时，一定时期内的货币需要量由商品价格的高低、商品总量的多少和货币流通速度的快慢三个因素决定。用公式表示为：

$$\text{流通中货币必要量} = \frac{\text{商品总量} \times \text{商品价格}}{\text{同一单位的货币平均流通速度（次数）}}$$

如果用 M 表示货币必要量，用 Q 表示商品总量，用 P 表示商品价格，用 V 表示货币流通速度，那么上述公式又可以表述为：

$$M = PQ/V$$

从公式可以看出，流通中需要的货币量与商品价格的高低、商品总量的多少成正比例关系，与货币流通速度（次数）成反比例关系。所谓货币流通速度，是指货币在一定时期内的平均周转次数。从理论上讲，货币流通速度的大小很难把握，它主要取决于商品流通速度、交通运输速度以及信用经济发展程度等。但在实际生活中,许多学者都认为它是一个相对稳定的量。只有社会制度或者货币制度变化异常时,货币流通速度才表现出它的不稳定性。

当货币从执行流通手段职能扩展到执行支付手段职能时,增加了影响货币需要量的一些因素,如赊销因素、到期支付因素、相互抵消支付因素等。这时货币必要量的公式表示为:

$$\text{流通中货币必要量}=\frac{\text{商品价格总额}-\text{赊销商品价格总额}+\text{到期应付总额}-\text{互相抵消支付总额}}{\text{同一单位的货币平均流通次数(速度)}}$$

总体说来,货币的支付手段出现后,使流通中需要的货币量减少了,节约了现实货币的流通量。从以上公式中可以看出,流通中的货币需要量决定于商品价格总额,这是货币流通规律的基本内容。

(二)纸币的流通规律

纸币是货币符号,它是代替黄金来执行流通手段和支付手段职能的,所以,纸币流通必然受到货币流通规律的制约。也就是说,纸币的发行量(流通量)必须和商品流通对货币的需要量相一致。

在金属货币流通条件下,金属货币具有贮藏手段职能,能自发调节市场上的货币流通量,使之与商品流通相适应。而在纸币流通条件下,货币流通量失去了自动适应货币需要量的功能。多余的纸币不会自动退出流通领域,流通中的货币量与货币需要量经常存在差异,这必然引起商品价格的变化,也就是纸币通过自身的贬值,强制地使它的流通量和货币需要量相一致。所以,纸币流通既服从货币流通规律,也有其自身运动的特殊规律性。

纸币流通的特殊规律就是:如果纸币的发行量与流通中所需的货币量相适应,那么,单位纸币就与单位货币具有相同的购买力。如果纸币发行量小于流通中所需的货币量,那么,单位纸币就会升值,大于单位货币的购买力,从而引起物价下降、商品滞销、市场疲弱,这种现象叫做通货紧缩。如果纸币发行量大于流通中所需的货币量,那么,单位货币所代表的货币价值就会减少,从而引起纸币贬值、物价上涨、单位纸币的购买力下降,这种现象叫做通货膨胀。纸币的发行量与单位纸币代表的货币价值成反比,与物价上涨的程度成正比。

思考与练习

一、基本概念

货币　金属货币　纸币　信用货币　世界货币　货币制度　银本位制　金本位制　人民币制度　铸币　货币流通规律　纸币流通规律

二、练习题

1. 如何理解货币的产生与本质?
2. 货币的职能有哪些?
3. 货币制度构成的基本要素是什么?
4. 典型的金本位制有哪些特点?
5. 信用货币制度具有哪些特点?
6. 商品流通和货币流通的关系是什么?
7. 货币流通的形式与渠道有哪些?
8. 简述金属流通规律与纸币流通规律。

2

第二章

信用概述

本章学习重点

- 信用的本质特征
- 信用的构成要素
- 信用的形式
- 商业信用与银行信用
- 信用工具的含义与分类
- 信用工具的特征
- 利息的产生与本质
- 决定利息率变化的因素

信用是商品经济发展到一定阶段的产物，它具有特殊的性质。在现代商品货币经济条件下，每时每刻都有大量的信用活动发生，可以说现代市场经济是信用经济。因此，本章首先从定性的角度论述信用的产生、信用形式和信用工具，在此基础上进行定量分析，探讨利息与利率。

第一节 信用的产生与形式

一、信用的概念及其本质特征

(一)信用的概念

信用是一种借贷行为,是以偿还本金并支付利息为条件的价值运动的特殊形式。如赊销商品、贷出货币,买方和借方要按约定日期偿还货款并支付利息。

信用不是一般的借贷行为,而是有条件的借贷行为。正如马克思所说:“这个运动——以偿还为条件的付出——一般地说就是贷和借的运动,即货币或商品的只是有条件的让渡的这种独特形式的运动。”①信用与商品买卖不同,商品买卖是商品价值与货币价值双向等量转让运动,信用是定期的单方面转让有价物,到期再偿还。信用这种借贷行为是指商品或货币的所有者把商品或货币暂时让渡给需要者使用,根据借贷双方约定的时间,按期归还,并由借者支付给贷者一定数额的利息。

(二)信用的要素

信用行为发生过程一般需要有5个要素:

1. 信用主体。信用作为特定的经济交易行为,要有行为主体,即行为双方当事人。其中转移资产、服务的一方为授信人,而接受的一方则为受信人。授信人通过授信取得一定的权利,即在一定时间内向受信人收回一定量货币和其他资产与服务的权利,而受信人则有偿还的义务。在有关商品或货币的信用交易过程中,信用主体常常既是授信人又是受信人;而在信用贷款中,授信人和受信人则是分离的、不统一的。

2. 信用客体。信用作为一种经济交易行为,必定有被交易的对象,即信用客体。这种被交易的对象就是授信方的资产,它可以是有形的(如以商品或货币形式存在),也可以是无形的(如以服务形式存在)。没有这种信用客体,就不会产生经济交易,因而不会有信用行为的发生。

3. 信用内容。授信人以自身的资产为依据授予对方信用,受信人则

① 马克思:《资本论》第3卷,《马克思恩格斯全集》第25卷,人民出版社,1974年版。

以自身的承诺为保证取得信用。因此,在信用交易行为发生的过程中,授信人取得一种权利(债权),受信人承担一种义务(债务)。没有权利与义务的关系也就无所谓信用,所以,具有权利和义务关系是信用的内容,是信用的基本要素之一。

4. 信用工具。信用双方的权利和义务关系需要表现在一定的载体上(如商业票据、股票、债券等),这种载体被称为信用工具。信用工具是信用关系的载体,没有载体,信用关系无所依附。作为载体的信用工具,一般具有如下几个主要特征:①返还性。商业票据和债券等信用工具,一般都载明债务的偿还期限,债权人或授信人可以按信用工具上所记载的偿还期限按时收回其债权金额。②可转让性,即流动性。是指信用工具可以在金融市场上买卖。对于信用工具的所有者来说,可以随时将持有的信用工具卖出而获得现金,收回其投放在信用工具上的资金。③收益性。信用工具能定期或不定期地给其持有者带来收益。

5. 时间间隔。信用行为与其他交易行为的最大不同就在于,它是在一定的时间间隔下进行的,没有时间间隔,信用就没有栖身之地。无论何种信用都有时间间隔。

(三)信用的特征

在商品货币条件下,信用表现为商品买卖中的延期支付或货币的借贷行为。与一般的商品买卖关系相比,信用关系具有以下特点。

1. 信用是有条件的借贷行为。信用活动是从等价交换原则出发,在借贷双方自愿的前提下,以偿还和支付利息为条件的对商品或货币的一种借贷行为。

2. 信用不改变价值所有权性质,是价值的单方面让渡。在信用活动中,商品或货币的出让者只是暂时将其商品或货币让渡给需要者使用,双方要约定期限偿还,因而,出让的商品或货币的所有权依然没有发生改变。此外,信用方式所引起的价值运动不同于"钱出去货进来"的价值双向运动,而是通过包括借贷、偿还、支付一系列过程实现的特殊价值运动。在发生借贷行为时,没有对等的交换,只是价值单方面的转移。

3. 信用活动的结果是形成一定的债权债务关系。在信用活动中,商品或货币的出让者成为债权人,相对的需求者成为债务人。因而可以说,只要有信用活动就必然产生一定的债权债务关系。

二、信用的产生与发展

信用是在私有制基础上产生的，私有财产的出现是借贷关系存在的前提条件。人类最早的信用活动是在原始社会的末期私有制出现以后，在商品交换的基础上产生的。原始社会末期，出现了两次社会大分工，即畜牧业从原始农业中分离出来和手工业从农业中分离出来。这两次社会分工使得劳动生产率有了明显的提高，劳动产品也有了剩余，出现了直接以交换为目的的商品生产。随着社会分工的发展和商品交换的日益频繁并不断扩大，加速了原始社会公有制的瓦解和私有制的产生。私有制的产生，使原始公社内部发生了财富的分化，出现了富裕家族和贫穷家族。货币资财集中在富裕家族手中，而贫穷家族缺少生活资料和生产资料。为了维持生活和继续从事生产，或遇到天灾人祸，他们不得不向富裕家族借贷，于是出现了信用活动。最早的信用活动是实物的借贷，货币产生之后逐步发展为货币借贷，其间经历了以实物借贷为主，辅之以货币借贷的形式。

历史上最初的、最古老的信用形式是高利贷信用。高利贷信用是一种通过发放实物或货币而收取高额利息为特征的借贷活动。

原始社会末期产生的高利贷信用，在奴隶社会和封建社会得到了广泛的发展，成为占统治地位的信用形式。高利贷信用的贷者主要是大商人、奴隶主、大地主、大寺院的僧侣等；高利贷的借者主要是小生产者、贫苦农民。

由于高利贷的利息特别高，一般又不作生产性的运用，因而对社会生产力起到了阻碍作用。到了封建社会后期，当产生资本主义生产方式的其他条件已经具备的时候，高利贷才成为促进新生产方式形成和发展的一种力量。其主要表现在：高利贷的发展一方面使高利贷者积蓄大量的货币资财，并有可能将其转化为产业资本，成为资本原始积累的来源之一；另一方面，高利贷又使农民和手工业者大量破产，变成无产阶级，这正是资本主义生产方式得以产生的重要前提条件。

但是，高利贷虽然为资本主义生产方式的出现准备了条件，然而它同时又阻挠了资本主义生产方式的发展。因为，高利贷者高额的利息收入，使得他们留恋高利贷的剥削方式，而不愿将货币投入资本主义企业。于是，新兴的资产阶级采取各种斗争方式反对高利贷的高利率。斗争的最初方式是立法，即通过颁布法令来限制利息率。后来，新兴资产阶级就联合起来，建立起自己所需要的信用机构，以满足他们在经营活动中对资本的需要。这样，资本主义信用取代了高利贷信用的垄断地位。

三、信用的形式

信用关系表现出来的具体形式就是信用形式，它是信用活动的外在表现。随着商品货币经济的发展，信用的具体形式日趋多样化和复杂化。在社会化生产和商品经济发展中，信用的形式也不断发展。其主要形式有：商业信用、银行信用、国家信用、消费信用等。

（一）商业信用

1. 商业信用的概念与产生。商业信用是指企业之间相互提供的，以赊账方式出售商品（或提供劳务）时买卖双方之间相互提供的信用。以这种方式买卖商品，在商品转手时，买方不立即支付现金，而是承诺在一定时期后再支付。这样，双方便形成一种债务关系，卖方是债权人，买方是债务人。卖方所提供的商业信用，相当于把一笔资本贷给买方，因而买方要支付利息。赊销的商品价格一般要高于现金买卖商品的价格，其差额就形成赊购者向赊销者支付的利息。商业信用的工具是商业票据。

商业信用发生的基本原因是：在商品经济条件下，商品的生产时间和流通时间不一致，使商品运动和货币运动在时间上和空间上脱节。即在社会再生产过程中，一些企业生产出商品等待销售，而需要购买商品的企业又暂时没有资金，因为这些企业只有在售出自己的产品后，才能获得足够的资金。商业信用通过赊销商品，以延期付款的方式解决了买卖双方暂时的矛盾。这样，既使卖方顺利地实现了商品价值，又满足了买方补充资金的需要，从而加速了商品价值实现的过程，缩短了生产和流通时间，促进了社会再生产的顺利进行。

2. 商业信用的特点。与其他信用形式相比，商业信用有以下主要特点：

（1）商业信用的借贷行为与商品交易相联系，商品买卖行为与货币借贷相结合。商业信用实际上同时包含着两个经济行为，即买卖与借贷。商业信用所提供的不是暂时闲置的货币资本，而是处于再生产过程中的商品资本，是产业资本的一部分。在这里，卖者把商品赊销给买者，商品买卖完成，商品的所有权发生了转移，由卖者转移到买者手中，但由于商品的货款没有立即支付，提供商业信用的卖者变成了债权人，而买者变成了债务人，买卖双方形成了债权债务关系,买卖行为同借贷行为相结合。

(2)商业信用是企业之间发生的最简单的直接信用形式。商业信用是企业之间以商品形态提供的信用,其借贷双方或债权人与债务人都是商品的生产者或经营者,他们之间所发生的借贷关系是一种最简单的直接信用形式。

(3)商业信用的发展程度直接依存于商品生产和流通的状况。在经济繁荣时期,生产规模扩大,商品增加,从而以信用形式出售的商品就增多,对商业信用的需求也增加了;相反,在经济危机或萧条时期,企业的生产缩减,市场商品滞销,需求不足,这时,企业对商业信用的需求也就减少了。这是因为企业以信用形式购入的商品是用于生产的继续进行的。

3. 商业信用的局限性。由于商业信用本身具有的特征,决定了它的存在和发展具有局限性。

(1)规模和数量上的局限性。商业信用是企业间买卖商品时发生的信用,是以商品交易为基础的。因此,信用的规模受商品交易量的限制,生产企业不可能超出自己所拥有的商品量向对方提供商业信用。商业信用无法满足由于经济高速发展所产生的巨额的资金需求。

(2)方向上的局限性。因为商业信用的需求者也就是商品的购买者,这就决定了企业只能在与自己的经济业务有联系的企业之间发生信用关系,通常只能由卖方提供给买方,而且只能用于限定的商品交易。

(3)信用能力上的局限性。商业信用的借贷行为之所以能成立,不仅是因为买卖关系的成立,更重要的是出卖商品的人比较确切地了解需求者的支付能力。也只有商品出售者相信购买者到期后能如数偿付货款,这种信用关系才能成立。因此,在相互不甚了解对方的信用能力的企业之间就不容易发生商业信用。

(二)银行信用

1. 银行信用的概念。银行信用是银行或货币资本所有者向职能资本提供贷款而形成的借贷关系。它是适应产业资本循环周转或再生产运动的需要而产生的。在再生产过程中,各个企业之间会出现货币资本余缺不均的状况。为了保证社会再生产正常进行,需要企业之间进行货币余缺的调剂。银行通过借贷关系,将再生产中游离出来的闲置的货币资本和社会上的闲置货币集中起来,再把它们贷给需要货币的企业。

2. 银行信用的特点。银行信用与商业信用相比具有如下特点:

(1)银行信用是间接信用。银行信用是银行通过吸收全社会各方面的暂时闲置货币资金,然后以贷款的方式把集中起来的这部分货币资金贷放给企业,投入到社会再生产过程中。银行是以信用中介的身份,间接地对全社会的货币余缺进行合理的调剂。

(2)银行信用是以货币形态提供的信用。银行信用能从社会上广泛筹集货币资本,不仅有工商企业暂时闲置的货币资本,还有社会各阶层居民个人的货币储蓄。在当前不兑现的信用货币制度下,商业银行具有创造派生存款的能力,能够多倍地扩大货币供应量和信贷供应量。因此,银行信用不仅对工商企业现在资本进行再分配,还向工商企业提供大量的追加资本,使信用规模大为增加。这就在规模和数量上克服了商业信用的局限性。银行信用以货币形态提供,货币具有一般的购买力,谁拥有它,谁就拥有选择任何商品的权利。因此,任何部门、企业和个人暂时闲置的货币或资本都可以被各种信用机构动员起来,投向任何一个部门和企业,以满足任何方面的需要,不受任何方向上的限制。

(3)银行信用的期限长短均可。银行主要靠吸收存款向工商企业提供信用。银行吸收的存款短、中、长期均有。银行吸收的短期存款可用于向工商企业发放短期贷款,以满足企业季节性和临时性的流动资本需要;银行吸收的中长期存款可用于向工商企业发放中长期贷款,以满足企业在扩大投资方面的固定资本需要,这就克服了商业信用在期限上的局限性。

由于银行可以与社会发生比较广泛的信用关系,利用的是社会资金,资金实力强、机构多,而且其本身有了解企业生产经营活动的方便条件,特别是中央银行出现以后,银行制度本身具有较高稳定性及较高的信誉,因此,银行信用不仅能力大大提高,而且其作用范围也扩大了,克服了商业信用在信用能力和作用范围上的局限性。正是由于银行信用具有以上特点,因此,自它产生以后,对商品经济的发展起到了巨大的推动作用,成为现代经济中最基本的信用形式之一。

(三)国家信用

1. 国家信用的概念。国家信用是指国家直接向公众进行的借贷活动。国家在这种信用关系中处于债务人的地位。国家信用在国内的基本形式是国债,它通常以发行公债券和国库券的形式来实现。公债券是由政府发行的一种长期债券,发行公债筹措的资金,主要用于弥补财政赤字和其他非生产性开支。国库券是由国库直接发行的一种短期公债,主要是为了解决短期的国库开支急需。

2. 国家信用的作用。现代国家信用的作用主要表现在以下几个方面：

(1)国家信用是动员国民收入、弥补财政赤字的重要工具。当今世界上许多国家由于种种原因,在不同程度上出现了财政赤字。解决财政赤字的主要办法有增税、发行纸币和举债。在这三种办法中,增税不仅程序繁杂,而且容易引起公众的不满;发行货币超额,会导致通货膨胀;只有举债是较为主动、直接的办法。因此,许多国家都把发行公债作为筹措国家预算资金的重要来源之一。

(2)国家信用是筹措资金用于特定浩繁支出的重要手段。一个国家要履行其在维持管理、保护安全及发展经济等方面的基本职能,例如,出现战争、特大灾害或举办大规模改造大自然以及新兴开发性项目建设等,需要浩繁的临时性支出。这种在特定情况下急需的巨额支出,许多国家是运用国家信用来解决的。

(3)国家信用是调节货币流通、稳定经济发展的重要杠杆。由于国债信誉高于其他任何信用工具,其转让流通性较强,因此,利用国家信用,通过公债在市场上的吞吐,既可以改变建设资金的规模和投向,对经济发展作出一定的干预,同时,又可以利用市场机制增大或减少市场货币流通量,以求实现货币流通正常,稳定币值、稳定经济。

(四)消费信用

1. 消费信用的概念。消费信用是工商、企业、银行或其他信用机构向缺乏货币购买力的消费者提供贷款的活动。消费信用的形式主要有:赊账、分期付款和发放消费信贷等。赊账是利用结账信用卡,或凭信用卡先购后支付。分期付款是消费者购买商品后,先支付部分现款,然后根据签订的合同,分期加息支付余下的贷款。在贷款未付清前,商品所有权属于卖者。赊账、分期付款都属于商业信用范畴。发放消费信贷时,根据受贷的对象不同分成两类:一类是买方信贷,银行直接对商品消费者发放贷款;另一类是卖方信贷,银行对销售商品的企业发放贷款。消费信贷是推销商品、扩大销路的一种手段。它虽然在一定时期内可以刺激消费和促进生产的发展,暂时缓解生产过剩的矛盾,但是,消费信用使消费者提前动用了未来的收入,会使将来的购买力缩小,加深了生产与消费的矛盾。

2. 消费信用的作用。消费信用的作用主要表现在如下方面：

(1)提高消费水平。消费信用可在一定程度上缓和了消费者的购买力与现代化生活需求的矛盾，有助于提高全社会的消费水平。

(2)可发挥消费对生产的促进作用。消费信用的存在和发展有效地扩大了对消费品的需求，加速了商品价值的实现，从而导致商品生产规模的进一步扩大，刺激经济不断发展。但消费信用的使用要与市场供应相结合，与企业生产能力、资金供应状况相结合，与个人收入水平相结合。

消费信用在现代经济生活中发展很快，它已经成为西方国家居民消费的重要方式。我国在建国初期，曾经运用消费信用形式来推销某些高档消费品。20世纪80年代，经济体制和金融体制改革以后，有些工商企业也曾经以分期付款的方式销售耐用消费品，但由于我国生产力水平还较低，企业资金、生产能力有限，消费信用运用的范围很小。随着我国商品货币经济的发展，消费信用在购买住房、汽车等耐用消费品等方面已有一定的发展。特别是近几年，在国家政策引导下，消费信用在品种、规模等方面有了迅速发展，但仍然存在着观念、信用评估、信用保证以及服务质量等方面的问题，需要逐步采取措施合理解决，以使消费信用在方便个人消费、刺激消费、促进生产等方面发挥重要作用。

(五)民间信用

民间信用就是不通过正规的金融组织，在民间个人之间相互提供资金的一种信贷活动。近年来，我国商品经济发展迅猛，银行、信用社网点的结算、服务方式难以适应个体经济发展的需要，因此民间信用已成为一种重要的补充形式。民间信用的资金是绕过正规金融机构运行的，它具有利率高、风险大、易发生违约纠纷的等特点，因此，应当对其加强引导和管理。

(六)国际信用

国际信用是国与国之间相互提供的信用，它是国际间相互联系的一个重要方面。在现代社会里，国家要发展就需要利用他国的先进技术设备和资金。尤其是在科技飞速发展的今天，在生产国际化和资本国际化日益发展的情况下，这种国与国之间的信用活动就显得更为重要。国际信用包括国际商业信用、国际银行信用及政府间信用等几种形式。国际商业信用是发生国际商品交易过程中，以延期支付方式由卖方提供的信用；国际银行信用是银行以货币形态向另一国借款人提供的信用；政府间信用是一国政府向另一国政府提供的信用。我国市场经济不断发展，对外开放不断深入，因此，应当积极发展国际信用关系，利用外资，加速本国经济建设。

第二节 信用工具

在早期的信用活动中，借贷双方仅凭口头协议或记账而发生信用关系，因无法律上的保障，极易引起纠纷或坏账损失，并且也不易将债权和债务转让。在这种情况下，“矛盾的解决和解决矛盾的手段一并产生”，信用工具就应运而生了。

一、信用工具的含义与分类

（一）信用工具的含义

信用工具是指以书面形式发行和流通、借以保证债权人或投资人权利的凭证，是资金供应者和需求者之间继续进行资金融通时，用来证明债权的各种合法凭证。信用工具也叫金融工具，是重要的金融资产，是金融市场上重要的交易对象。

一般来说，信用工具由 5 大要素构成：①面值，即凭证的票面价格，包括面值币种和金额；②到期日，即债务人必须向债权人偿还本金的最后日期；③期限，即债权债务关系持续的时间；④利率，即债权人获得的收益水平；⑤利息的支付方式。

（二）信用工具的分类

随着信用在现代经济生活中的不断深化和扩展，信用工具的种类越来越多，从不同的角度可以进行不同的划分。

1. 按信用形式划分，可分为商业信用工具，如各种商业票据等；银行信用工具，如银行券和银行票据等；国家信用工具，如国库券等各种政府债券；证券投资信用工具，如债券、股票等。

2. 按期限划分，可分为长期、短期和不定期信用工具。长期与短期的划分没有一个绝对的标准，一般以 1 年为界，1 年以上的为长期，1 年以下则为短期。短期信用工具主要是指国库券，各种商业票据，包括汇票、本票、支票等。西方国家一般把短期信用工具称为“准货币”，这是由于其偿还期短，流动性强，随时可以变现，近似于货币。长期信用工具通常是指有价证券，主要有债券和股票。不定期信用工具是指银行券和多数的民间借贷凭证。

3. 按是否与实际信用活动直接相关，可分为基础性信用工具和衍生性信用工具。基础性信用工具是指在实际信用活动中出具的能证明信用关系的合法凭证，如商业票据、股票、债券等；衍生性信用工具则是在基础性金融工具之上派生出来的可交易凭证，如各种金融期货合约、期权合约、掉期合约等。

二、信用工具的特征

信用工具种类繁多，但各种信用工具一般都具有以下 4 个特征。

(一) 收益性

信用工具能定期或不定期带来收益，这是信用的目的。信用工具的收益有三种：一种为固定收益，是投资者按事先规定好的利息率获得的收益，如债券和存单在到期时，投资者即可领取约定利息。固定收益在一定程度上就是名义收益，是信用工具票面收益与本金的比例。另一种是即期收益，又叫当期收益，是按市场价格出卖时所获得的收益，如股票买卖价格之差即为一种即期收益。还有一种是实际收益，指名义收益或当期收益扣除因物价变动而引起的货币购买力下降后的真实收益。在现实生活中，实际收益并不真实存在，必须通过再计算。投资者所能接触到的是名义收益和当期收益。

(二) 风险性

为了获得收益而提供信用的同时必须承担风险。风险是相对于安全而言的，所以，风险性从另一个角度讲就是安全性。信用工具的风险是指投入的本金和利息收入遭到损失的可能性。任何信用工具都有风险，只是程度不同而已。其风险主要有违约风险、市场风险、政治风险及流动性风险。违约风险一般称为信用风险，是指发行者不按合同履约或是公司破产等因素造成信用工具持有者遭受损失的可能性。市场风险是指由于市场的各种经济因素发生变化，例如，市场利率变动、汇率变动、物价波动等各种情况造成信用凭证价格下跌，遭受损失的可能性。政治风险是指由于政策变化、战争、社会环境变化等各种政治情况直接引起或间接引起的信用凭证遭受损失的可能性。

(三) 流动性

信用工具的流动性是指信用工具的变现能力，即信用工具在金融市场上买卖和交易，换得货币。在短期内，信用工具在不遭受损失的情况下，能够迅速出卖并换回货币,称为流动性强,反之则称为流动性差。

（四）偿还性

偿还性是指信用工具的发行主体或债务人按期还本付息的特征。信用工具一般均载明期限,债务人到期必须偿还信用凭证上记载的债务。但也存在着例外,例如,普通股票上并未载明期限,其偿还期是无限的。

总之,大多数信用工具都具有上述 4 个特征,但各种信用工具的特征表现是有差异的。这种差异便是金融工具购买者在进行选择时所要考虑的主要内容。

三、主要信用工具

在现代经济生活中,信用工具作为社会资金融通的重要手段,其种类越来越多,并不断地被创新。但主要的信用工具有以下几种:

（一）短期信用工具

短期信用工具一般是指期限在 1 年以下的票据,包括:票据、信用证、信用卡等。

1. 票据。票据是具有一定格式,载明金额和日期,到期由付款人对持票人或指定人无条件支付一定款项的信用凭证。票据的一般行为有:出票、背书、承兑、保证、贴现等。出票即签发票据,是创造票据的行为。签发票据形成债权与债务关系。背书是转让人为了将未到期的票据转让给别人而在票据的背面作转让签名、盖章表示负责的行为。背书人一经背书即为票据的债务人,背书人与出票人同样具有对票据的支付责任。若票据的出票人或承兑人不能按期支付款项,票据持有人有权向背书人要求付款。承兑是票据的付款人在票据上以文字表示“承认兑付”,承诺票据到期付款的行为。贴现是持票人以未到期的票据向银行兑取现款,银行扣除自贴现日至到期日的利息买进该票据的行为。贴现在形式上是票据买卖,但实际上是一种信用活动。票据一般分为:汇票、本票和支票。

(1)汇票。汇票是由出票人签发,付款人见票后或到期时,对收款人无条件支付款项的信用凭证。汇票按出票人不同,又可分为银行汇票和商业汇票。银行汇票是指汇款人将款项交给当地银行,由银行签发给汇款人持往异地指定银行办理转账结算或向银行兑取现款的票据。商业汇票是由债权人发给债务人,命令他在一定时期内向指定的收款人或持票人支付一定款项的支付命令书。它一般有三个当事人：一是出票人（债权人）；二是受票人或付款人（债务人）；三是收款人或持票人（债权人的债权人）。由于商业汇票是由债权人发出的，所以，必须经过票据的承兑手续才具有法律效力。在信用买卖中，由债务人承兑的汇票，称为商业承兑汇票；由银行受债务人委托承兑的汇票，称为银行承兑汇票。

（2）本票。本票是债务人对债权人签发的在一定时期内承诺付款的信用凭证。本票又分为银行本票和商业本票。在我国，现行的票据制度中只规定有银行本票。银行本票是申请人将款项交存银行，由银行签发给申请人凭以在同城范围内办理转账结算或支取现金的票据。商业本票又叫商业期票，它和商业汇票同是商业信用的信用工具，统称为商业票据。因为商业本票是债务人对债权人签发的，因此，无须承兑。商业本票也可经背书后转让或向银行贴现。

（3）支票。支票是银行活期存款人通知银行从其账户上无条件支付一定金额给票面指定人或持票人的信用凭证。支票按支付方式可分为现金支票和转账支票。现金支票可以用来支取现金，也可以办理转账结算。转账支票只能用于转账，不能提取现金。转账支票因常常在票面上用两条平行线来表示，又称之为划线支票。当存款人所签发的支票的票面金额超过其银行存款账户余额的时候，这种支票称为"空头支票"。空头支票是不能兑付的。在我国，如签发空头支票，要给予结算制裁，通常是按支票面额的一定比例处以罚款。

此外，还有一种特殊的支票即旅行支票，它是由银行或旅行社签发，由旅行者购买，以供其在外地使用的定额支票。

2. 大额可转让定期存单。大额可转让定期存单是 20 世纪 60 年代才产生的一种金融工具，它的英文全称是 Negotiable Certificate of Deposit，简称 CD。它既是银行的存款单，又具有与一般存款单不同的地方。其特点是：存单面额固定且面额大；存单期限固定；未到期以前不能提前兑现，但可以转让流通；期限较短。如美国的 CD 期限最短的为 14 天，最长的达 1 年，有 100 万美元面额的，也有 10 万美元面额的不等。

3. 信用证。信用证有商业信用证和旅行信用证两种。

（1）商业信用证是商业银行受客户委托开出的，证明客户有支付能力并保证支付的信用证。客户申请开立信用证时，必须预先向开户银行交纳一定的保证金。商业信用既可以用于国内商业，也可以用于国际贸易。在国内商业中,购货商请银行开发商业信用证,送交卖方,卖方可按信用证写明的条款向银行开发汇票收取货款。在国际贸易中,商业信用证是银行保证本国进口商有支付能力的保证,是国际贸易的主要支付方式。进口商要求商业银行开发商业信用证必须交纳货款的一部分或全部作为保证金。出口商可通过联行或在国外的代理行把商业信用证交给进口商,也可以把信用证直接寄给进口商,允许其在一定期间和一定金额限度内,向出口商开出汇票。银行保证其到期付款。

(2)旅行信用证又称货币信用证,是银行发给客户据以支付现金的一种凭证。由于信用证是银行专门为方便旅行者出国旅行时支付款项所发行的,因此,国际上一般称之为旅行信用证。

4. 信用卡。信用卡是一张带有磁条或智能芯片的塑料卡片,是银行或专营机构利用计算机网络对具有一定信用的客户签发的,代替现金和支票使用的信用凭证。持卡人可凭卡经签字在指定的商店、宾馆等购物或享受劳务,商店或宾馆则凭签购的单据与发卡银行进行收款结账。信用卡一般可以进行小额的透支。信用卡的主要优点是节约现金使用、便利大额零售买卖。使用信用卡,银行可以得到手续费和利息,扩大存款;持卡人不使用现金,不开支票就可以消费,方便、安全;商店可以及时收回款项,扩大营业。因此,信用卡业务发展极其迅速。

目前,世界流行最广的有维萨卡、万事达卡、运通卡、欧洲卡等。近年来,我国通过各商业银行分别发行了牡丹卡、长城卡、金穗卡、龙卡、太平洋卡等。

(二)长期信用工具

长期信用工具一般被称为“有价证券”,主要有债券和股票。

1. 债券。债券是债务人向债权人承诺在一定时期内还本付息的债务凭证。债券一般分为政府债券、公司债券和金融债券。政府债券是政府为筹集资金而发行的债务凭证。它是一种国家信用工具,一般包括公债券、国库券和地方政府债券。公司债券(企业债券)是公司或企业向社会发行的,承诺在一定时期内还本付息的债务凭证。金融债券是银行或其他金融机构作为债务人发行的债务凭证,是金融机构一种较为理想的筹集长期资金的信用工具。我国金融债券的期限一般为 1 ~ 5 年不等,利率略高于同等期限的定期存款。

2. 股票。股票是股份公司签发的,证明股东按其所持股份享有权利和承担义务的所有权凭证。股票的种类是非常多的。

(1)股票按有无票面金额可分为有票面金额股票和无票面金额股票。有票面金额股票又称有面值股票,是指股票票面上注明一定金额的股票。例如,某种股票面额为1元、10元。股票的面值是固定不变的,它可以确定每一张股票所代表的价值在该公司资本总额中所占的比例,又可以根据股票面值和股份总数之积确定公司注册资本总额。无票面金额股票,又称无面值股票或比例股票,是指股票发行时不注明票面价值,仅标明每股占资本总额的比例。

(2)股票按记名与否可分为记名股票和不记名股票。记名股票是指股票发行时,要求买者将自己的姓名在股份公司进行登记,股票转让时需要办理更名过户手续的股票。无记名股票是指股票发行时无需做上述登记,持有者可以自由买卖,转让股票成交后不用办理过户更名手续的股票。

我国目前的股票种类主要有普通股票、面额股票和记名股票。此外,还有A股、B股、H股、N股之分。A股是以人民币标明面值,以人民币认购和进行交易的股票。B股又称为人民币特种股票,是指以人民币标明面值,以外币认购和进行交易的股票。H股是指由中国境内注册的公司发行,直接在中国香港股票市场上市的股票。N股是指由中国境内注册的公司发行,直接在美国纽约股票市场上市的股票。

第三节　利息与利息率

一、利息的产生及其本质

信用作为一种借贷行为,借款者除按约定的期限偿还所借货币外,还要付出一定的代价,即支付一定的利息。利息是与信用相伴随的一个经济范畴,是货币所有者因为贷出货币而从借款者手中获得的报酬。利息随着借贷行为而产生,其必要性是由信用形式的特征所决定的。

对于利息的本质,不同的学者从不同的角度作了论述,提出以下观点:①迂回生产与资本净生产力。迂回生产就是首先制造生产工具,即资本品,然后用这些资本品去生产消费品,这样就提高了生产效率。但是,实现迂回生产必须有资本。资本使迂回生产成为可能,并且提高了生产效率。这种由于资本而提高的生产效率就是资本的净生产力。资本具有净生产力，提高了生产效率，资本就应该得到利息。②时间偏好与利息。人们具有一种时间偏好，即在未来消费与现期消费中，人们是喜欢现期消费的。由于人们总是喜爱现期消费，所以，放弃现期消费把货币作为资本借贷出去，就应该得到利息作为报酬。

只有马克思科学阐述了利息的本质。马克思认为，利息是作为借款人的职能资本家支付给货币资金所有者或者贷出者的一部分利润，是剩余价值的一种分割。职能资本家由于其经营牟利的资本是借入的，所以，他必须将取得的利润的一部分以利息的形式支付给借贷资本家。所以“利息不外是一部分利润的特别名称，特别项目”。因此，在资本主义社会，利息就其本质来说，乃是剩余价值的特殊表现形式，是利润的一部分，体现了借贷资本家和职能资本家瓜分剩余价值的关系。

在我国社会主义市场经济中，利息是从企业纯收入中分割出来的一部分，是劳动者为社会所创造的新价值的一部分。银行等金融机构对企业、单位的贷款要收取利息，对它们的存款也要支付利息，对居民储蓄存款也要支付利息。利息也是银行等金融机构费用开支和利润的来源。银行利用贷款所得利息，支付存款利息及经营活动的费用，这两项的差额就构成其利润的来源。银行等金融机构将利润的一部分上交财政部门，其余留做本身的信贷基金。由此可见，利息体现了国民收入的再分配，涉及国家、集体单位和个人之间的经济利益，需要正确处理。

二、利息率的概念

利息率是指在一定时期内，利息收入与本金的比例，它体现一定的利息水平。利息率的表示方法一般分为年利率、月利率和日利率。年利率是按年计息的比率，一般用百分比的形式来表示，我国惯称为“分”。例如，本金 100 元，年利率为 7.2%，则每年每百元利息收入是 7.2 元。月利率是按月计息的比率，一般用千分比的形式来表示，我国惯称为“厘”。例如，本金 1 000 元，月利率为 0.6%，则每月每千元利息收入是 6 元。日利率是按日计息的比率，一般用万分比的形式来表示，我国惯称为“毫”。例如，本金 10 000 元，日利率为 0.02%，则每日每万元可得利息 2 元。年、月、日利率之间可以互相换算。已知月利率可以乘以 12 则为年利率，而除以 30（无论大月小月）则为日利率。

利息总额的计算方法有两种：单利和复利。单利计息是指在计算利息额时,不论期限长短,永远在初始本金上计算利息。其计算公式为:利息 = 本金 × 利息率 × 计息期限。单利计息方法简便,容易计算借款成本,与复利计息方法比较,有利于减轻债务人的利息负担。复利计息是指按一定期限(如 1 年)将所生利息加入下 1 年计息的本金再计利息、逐期滚算的一种计息方法。其计算公式为:

$$利息 = 本金(1 + 利息率)^{计息期} - 本金$$

复利计息方法将利息加入本金逐期滚算,是由价值规律决定的。因为资本商品具有创造平均利润的使用价值,经过一定时期,一定的资本商品取得利息后虽然没有被货币所有者提取和重新投资,但它同样具有创造平均利润的使用价值,这种使用价值在借款期间仍由借者支配和使用。因此,运用复利计息不仅仅是一种方法,更重要的是一种价值判断。它能更加准确地计算货币所有者的收益,有利于提高资金的时间观念,有利于发挥利息杠杆的调节作用和社会资金的使用效益。尤其是作为一种收益标准,对企业的投资选择、个人资产的投资选择等都是非常适用的。复利在现代经济中的运用范围越来越广泛,越来越被人们所重视。

三、利率的种类

利率可以从不同的角度加以分类,其中经常应用的如下。

(一)市场利率与官方利率

市场利率是在金融市场上由借贷资金供求关系直接决定并由借贷双方自由议定的利息率。官方利率是政府货币管理当局或中央银行确定发布的,各银行都必须执行的各种利息率。在现代经济中,利率作为国家调节经济的重要杠杆,官方利率在整个利率体系中处于主导地位,并且与市场利率关系十分密切。市场利率受借贷供求状况影响而频繁地波动,但在一定程度上又受官方利率的影响而变化。市场利率变化十分灵敏地反映信贷资金供求状况,是国家确定和调整官方利率的重要依据。官方利率是为了使利率水平体现政府货币政策的意图,根据货币政策目标的需要以及市场利率变化趋势而制定的,对市场利率起导向作用。通过官方利率的变化,可调节资金供求状况,进而调节市场利率水平,以实现调节经济的目标。

(二)固定利率与浮动利率

固定利率是指在整个借款期间利率不变,不会因市场利率的波动而改变。其最大的特点就是简便易行,便于计算和掌握借款成本。在借款期限较短或市场利率变化不大的条件下，一般使用固定利率。浮动利率是指随着市场利率变化而定期调整的利率。至于调整期限和调整时依据哪种市场利率为基础，由借贷双方议定。当借款期较长或市场利率变化较快时，借贷双方常愿意使用浮动利率。采用浮动利率时，借款人在计算借款成本时，要复杂一些，利息负担有可能重一些，但是借贷双方承担的利率风险较小，因此，一般中长期贷款都选用浮动利率。

我国金融机构的存款一般使用固定利率。国家对同一种类、同一期限的存款和贷款，规定统一的利率，各金融机构据以执行；同时，中国人民银行按照国家授权，允许某些金融机构在国家规定的统一利率基础上，在一定幅度内将贷款利率上下浮动。

（三）名义利率与实际利率

按利率与通货膨胀的关系划分，利率可以分为名义利率与实际利率。名义利率又称“货币利率”，是一定时点上对物价变动因素未作剔除的利率；实际利率是在一定时点上对物价因素进行剔除后的利率。二者之间的关系是：

$$\text{实际利率} = \text{名义利率} - \text{物价上涨率}$$

在经济活动中，区别名义利率和实际利率至关重要。投资者是赔钱还是赚钱不能看名义利率，而要看实际利率。实际利率有两种，一种是事后的实际利率，它等于名义利率减去实际发生的物价变动率；另一种是事前的实际利率，它等于名义利率减去预期的物价变动率。在经济决策中，事前的实际利率的估算更重要，而事后的实际利率常用于经济分析。

（四）基准利率和非基准利率

按在整个利率体系中产生的影响不同，利率可以分为基准利率和非基准利率。基准利率是指在多种利率并存的条件下起决定作用的利率，即这种利率变动，其他利率也相应变动。西方国家的基准利率通常是指中央银行的再贴现率，我国的基准利率是中国人民银行对商业银行贷款的利率。基准利率以外的利率被称之为非基准利率。

四、决定与影响利率变化的因素

在现代市场经济中，决定和影响利息率变化的因素主要有以下方面：

（一）平均利润率

在资本主义制度下，利息是借贷资本的伴生物，是利润的一部分，因此，利率不能超过平均利润率，且随平均利润率的变动而变动。只有在特殊情况下，利率才会等于或超过平均利润率。例如，1929～1933 年世界经济危机时期，由于借贷资本奇缺，少数资本家急于偿债，被迫以高于平均利润率的利率借款。

在社会主义制度下，利息来源于社会纯收入——利润，为保证企业的合理利润，利率也必须受平均利润率的制约。

（二）资金供求状况

利率实际上是借贷资本的价格。在一般情况下，平均利润率决定利率水平的总趋势，而资本供求状况在某一时期、某一领域对利率的升降起直接作用。市场上资本供应越紧张，利率就越上升；反之，则下降。

（三）借贷期限

利率随借贷期限的长短而不同。通常，借贷期限越长，利率越高，反之越低。从存款来看，存期愈长，资金愈多，银行就有可能更有效地运用资金，赚取更多的利润，同时也必须向存款人支付较高的利息；从贷款来看，贷款期限越长，银行受到机会成本损失的可能性越大，银行收取的利息也较高。

（四）预期价格变动率

有纸币流通就有通货膨胀的可能性，通货膨胀会引起物价上涨，纸币贬值。而纸币贬值又会给借贷资本造成损失。从存款来看，如预期物价上涨率高于存款利率，即实际利率为负值，那么储户就会产生“存钱不如购物”的心理而大量提取存款，发生“挤兑”现象，甚至引发金融危机；从贷款来看，预期物价上涨率过高、贷款利率过低，同样会给银行造成损失，为弥补这种损失，银行必须提高利率水平。

（五）国家宏观经济政策

利率政策是国家宏观经济政策的一部分，在西方国家，中央银行的贴现率政策起着引导市场利率走向的重要作用。在我国，利率的调整必须根据国家宏观经济政策及产业政策区别不同情况，实行差别利率政策。此外，利率的高低还受借贷资本的风险大小、历史因素和社会习惯等影响。

五、利率的作用

利率是一个重要的经济杠杆，它的作用主要体现在以下几个方面：

（一）扩大社会资金供给，促进经济发展

一国经济的发展需要足够的资金支持，而资金来源于储蓄。正如马克思曾经指出的：随着银行制度的发展，特别是自从银行对存款支付利息以来，一切阶级的货币积累和暂时不用的货币，都会存入银行。小的金额是不能作为货币发挥作用的，但它们结合成巨额，就形成一个货币力量。这说明，利息率能够提高国民储蓄水平，扩大资金供给。利率的变化不仅影响到储蓄的总量，而且影响储蓄的结构。

1. 利率对储蓄总量的影响，即储蓄是利率的增函数，较高的利率会促进储蓄总量的增加，特别是对储蓄存款的促进作用更加明显。在其他条件不变的情况下，利率的提高会缩减即期消费，从而增加储蓄，储蓄因此有较大的利率弹性。

2. 利率对储蓄结构的影响，主要表现在影响储蓄者是选择实物储蓄还是金融资产储蓄，是选择存款还是选择购买债券、股票等。

（二）利率对投资活动有明显的调节作用

利率对投资活动有调节作用。投资一般可分为直接投资和证券投资。利率对直接投资和证券投资的影响是不一样的。

直接投资是指对生产流通领域进行的投资活动。直接投资与利率的变化有着密切的关系。一般理论认为，低利率对直接投资有刺激作用，高利率则不利于投资规模的扩大。低利率有利于投资，主要是因为在其他条件不变的情况下，低利率可以减少企业投资成本和生产成本中的利息支出，从而增加企业盈利，使得企业更加有利可图，于是刺激企业扩大投资，扩大生产。

证券投资是指人们对金融商品，即股票、债券等有价证券的购买和持有。在正常的经济情况下，利率与证券价格成反方向变化，即市场利率下降时，引导资金更多地流向证券市场，证券价格上升；反之，则下降。市场利率变化是影响证券行情的一个重要因素。我国近几年大幅度下调利率，有利于直接投资成本下降，刺激投资和需求。另外，利率下调，有利于减少间接信用即银行存款比例，引导资金流向直接投资即股票证券市场，促进证券市场发展。

（三）促进企业提高资金使用效益

从企业的角度看，利息是一种成本要素，构成对企业利润的直接扣除。

因此，利率的高低是影响企业利润高低的重要因素，利率本身形成一种对企业的利益约束。在市场经济条件下，利润是企业直接的目标，利润率的高低决定企业的存亡。所以，利率对利润的分割对企业的影响很大，企业经营者从关心自身的利益出发，关注借入资金的使用状况和使用效果。此外，利率本身具有一种筛选功能，企业要扩大生产规模，增加投资，使用借入资金，就必须承受一定的利率水平。可见，利率客观上具有促使企业加强经营管理，提高资金使用效益的功能。

（四）调节国民收入的分配

调节国民收入分配，是利率的基本作用。分配从根本上说是物质利益的分配，利率的高低在一定程度上影响国民经济中企业、银行、存款人等不同主体的物质利益关系，影响着不同主体在国民收入中分配份额。正因为如此，利率的变化才能促使不同经济主体调整行为，最终引起国民经济运行的变化。

思考与练习

一、基本概念

信用　信用制度　商业信用　银行信用　国家信用　消费信用　信用工具　本票　汇票　股票　债券　利息　利率　单利　复利　名义利率　实际利率

二、练习题

1. 什么是信用？它是怎样产生与发展的？
2. 信用的特征有哪些？
3. 信用的构成要素有哪些？
4. 商业信用的作用与局限性是什么？
5. 银行信用的特点有哪些？
6. 什么是信用工具？它有哪些类型？
7. 什么是利率？它是如何分类的？
8. 影响利率的因素有哪些？
9. 利率的作用有哪些？

第三章

3

金融机构与金融体系

本章学习重点

- 金融机构的分类方法及我国金融体系的发展改革过程
- 中央银行的构成与职能
- 商业银行的产生、发展及其性质
- 商业银行的特殊风险
- 商业银行的业务经营与管理
- 金融机构体系的一般构成与发展趋势
- 银行性与非银行性金融机构的共性与特性

第一节　金融机构体系概述

一、金融机构的概念及分类

(一)金融机构的概念

专门从事各种金融活动的组织,均称为金融机构。金融市场上的各种金融活动,都要借助于一定的金融机构来完成,金融机构是金融市场不可缺少的中介主体。现代金融机构种类繁多,各种金融机构组成相互联系、分工协作的统一体便构成了金融机构体系。一国社会经济条件对该国金融机构体系的构成具有制约作用。由于各国经济发展状况不同,因此,形成了不同的金融机构体系。

(二)金融机构的分类

目前,世界各国基本上都是按银行(Banking System)和非银行金融机构(Non-bank Financial Institution)来划分的。

1. 银行金融机构。银行金融机构主要有中央银行、政策性银行、商业银行、专业银行等。凡是被称之为银行的金融机构,一般都以存款、放款、汇兑结算等传统而典型的银行业务为其主要经营内容,如商业银行就是典型的例子,即使在如今商业银行实行综合经营的趋势下,存、放、汇作为其最核心而基本的业务地位并没有改变。中央银行无论从历史的还是现实的角度看,其业务主要也还是存、放、汇,只不过它经营的对象是政府、银行等金融机构罢了。其他所谓的专业银行也大多以存款、贷款为主要业务。

2. 非银行金融机构。非银行金融机构主要有投资银行、保险公司、信用合作社、养老或退休基金、投资基金、财务公司、租赁公司、信托公司等。

非银行金融机构不是以吸收存款为主要负债,而是以某种特殊方式吸收资金并运用资金,能够提供特色金融服务的金融机构。此类机构多以自行发行证券的收入或来自于某些社会组织或公众的契约性交款为资金来源,资金的周转率较低,其资产业务主要以长期投资为主。例如,投资银行虽然冠之以"银行"之名,但并不经营存、放、汇业务,而专门从事证券以及资本市场的重组、并购等业务。

二、西方国家金融机构体系简介

(一)美国的金融机构体系

美国的金融机构体系由联邦储备银行、商业银行、其他金融机构和在美国的外国金融机构构成。

美国把全国划分为 12 个联邦储备区,每个区设立 1 家"联邦储备银行"。在华盛顿设立联邦储备委员会,作为最高决策机构——中央银行。

成千上万家非官办的商业银行是美国金融机构体系的骨干力量,它分为两类:在联邦注册的国民银行和在州政府注册的州银行——“双线银行制度”。前者占30%左右,一般规模较大。

其他金融机构包括储蓄银行、信用社、保险公司、信托公司和国家专业性银行(包括美国进出口银行、联邦土地银行、联邦中期信贷银行等,是政府为干预经济直接创办的信贷机构)。

在美国的外国银行:20世纪80年代中期,在美国的外国银行已逾500家。美国为保护本国的银行及更有效地控制国内的信贷和货币,对外国银行采取了许多限制措施,如开设分支机构的条件、业务的种类等。

(二)英国的金融机构体系

英国是以中央银行为核心的典型的金融体系,其中,英格兰银行作为中央银行具有很高的权威,对各种金融机构管理较为严密。

英国的商业银行包括存款银行、商人银行、贴现所。存款银行包括8家清算银行、4家北爱尔兰银行和3家苏格兰银行。清算银行经营一切银行业务,贷款以短期为主。商人银行又叫承兑所,至今与清算银行间的差别已很小。贴现所是专门办理贴现业务的机构。英国的企业一般不直接向存款银行办理贴现,存款银行也不直接向英格兰银行要求贴现,而是通过贴现所办理贴现和再贴现。

英国的其他金融机构有保险公司、住房互助协会、国民储蓄银行、信托储蓄银行、国民邮政汇划银行等。

(三)日本的金融机构体系

日本银行是日本的中央银行,其资本的45%为私人所有,但股东无管理权,只能按股票5%的年息获取股利。日本银行的独立性较差,长期以来在很大程度上受制于政府,特别是大藏省的干预。

日本的商业银行包括都市银行和地方银行。都市银行规模较大,营业范围为全国性的,经营对象主要是大中型企业,其最大的特点是银行与企业往往同属一个财团,与工商企业关系极为密切。如著名的三菱银行、富士银行等。地方银行规模较小,业务范围限于所在地,与当地居民、小企业和地方团体的关系密切。

其他金融机构有长期信用机构、中小企业金融机构、农林渔业金融机构、证券公司、保险公司等。

二战以后,日本政府系统设立的金融机构共有2行9公库1金库,包括日本开发银行和日本输出入银行；国民金融公库（1949 年设立）、中小企业金融公库（1953 年设立）、环境卫生金融公库（1967 年设立）、中小企业信用保险公库（1958 年设立）、北海道东北开发公库（1956 年设立）、公营企业金融公库（1957 年设立）、冲绳振兴开发金融公库（1972 年设立）、住宅金融公库（1950 年设立）、农林渔业金融公库（1953 年设立）等 9 库；商工组合中央金库（1936 年设立）。

近年来经过合并重组，目前仍有两家政策性银行和 6 所金融公库，即国际协力银行、政策投资银行，国民生活公库、中小企业公库、住宅金融公库、农林渔业金融公库、公营企业金融公库、冲绳振兴开发金融公库。

第二节　中央银行

一、中央银行的产生与发展

一般认为，世界上最早设立的中央银行是瑞典国家银行，1656 年由私人设立。但被公认为现代中央银行“鼻祖”的是英格兰银行，于 1694 年建立。1844 年，英国国会通过《皮尔条例》，规定英格兰银行为唯一的货币发行银行。随着英格兰银行地位的提高，许多商业银行把自己现金准备的一部分存入英格兰银行，商业银行之间的债权债务关系，通过英格兰银行划拨清算。这样，英格兰银行就逐步确立了其中央银行的地位，成为中央银行的典范，为其他国家纷纷效仿。至 1900 年，主要西方国家都设立了中央银行。

美国的中央银行成立稍晚，美国于 1913 年通过了“联邦储备法案”，才确立了中央银行制度。第一次世界大战后，大多数国家开始意识到建立中央银行的重要性，特别是 1920 年的布鲁塞尔国际经济会议决定，凡是还未成立中央银行的国家，要进一步发挥中央银行的作用，强化中央银行的职责和地位。此后，除少数国家外，几乎世界各国都先后组建了中央银行。

中国人民银行是中国的中央银行，于 1948 年 12 月 1 日在石家庄成立。中国人民银行是在华北银行、北海银行、西北农民银行的基础上合并组成的。1983 年 9 月，国务院决定中国人民银行专门行使国家中央银行职能。1995 年 3 月 18 日，第八届全国人民代表大会第三次会议通过了《中华人民共和国中国人民银行法》，至此，中国人民银行作为中央银行以法律的形式被确定下来。

二、中央银行的性质

中央银行虽然是从商业银行发展演变而来的，但其一旦取得了中央银行的资格，其性质就随之而改变。

（一）中央银行是国家机构的一个组成部分

中央银行是代表国家政府干预经济、管理金融的特殊的金融机构，是金融管理机关。其领导人由政府任命，有的国家的中央银行还直接向国会负责。当代各国的中央银行，不管其资本构成如何，实际上都是国家行政管理机构的一个组成部分，处于本国金融活动中心和金融管理最高当局的地位。

（二）中央银行不以营利为目的

中央银行虽然也从事货币信用业务，但其经营的目的不是为营利，而是为了维护国家货币与金融制度的稳定，如防止通货膨胀和金融危机、保障充分就业、促进经济增长、平衡国际收支等。

（三）中央银行不经营普通银行业务

中央银行原则上不经营一般商业银行业务。因为中央银行在一国金融体系中处于特殊地位，享有许多特权，而且还承担着控制全国货币信用，对商业银行实施监管的职责。所以，中央银行不对社会上的企业、单位和个人发生存贷、结算业务，只与政府或商业银行等金融机构发生资金往来。

三、中央银行的职能

按照中央银行在社会经济中的地位，中央银行的职能主要是：发行的银行、银行的银行和政府的银行。

（一）中央银行是发行的银行

所谓发行的银行，是指它拥有发行银行券的特权，负责全国本位币的发行，并通过调控货币流通，稳定币值。

中央银行发行银行券最初有一些限制，即必须有十足的准备金，早期是以黄金和商业票据作为发行准备金，后来外汇、公债券、国库券也可作为发行准备金。现在，大多数国家已经取消黄金作为发行准备金，而普遍以政府公债充当发行准备金，这种情况就为赤字财政和通货膨胀开了方便之门。

（二）中央银行是银行的银行

所谓银行的银行是指中央银行与商业银行发生业务关系，如集中商业银行的准备金并对它们提供信用，而且还为它们提供清算服务。

中央银行同商业银行的业务往来主要有以下几方面：

1. 集中商业银行的存款准备金。商业银行吸收的存款不能全部贷出，必须保留一部分作为准备金，以备存款人提取，但是，商业银行的准备金，并不能都存在自己的金库里，必须按照规定的比率向中央银行缴存——法定存款准备金。这样，就使商业银行的准备金大部分集中于中央银行，中央银行往往通过各种手段影响商业银行的准备金数量，达到控制全国货币供应量的目的。

2. 办理商业银行间的清算。由于各商业银行都有存款准备金存在中央银行，并在中央银行设有活期存款账户，这样就可以通过存款账户划拨款项，办理结算。

3. 对商业银行发放贷款。商业银行资金短缺时，可从中央银行取得贷款。其方式是把工商企业贴现的票据向中央银行再贴现，或以票据、有价证券作为抵押向中央银行申请贷款。中央银行对商业银行的贷款，主要来源于国库存款和商业银行缴存的准备金，中央银行在资金不足时，可以发行票据。

（三）中央银行是政府的银行

所谓政府的银行，是指中央银行代表国家贯彻执行财政金融政策，代为管理财政收支。

1. 代理国库。中央银行经办政府的财政收支，执行国库的出纳职能，如接受国库的存款、兑付国库签发的支票、代理收解税款、替政府发行公债券、还本付息等。

2. 对国家提供信贷。中央银行根据国家财政需要，向政府提供贷款。如在国家财政出现收支不平衡时，以有价证券为抵押或以国库券贴现方式对国家财政发放短期贷款，这种贷款不致引起货币流通混乱。但是，当国家财政赤字长期延续时，政府如果利用中央银行的信用弥补赤字，这时，中央银行为支持财政而增发货币，超出商品流通对货币的实际需要，会导致通货膨胀。

3. 代政府从事国际金融活动。在国际关系中，中央银行代表国家与国际金融机构建立业务联系,处理各种国际金融事务。

中央银行是政府的银行,不论它的所有制形式是国有的、私有的、股份的或国家与私人合营的,其管理权都掌握在政府手中,处于国家监督之下,成为国家机构的一个组成部分。

四、中央银行的主要业务

中央银行的业务可分为负债业务、资产业务和中间业务。

(一)中央银行的负债业务

1. 货币发行业务。中央银行的纸币和铸币通过再贴现、贷款、购买证券、收购金银外汇等投入市场,从而形成流通中的货币。这些现金货币投入市场后,都是中央银行对社会公众的负债。因此,货币发行成为中央银行一项重要的负债业务。

2. 代理国库业务。在代理国库业务中,形成的财政性存款是中央银行的一项负债。

财政金库存款,机关、团体、部队等行政事业单位存款在其支出之前存于中央银行,属于财政性存款,是中央银行的重要资金来源,构成中央银行的负债业务。中央银行代理国库业务,可以沟通财政与金融之间的联系,使国家的财源与金融机构的资金来源相连接,充分发挥货币资金的作用,并为政府资金的融通提供有力的调节机制。

3. 集中存款准备金业务。商业银行必须按照规定比率将其吸收存款的一部分存储于中央银行,同时,商业银行尚未贷放出去、尚未投资的存款准备金也存放在中央银行,这样就使商业银行的现金准备集中于中央银行,形成中央银行的负债。中央银行可运用这些准备金满足银行的临时资金需要,中央银行还可以通过对商业银行存款准备金的调节来控制商业银行的贷款数量和投资数量。

(二)中央银行的资产业务

1. 再贴现和再贷款业务。当商业银行资金短缺时,可从中央银行取得借款。其方式是把工商企业贴现的票据向中央银行办理再贴现,或以票据有价证券作为抵押向中央银行申请借款。中央银行可以配合政府的经济政策,把贴现业务作为调节资金的一种手段,例如,通过提高或降低再贴现率以紧缩或扩张信用。

2. 金银、外汇储备业务。各国政府都赋予中央银行掌管全国国际储蓄的职责，即掌管国际储备。所谓国际储备，是指具有国际性购买能力的货币，主要有黄金、白银、外汇（包括外国货币、存放外国的存款余额和以外币计算的票据及其他流动资产）。此外，还有特别提款权和在国际货币基金组织的储备头寸等。掌管和保留国家储备就必然要占用中央银行的资金，储备数量的增减（买卖）即为中央银行的资产业务之一。

3. 证券买卖业务。各国中央银行一般都经营证券业务，主要是买卖政府发行的长期或短期债券。中央银行持有证券和参与买卖证券的目的，不在于营利，而是为了调节和控制货币供应量。中央银行买进有价证券，向市场投放了货币，可以增加商业银行的原始存款，用以创造存款货币，扩大货币供应量；反之，中央银行卖出有价证券，则可减少货币供应量。中央银行买进有价证券时，会促使有价证券需求增加，从而提高有价证券价格，降低银行利率；反之，中央银行卖出有价证券，会造成银行可贷资金减少，致使利率上升。

（三）中央银行的中间业务

1. 集中票据交换。这项业务是通过票据交换所进行的。票据交换所是同一城市银行间清算各自应收应付票据款项的场所。票据交换所一般每天交换两次或一次，根据实际需要而定，所有银行间的应收应付款项，都可相互轧抵后而收付其差额。各行交换后应收应付的差额，即可通过其在中央银行开设的往来存款账户进行转账收付，不必收付现金。

2. 办理异地资金转移。各城市、各地区间的资金往来，通过银行汇票传递，汇进汇出，最后形成异地间的资金划拨。这种异地间的资金划拨，必须通过中央银行统一办理。

第三节　商业银行

商业银行是以追求利润最大化为目标，以多种金融负债和金融资产为经营对象，能利用负债进行信用创造，并向客户提供综合性的、多功能的金融服务企业。国际货币基金组织（IMF）称之为存款货币银行（Deposit-money Bank）。

一、商业银行概述

（一）商业银行的产生和发展

从古代的货币经营业的产生、发展来看，现代商业银行产生于货币兑换商。

公元前2000年，巴比伦寺庙开始代人保管金银财宝，收取1/60的保管费，又将保管品贷出，收取月息20%。公元前500年左右，希腊寺庙亦同样充当民间财富的保管所。公元前200年左右，罗马银贩子开始从事银币兑换业务。

到了中世纪，欧洲贸易以地中海为范围，以意大利为中心。相传意大利波河流域的Lombard（伦巴）族人，在设有市场的地方放上长板凳（Banco），兑换人坐在长板凳上进行货币和票据的交换，货币兑换业务因而形成。银行（Bank）即源于上述意大利文Banco，若有人周转不灵，无法兑付其债务时，债权人则群起而碎其凳，即为破产（Bankruptcy）。在中国历史上曾以白银为主要的货币材料，经商的店铺称为“行”，故译为“银行”。

近代银行业起源于文艺复兴时期的意大利。早期的银行业大都具有高利贷性质。现代银行的产生有两条途径：一是旧的高利贷性质的银行业逐渐适应新的经济条件而转变为资本主义银行；二是按资本主义原则组织起来的股份制银行。1694年，在英国政府的支持下由私人创办的英格兰银行是最早出现的股份银行，它标志着现代银行制度的建立。

（二）商业银行的职能与作用

1. 信用中介。信用中介职能是所有银行基本和首要的职能。商业银行的信用中介职能表现在两个方面：一方面，通过办理负债业务将社会上各种暂时闲置的资金集中起来；另一方面，又通过办理资产业务将其投放到各产业和经济部门。

商业银行信用中介职能的发挥，对一国经济的运行和发展具有重要意义。①商业银行发挥信用中介职能，克服了借贷双方之间直接借贷的局限性，为他们顺利进行资金融通提供了现实条件。当借贷双方的借贷数量、借贷期限不一致或贷出者对贷入者的信用状况不了解时，借贷行为就难以成立。而商业银行作为信用中介，则不受上述条件的限制。它可以和任何一个企业、单位发生信用联系，为它们提供必要的资金支持。②商业银行发挥信用中介职能,可以提高社会总资本的使用效率,集中社会上的闲散资金,再贷放出去,可以大大提高社会总资本的使用效率,促进经济的发展。

2. 支付中介。政府、企业、个人及各种组织在商业银行开立账户,它们之间的资金往来便通过商业银行来进行。因而商业银行起到了代理客户实施货币收付的作用。

支付中介职能建立在信用中介职能的基础上,大大加速了社会资金的周转速度。

3. 信用创造。商业银行的信用创造职能,是在信用中介和支付中介职能的基础上产生的。信用创造职能主要表现为创造信用流通工具和创造存款货币。

商业银行创造的信用流通工具主要是支票,它是类似于纸币的货币符号。在当代,西方发达国家90%以上的经济交易是以支票进行支付的。

创造存款货币是商业银行的重要职能。这种创造存款货币的职能是由商业银行和中央银行共同完成的。商业银行利用其所吸收的存款发放贷款,在支票流通和转账结算的基础上,贷款又转化为存款,在这种存款不提取现金或不完全提现的情况下,就增加了商业银行的存款来源,在整个商业银行体系,形成数倍于原始存款的派生存款。

4. 提供多种金融服务。商业银行为了加强与客户的信用联系,加强竞争能力,以取得高额利润,还为客户提供各种金融服务,如信托、租赁、保管、咨询等。

5. 调控经济的功能:

(1)通过传递中央银行货币政策来调节经济。中央银行的货币政策工具一般不能直接作用于企业,而是通过商业银行来对企业施加影响,如再贴现率、法定存款准备金率。

(2)商业银行经常要根据国家经济政策和产业政策的要求,有针对性地确定贷款投向,实行贷款倾斜,以达到优化经济结构的目的。

(3)通过办理消费信贷业务来调节和引导消费。商业银行向个人消费者提供信用,可以大大提高消费者的支付能力,这样做既能将消费者的远期消费转变为即期消费,刺激了全社会的消费需求,同时,也扩大了企业的产品销售,促进了生产的发展。

(4)通过对外筹资来调节国际收支逆差。

二、商业银行的主要业务

（一）商业银行的负债业务

负债业务是商业银行资金来源的业务，是其资产业务和中间业务的基础。银行的资金来源主要包括：自有资本，各项存款、借款业务，其中，存款和借款业务属于吸收的外来资金。

1. 自有资本。自有资本是银行拥有的永久归银行支配使用的资金。任何商业银行在设立登记注册时，必须筹集拥有规定数额的最原始的资金来源，形成银行的自有资本。

商业银行的自有资本主要包括：

（1）股本。它是商业银行最原始的资金来源，是筹建银行时所发行股票面值的合计金额。股本的主要作用在于：创办银行时购置房产、设备以及开办时的其他各项费用支出；作为重要的信贷资金来源之一，用于发放贷款；标志着银行的清偿能力和承担风险的能力，用于弥补银行的业务亏损和呆账损失。

（2）资本盈余。它是银行发行股票时发行价超过其面值部分。

（3）未分配利润。它是商业银行在向股东支付股息和红利之后剩余的营业收益部分，它仍属于股东所有。

（4）公积金。它是商业银行按法定比率提留的那部分营业收益，是商业银行追加新资本的重要渠道。

（5）风险准备金。它是商业银行为应付意外损失而从收益中提留的资金。

我国国有商业银行的自有资本一直以来主要是靠财政拨付。1998 年 2 月 28 日，财政部发行为期 30 年的特别国债 2 700 亿元人民币，所筹资金用于弥补国有独资商业银行的自有资金。但从发展来看，随着金融体制改革的深化和投资主体的转换，国有商业银行的自有资本主要应靠自身的积累来解决。

一家银行需要多少资本，每种形式的资本在总量中占有多大的比例，是商业银行资本管理中的核心问题。从理论上讲，银行的资本实力应足够雄厚，以保护存款人和其他债权人不受损失，激励公众信心和能够提供足够的贷款。但实际上，资本不是越多越好，因为，根据风险与收益的比例关系，如果资本积累到超过需要，可能会引起股东权益不必要的降低。在一般情况下,银行应在不违背法律的前提下,根据自己的经营环境,确定适度的资本需要量,即资本充足程度。

所谓资本充足程度,是银行管理当局要求银行在一定资产规模条件下,必须持有的资本数量。1998 年,国际清算银行巴塞尔委员会正式通过了一个银行资本充足程度的国际标准,即“巴塞尔协议”。该协议主要有以下几点内容:

第一,规定了国际通用的资本标准。“巴塞尔协议”将资本划分为核心资本和附属资本两部分,并规定核心资本在总资本中不得低于 50%。

第二,使用 5 个风险权数,即 0%,10%,20%,50%,100%,来判断资产的信用风险。风险权数为 0% 的有:库存现金、在本国中央银行的存款、对本国中央银行的放款、购买本国中央银行债券等;风险权数为 10% 的有:对本国公共部门的债权(也可以是 0%、20% 和 50%);风险权数为 20% 的有:对本国银行担保的贷款、托收中的现款等;风险权数为 50% 的有:住宅抵押贷款、对私人部门的债权等;风险权数为 100% 的有:对不动产投资及其他投资等。

第三,“巴塞尔协议”规定,银行资产按以上权数加权计算以后即为风险资产总额,并要求风险资产与自有资本的比例应达到 8%。

2. 各项存款。商业银行资金来源中最重要的是依靠外来资金,其中,主要是吸收存款。存款业务是商业银行对存款客户的一种负债,是负债业务的主要内容。客户向银行提供这种负债的多少和期限,在某种程度上都取决于客户本身,而不是由商业银行所决定的,从这个意义上说,商业银行吸收的存款是一种被动型负债业务。商业银行的存款种类繁多,但一般按期限可分为:活期存款、定期存款和储蓄存款。

(1)活期存款。活期存款是商业银行传统的存款业务,是客户可以随时开出支票对收款人进行支付而无需事先通知开户银行的一种存款形式。这种存款不受期限限制,客户可以随时存取和支付,银行有义务随时兑付。

商业银行经营活期存款流动性很大,存取频繁,手续繁杂,并且要为客户提供许多相应的服务,如存取、提现和转账等,银行需要付出大量的人力和物力,成本较高。虽然活期存款经营成本较高,与商业银行的经营原则相矛盾,但各国商业银行却十分重视这项业务,并且千方百计地扩大活期存款。这是因为活期存款是商业银行经营的重要的资金来源。银行通过吸收活期存款,取得了短期的资金来源,就可以用于短期贷款和投资,并获得收益,而且在存款客户存取的过程中,还会形成一个相对稳定的余额,这些余额则可以用于中长期的贷款和投资。另外,经营活期存款的业务量大,存取频繁,有利于密切银行与顾客之间的关系。

(2)定期存款。定期存款是存款客户与银行事先约定期限,并支付较高利息的存款形式,这种存款要求到期才能支付本金和利息。定期存款是从利润中提存的,在近期内暂不支用,具有稳定性的特点,银行可以将余额作为长期资金运用。

当客户未到期而要求提前支付时,银行制度规定不予提取。但为了争取客户,吸引存款,银行一般并不执行这一制度。实际做法是,要求客户提前一定时间通知银行,并填写"存单提前提取书",银行扣除提前日期的利息或无论存期长短,一律按活期存款利息计息。

定期存款单不能像支票一样流通转让,只是到期提取存款的凭证,但定期存款单可以作为客户抵押品取得银行贷款。

(3)储蓄存款。储蓄存款主要针对个人积蓄货币和取得利息收入而开办的一种存款形式。储蓄存款可分为活期存款和定期存款。银行对储蓄存款要支付利息。

储蓄存款中的活期存款,存取没有期限规定,只凭存折便可提现。

定期储蓄存款分零存整取、整存整取、存本取息等几种形式。它是预先约定存款期限,期限越长利息率越高,是个人投资取息的重要手段。定期存款如果提前支取,存户必须预先通知银行,如在美国,需提前14天通知。在我国须持有存户本人身份证或其他有效证件方可提前支取,并按活期存款利率计息。

3.借款业务。商业银行的借款业务主要包括向中央银行借款、同业借款、发行资本债券、国际金融市场借款等。

(1)向中央银行借款。中央银行作为商业银行的最后贷款人向商业银行发放贷款或办理再贴现业务,以解决商业银行融通资金的需要。商业银行向中央银行借款主要有两种形式:一是再贴现,二是再贷款。

(2)同业借款。商业银行向同业借款有几种形式:①银行同业拆借。参加拆借的银行主要是商业银行以及非银行金融机构。②抵押借款。同业拆借一般都是隔夜拆借,不需要抵押品。当商业银行资金紧张,周转发生困难,需要稍长时间的资金时,还可以通过抵押方式,向其他同业银行借入资金。作为抵押的资产,大部分是客户的抵押资产(包括动产和不动产)。另外,银行也可以将所持有的票据、债券、股票等金融资产作为抵押品,向其他银行借入资金。③转贴现借款。将已贴现未到期商业票据向另一金融机构转让,在约定时间将票据购回,自行办理票据款项托收,以解决暂时资金短缺。④回购协议。是指商业银行向同业出售证券时,签订到期购回这笔证券的协议,用这种方式融入资金。购回价高于出售价,为这笔借款的利息。

(3)发行资本债券。发行资本债券是银行向债权人发行的承诺到期还本、付息的债务凭证。发行资本债券,银行可以获得长期、稳定的资金来源,并且,发行资本债券的主动权掌握在银行手中,发行量的多少,取决于商业银行的需要。

(4)国际金融市场借款。指在国际金融市场借款,以弥补资金不足。

此外,商业银行在其为客户办理结算、汇兑等中间业务中短期占用客户的资金,都可构成银行的资金来源。

(二)商业银行的资产业务

资产业务是商业银行将其形成的货币资金加以运用的业务。商业银行通过各种方式获得资金以后,目的在于使用这些货币资金,并从中营利。但是商业银行不可能将其吸收的资金全部运用出去,它必须保留一定的存款准备金和库存现金,以备存款客户提取。由于商业银行资金来源的特殊性即以负债为主,其资金运用就要按照营利性和流动性的原则,最有效地配置资产业务结构。因此,商业银行的资产业务主要有现金资产、票据业务、贷款业务和证券投资业务。

1. 现金资产。银行必须保留一部分现金和在中央银行的存款以应付客户的提取而形成现金资产。现金资产是银行资产中最富有流动性的部分,基本上不给银行带来直接的收益,法律对其持有量也有严格规定。它主要包括以下内容:

(1)库存现金。库存现金是指银行业务中保留的现钞和硬币,主要是为了应付客户提款和银行本身的日常开支。对银行来讲,库存现金要适度:太多,影响银行收益,增加银行费用;太少,不能应付客户提取现金的需要,影响银行信誉,甚至造成挤提存款,增加银行风险。

(2)法定存款准备金。按法律规定,商业银行必须按其吸收存款量的一定比例交存中央银行作为法定存款准备金。它的最初作用是增强商业银行应付客户提取现金的能力,保证存款人的利益和维护银行业的稳定,现在已转变为中央银行贯彻货币政策的一个重要工具。

(3)在中央银行的一般性存款。该项存款用来满足转账结算的需要,也可以用来调剂库存现金的余缺。

(4)在其他银行的存款。该项存款主要用于同业之间结算收付及开展代理业务。存放在其他银行的资金,称为存放同业;其他银行存放在本行的资金,称为同业存款。

2. 票据业务。商业银行的票据业务包括:票据贴现和票据抵押放款两种。

(1)票据贴现。票据贴现是银行购买未到期的票据,在扣除从贴现日起至票据到期日止的利息以后,将余额以现款付给客户,或转入其活期账户的业务。

能够进行贴现的票据有:银行承兑汇票、商业承兑汇票、商业期票、银行本票和汇票。目前,商业银行贴现范围已经扩展到政府债券,包括公债和国库券。

(2)票据抵押贷款。这是一种由银行发放的以未到期的票据作为抵押的贷款。

3. 贷款业务。贷款是银行将其所吸收的资金,按一定的利率贷放给客户,并约期归还的业务。贷款是商业银行的主要资产业务,是银行运用资金取得利润的主要途径,也是其维持同客户良好往来关系的重要因素。

(1)贷款业务的种类。商业银行贷款业务种类很多,按不同的标准,可以划分为不同的种类。

第一,按照贷款的保证程度可以分为:抵押贷款、担保贷款和信用贷款。

①抵押贷款是借款人以特定的抵押品作为保证的贷款,如果借款人不履行债务,银行有权处理其抵押品。可以用做抵押品的包括:住宅、厂房、汽车、设备、商品等不动产和动产,以及应收账款、公司股票、债券之类的各种资产。

②担保贷款是由借贷双方以外的有相应经济实力的第三方为担保人而发放的一种贷款。要求担保人出具证书,如在贷款到期时债务人不能如约归还贷款,则由担保人承担责任。

③信用贷款是指完全根据借款人的信用,即借款人的品德和财务状况而发放的贷款。

第二，按贷款用途可以分为：工商业贷款、不动产贷款、消费者贷款、投资贷款。

①工商业贷款是发放给工商企业的贷款，它一直是商业银行的主要贷款业务。

②不动产贷款是对土地开发、住宅公寓、厂房建筑、大型设施购置等项目所提供的贷款。这类贷款收益高，但期限较长，一般为5～20年。不动产市场变化大，难以捉摸，存在着极大的风险。如果银行对不动产贷款比例过大，则会导致银行业甚至整个金融业乃至经济的危机。日本在20世纪90年代发生的银行危机和泡沫经济，香港1982～1986年的银行风潮，都是因为房地产市场的不景气引起的。因此，各国在不动产贷款方面制定了一些具体规定，以限制银行对不动产信用的极度扩张。

③消费者贷款是商业银行向达到法定年龄，具有法律诉讼能力，可以承担法律责任的自然人提供的信用。

④投资贷款是一种向投资者提供的信用。投资者包括机构投资者和个人投资者。

第三，按贷款的偿还方式可以分为：一次还清贷款和分期偿还贷款。

①一次还清贷款，要求借款人于贷款的最后到期日偿还其全部本金，但贷款利息可以分期偿还或于还本时一次付清。

②分期偿还贷款的本息可以按月、按季、按半年或按年支付。

第四，按我国商业银行传统体制和传统习惯设置的贷款种类有：流动资金贷款、固定资金贷款和外汇贷款。

①流动资金贷款是银行为解决借款人在生产经营过程中流动资金不足而发放的贷款。其特点是贷款期限短、周转性强、融资成本较低，是客户使用最为频繁的贷款。

②固定资金贷款是银行发放的用于借款人新建、扩建、改造、开发、购置等固定资产投资项目的期限较长的贷款。

③外汇贷款是银行以外汇为计算单位向企业发放的贷款。

（2）贷款的原则。银行在贷款业务中，不仅要遵循商业银行经营管理的一般原则，即流动性、安全性和营利性，同时，在贷款审查过程中，还必须遵循以下原则和要求，即“6C原则”。

第一，品德（Character），是指借款人的偿债意愿。

第二，能力（Capacity），是指借款人广泛利用其才能和对其新借资金合理使用获取利润的能力。

第三,资本(Capital),是指借款人的财富状况。

第四,担保品(Collateral),是指借款人能否提供用做还款保证的抵押品。

第五,经营状况(Condition of Business),是指企业外部经营环境和自身的经营情况。

第六,事业的连续性(Continuity),是指借款人能否在日益竞争的环境中生存和发展。

(3)不良贷款与贷款风险分类管理。不良贷款,或称不良资产,也称不良债权,在商业银行的经营管理中一直是一个重要问题。

不良贷款,在我国,多年来一直作为逾期贷款、呆滞贷款和呆账贷款,简称"一逾两呆"。逾期贷款是指逾期未还的贷款,只要超过 1 天即为逾期;呆滞贷款是指逾期两年或虽未满两年但经营停止、项目下马的贷款;呆账贷款是指按财政部有关规定确已无法收回,需要冲销呆账准备金的贷款。

经过与国际上的比较,我国决定吸取国际金融组织推荐的贷款分类办法,结合我国实际情况,制定了《贷款风险分类指导原则》。《贷款风险分类指导原则》规定,中国人民银行将正式采用贷款风险分类办法,按风险程度,将贷款划分为 5 类,即正常、关注、次级、可疑、损失。

4. 证券投资业务。证券投资业务是指商业银行在公开市场上购进有价证券,如购买公债券、国库券、公司债券等形成的商业银行资金运用业务。

证券投资业务与贷款业务的区别是:①证券投资业务具有较强的流动性,可以随时出售证券变现,而用于贷款的资金,要求在贷款期满后才能收回。②证券价格受市场供求关系影响较大,银行很难控制,而贷款时银行有权决定贷款条件,如期限、利率、担保等。③投资存在很大的风险,银行为了保证证券投资的安全性,大多选择投资于政府债券或信誉良好的公司债券,而这些债券的利率一般比贷款利率要低,但是证券投资业务还有可能取得对企业的控股权,这是贷款业务所无法实现的。④商业银行贷款业务过程中可以创造派生存款,从而增加银行的准备,而投资不具备这项功能。

由于许多国家的银行法都禁止商业银行投资于股票,因此,商业银行的证券投资对象主要是各类债券,也可称债券投资业务,其目的主要是获取收益、降低风险和补充流动性。

（三）商业银行的中间及表外业务

1. 中间业务。商业银行的中间业务是指商业银行以中介人的身份代客户办理各种委托事项，从中收取手续费的业务。

（1）结算业务。结算业务是指商业银行通过提供结算工具，如本票、汇票、支票等，为收付双方完成货币收付、划账行为的业务。

（2）信用卡业务。信用卡业务是银行或公司签发的证明持有人信誉良好，可以在指定的商店或场所进行记账消费的一种信用凭证。

随着社会经济的发展，银行信用卡的功能在不断完善和发展，其主要功能有以下几种：①转账结算功能（在特约商户消费）。这是信用卡最主要的功能。②汇兑功能。当信用卡持有者外出旅游、购物或出差，需要在外地支取现金时，可以持卡在当地的发卡银行的储蓄所办理存款手续，然后持卡在异地发卡银行的储蓄所取款。③储蓄功能。持卡人可以在发行信用卡的银行所指定的储蓄所办理存款或支取现金，还可以在发卡银行所属的自动柜员机上（简称 ATM）凭卡存取现金。④消费贷款功能。持卡人在消费过程中，发卡银行允许持卡人在规定的限额范围内，有短期的透支。

（3）代理业务。代理业务是商业银行接受单位或个人的委托，以代理人的身份代表委托人办理一些经双方议定的经济事项的业务。在代理时，客户并没有转移财产的所有权，而且银行并不使用自己的资产，不为客户垫款，不参与收益的分配，只收取代理手续费。

代理业务一般可以分为：①代理收付款业务，如代理发放工资、代理保险等。②代理融通业务，这是一种应收账款的综合业务，它是指商业银行接受他人的委托，以代理人的身份代为收取应收账款，并为委托者提供资金融通的业务。③其他代理业务，如代理承销与兑付债券业务，代理保管业务，代客安排旅游、婚礼、子女教育等业务。代理业务在我国商业银行具有广阔的发展前景。

（4）信托业务。信托业务是银行以受托人的身份，接受客户委托代为管理、应用、处理有关钱财的业务活动，这也是商业银行重要的中间业务。

（5）代保管业务。银行把单纯保管货币扩展为可代保管一切物品。出租保险箱是银行为顾客保管物品的较好形式，它可靠安全，保密性好，租金低廉。

（6）信息咨询业务。商业银行凭借广泛的信息来源、资深专家和现代化设备的优势，向政府、企业或个人提供咨询服务，包括财务分析、资信调查等,满足客户的需要。

2. 表外业务。商业银行的表外业务不直接影响其资产负债表内的金额,但可能成为或有资产、或有负债。主要有担保、承诺和衍生金融工具交易等。

(1) 担保业务。担保业务是指银行接受客户的委托对第三方承担责任的业务,包括保函、备用信用证、跟单信用证、承兑等。

(2) 承诺业务。承诺业务是指银行在未来某一日期按照事先约定的条件向客户提供约定的信用业务,包括贷款承诺等。

(3) 衍生金融工具交易。衍生金融工具交易是指产生于其他基础金融工具之上的金融工具。这类工具本身具有两重性:一方面,衍生金融工具可以用于防范金融风险,增加收益;另一方面,可以用于投机性操作,如运用不当便会造成巨额损失。目前的衍生金融工具种类繁多,主要有金融期货合约、期权和互换等。

第四节 政策性银行

政策性银行是指不以营利为目的而是贯彻国家政策,为政策性业务融资的政府金融机构。在整个金融体系中,商业性银行居于主体地位,政策性银行居于补充地位。它弥补了市场经济条件下市场金融资源配置的计划性缺陷,具有健全和优化一国金融体系的总体功能。

一、政策性银行的性质

政策性银行依据国家的经济政策和经济计划,按照产业政策的要求安排货款,具有一定的政府职能性质;同时又经营金融业务,以金融方式融通资金,具有金融企业的性质。总体来说,政策性银行属政府创办并领导的具有独立法人地位的经营实体,既不同于一般的政府机构,又不同于中央银行、商业银行等金融机构。

(一) 政策性银行不同于政府机构

政策性银行虽然是由政府设立的金融机构,按政府的意图行事,但它具有一般政府机构所不具备的资产、负债等金融业务,是以开展政策性金融业务为主要内容的经营实体,而绝非一般的政府职能部门。

（二）政策性银行不同于中央银行

政策性银行行使政策对经济政策的调节职能，不以营利为目的，不经办普通商业性金融业务，不与商业性银行争利，这些特征类似于中央银行。但中央银行是全国金融体系的领导和管理机构，是负责全国金融宏观调控的国家机关。而政策性银行按政府意图对某一领域、某一行业实施扶持融资调节的经营实体，绝非全国性的金融宏观调控机构。

（三）政策性银行不同于商业银行

政策性银行不经营商业银行的一般性金融业务，不吸收企业和个人活期存款，不办理商业贷款，没有信用创造能力，不以营利为目的，不与商业银行争利，而且与商业银行经营中的政策性要求也不一样。

二、政策性银行的业务

（一）政策性银行的资产业务

政策性银行的资产业务主要有贷款业务、投资业务及担保业务等。

1. 贷款业务。

（1）以社会效益为标准。政策性银行贷款以社会效益最大化为首要目标，当社会效益与银行自身效益发生矛盾时，银行自身效益要服从于社会效益。社会效益第一的原则，是政策性银行的主要特征，也是政府设置政策性银行的原因所在。

（2）贷款条件具有优惠性。政策性贷款的利率水平比同类型、同期限的商业银行正常的贷款利率低，甚至是无息贷款。这是国家支持急需发展产业所采取的措施。

（3）贷款的期限长、风险大。期限长，指的是贷款项目的投资回收期较长，如基础设施投资，往往在 5 年以上。风险大，主要表现在贷款以社会效益为主，存在着无法收回的风险。

（4）贷款的投向和投量上具有约束性。政策性贷款的规模和投向是由国家指令计划安排的，各政策性银行无权自行规定贷款投向。政策性贷款在体现国家经济政策上是强制性的，它要按照国家对贷款所要求的各种具体要素（投向、利率、期限）而发放。政策性贷款支持的项目具有必保和优先性质，这类贷款的放款主体，形式上是政策性银行，实质上是国家。政策性银行对此类业务不能有任何随意性。

2. 投资业务。投资是政策性银行的一项重要资产业务。但是,同贷款业务相比,投资业务在政策性银行的资金运用中相对处于次要地位。

政策性银行采取的投资活动方式可分为股权投资和证券投资两种。股权投资是对为贯彻政府社会经济发展战略意图,而有必要进行控制的行业或企业进行直接投资,并拥有企业相应的股权,对企业的决策及发展起一定程度的操纵作用。证券投资是政策性银行对符合政府产业和地区政策的企业所发行的中长期债券进行认购,其目的是对新创立的企业和扶持的企业进行资金投入,而不是对其进行控制。

3. 担保业务。

(1)政策性银行担保业务的特点。担保是指政策性银行为它支持的领域融通资金提供信用保证。政策性银行不仅较其他金融机构更重视其担保业务,而且较其他金融机构更有其独特的优势。因为政策性银行是政府的金融机构,它的一切债务和活动都有政府作后盾,政策性银行这种强大的地位和实力,使它几乎不存在信誉问题,或者说它的信誉很高,它从事担保更容易被融资者接受,效率也更高。担保是政策性银行重要的业务活动之一。

(2)政策性银行担保的主要形式。它包括:出口信贷担保、补偿贸易担保、透支担保、延期付款担保、承包工程担保、付款担保、加工装配进口担保、租赁担保、预付款担保、投标担保和筹资担保等。

出口信贷担保,是指为贷款给出口商的银行提供担保。在出口商无法偿还贷款本息时,由担保行代为偿还。

补偿贸易担保,是应设备或技术进口方的要求,为外商提供的为防止进口方不能按期保质保量返销产品的保证。

透支担保,主要是为对外工程承包公司和在外派出机构在当地开立银行透支账户而进行的担保。

延期付款担保,是在进出口贸易中采用分期付款方式的情况下,为外商提供的进口方按合同规定履约的保证。

承包工程担保,是在对外工程承包中,应承包人的要求,为国外项目业主提供的承包人按质按量按期履行合同规定的担保。

付款担保,主要是应进口方要求,为外国出口方提供的,在出口方按规定交运有关货物和技术资料后,保证进口方按规定履行部分或全部付款义务的担保。

加工装配进口担保，是在进口来料加工再出口中，为外方提供的为防止进口加工方不能按要求履约的保证。

租赁担保，主要是在对外租赁中，应所支持领域承租人的要求，为出租人开出的保证承租人按规定支付租金的书面文件。

预付款担保，主要是在进出口贸易和对外承包工程中，为国外进口商或项目业主提供的、在得到部分定金或预付款后按照要求履行的保证。

投标担保，主要是在对外工程投标或招商投标中，为招标人提供的、为了防止投标人在中标后不签合同或提出其他更高要求的保证。

筹资担保，是应所支持的领域筹资人的要求，向贷款人或出资人出具的书面保证，保证借款人在无力偿还贷款本息或所发行的公司债券时，无条件履行付款责任。

（二）政策性银行的负债业务

政策性银行的负债业务，即政策性银行筹措资金而形成其资金来源的业务，政策性银行的资金筹集主要通过以下几条主要途径取得。

1. 政府供给资金。政策性银行是由政府建立的，因此，政府供给的资金是政策性银行的启动资金和重要的资金来源，形成政策性银行的资本金。有的政策性银行的资本金是政府全额拨付的，有的虽然是部分拨付，但也占相当比重。这些都充分显示了政府对政策性银行所具有的出资人地位。政府供给政策性银行资金的方式主要有无偿拨付和有偿借入两种。此外，还包括一些专项资金划拨和对政策性经营亏损的补贴或贴息。

2. 借入资金。向社会保障体系及邮政储蓄系统借款也是政策性银行的重要资金来源。主要包括：社会保障系统、养老基金或退休基金、医疗基金、就业基金、住房公积金及邮政储蓄系统的借款。上述这类资金吸收费用较低，而且量大集中，非常适宜作政策性银行的资金来源。

3. 金融市场筹资。政策性银行在金融市场上筹措资金主要是在国内、国际金融市场发行债券和向金融机构借款。在金融市场筹资与向社会保障体系及邮政储蓄借款相比，成本较高，与政府供给资金更无法相比，原则上应在政策性银行负债中居于次要地位。由于各国经济、金融体制的差异，市场发达程度不同，因而无法绝对地确定各项负债在总资产中的主次轻重。我国由于财政困难，社会保障体系不健全等原因，把向金融市场发行债券的筹资方式作为政策性银行的主要资金来源。

三、政策性银行的种类

一般来说,大多数国家成立的政策性银行主要有开发银行、农业政策性银行、进出口政策性银行。

(一)开发银行

开发银行是指那些专门为经济开发提供长期投资贷款的金融机构。

1. 开发银行的资金来源:

(1)资本金大多依靠政府资金,有的由政府提供全部资本金和部分营运资金。

(2)发行债券。开发银行发行债券一般由政府担保或被视为"政府债券",风险很小,具有较大吸引力,是其主要的筹资手段和来源。

(3)吸收存款。主要吸收定期存款、储蓄存款、发行大额可转让存单(CD)。吸收存款易与商业银行形成竞争局面,有悖于开发银行的宗旨。因此,广泛吸收存款的开发银行为数不多,且主要集中在发展中国家。

(4)借入资金。开发银行可从政府得到官方资助,还可以从中央银行、其他金融机构、契约储蓄机构借入资金。借用政府资金一般条件极为优惠,成本低廉,数额巨大,有助于开发银行降低经营成本,保持充足的资金量,致力于有宏观价值的项目,不为营利所动,并能承担由于发放优惠贷款和投资所造成的利差"损失"。

(5)借入外资。开发银行一般通过借入一定比例的外资,引进技术设备、建设重要项目、发放贷款和投资,支持经济的发展。

2. 开发银行的资金运用:

(1)贷款。开发银行主要业务是对开发项目提供贷款,满足开发项目对资金的需求。其特点是中长期、资本性,条件是支持项目要符合政府的经济政策,尤其是产业政策的意图。开发银行贷款除直接发放外,还采取联合贷款的方式,以满足大型建设项目的资金需求。

(2)投资。投资指开发银行的直接投资,即参与某一项目的筹建并购买一定量的股权资本。开发银行的投资活动要遵循投资面宽、减少风险损失、投资比例适当、持有股份比例适当等原则。

(3)债务担保。开发银行从事担保的目的在于使项目(企业)能得到更广泛的融资渠道,从而获得更多的开发资金。

（二）农业政策性银行

农业政策性银行是为配合政府的农业政策，为农业提供特别贷款。主要是低利率、中长期优惠性贷款，是为了促进和保护农业生产与经营。

1. 农业政策性银行的资金来源。主要包括：借入政府资金、发行债券、借入其他金融机构资金、吸收存款和国外借款等。

（1）借入政府资金。美国农业合作信贷机构均由联邦政府出资建立；法国农业信贷银行在较长时期内一直向政府借款，只是近些年逐步减少；泰国农业和农业合作银行、印度国家农业和农村开发银行等均以向政府借款为资金的主要来源。一般而言，发展中国家的农业政策性银行比发达国家的农业政策性银行更多地依赖政府资金。

（2）发行由政府担保的债券筹措资金。美国农业合作信贷机构发行联合的统一债券，法国农业信贷银行、泰国农业和农业合作银行、韩国"农协"均发行债券，筹措社会资金。由于这些债券得到政府担保，被视为政府债券，颇受欢迎，筹资能力较强。

（3）向中央银行和其他机构借入资金。一些国家，尤其是发展中国家的农业政策性银行还从中央银行借款，即由中央银行充当农业信贷"最后贷款人"。此外，有些国家的政策性农业信贷机构还从商业性金融机构借入资金，以满足短期周转金的需求。

（4）从国外借款。借款途径有国际金融机构，如世界银行及其附属机构——国家开发协会、国际农业开发委员会、外国政府和外国金融机构等。

（5）少数农业政策性银行吸收存款。比如，法国农业信贷银行吸收存款，拓展业务范围，逐步向"综合性"银行发展。

2. 农业政策性银行的资金运用。

（1）贷款。贷款是农业政策性银行最主要的资金运用形式，通过贷款向农业生产经营者提供所需的资金和特别资助。例如，日本农林渔业金融公库贷款包括土地改良贷款、自耕农维持贷款、农业结构改善贷款、综合设施贷款等，基本上是根据农业发展的要求来增加贷款项目。利率在3%～7.9%之间，期限10年以上，最长可达45年，已成为日本农业贷款的第二大来源。

（2）担保。担保是以承保金融机构自身的实力弥补农业政策性银行信用低的弱点，目的在于扩大农业融资规模。

（3）发放补贴。例如，美国农业合作信贷机构对遭受洪水、干旱等自然灾害而造成种植面积减少或较大减产的农民给予灾害补贴。

（三）进出口政策性银行

进出口政策性金融机构是国家支持和推动进出口（尤其是出口）、促进国际收支平衡、带动经济增长的金融机构。有的国家称为进出口银行或输出入银行、外贸银行；有的国家称为出口信贷公司、出口信贷担保公司、出口信贷保险公司等。

1. 进出口银行建立和发展的原因。工业发达国家把进出口尤其是出口视做“生命线”，对出口的依赖成为其持久性的使命。发展中国家采取“奖出限入”的政策，在其经济发展战略中，出口被放在十分重要甚至首要的位置。

由于出口融资具有风险高、期限长、额度大、条件优惠、利率较低等特殊性，无论是发达国家还是发展中国家，面对竞争激烈的出口市场，若要战胜对手，就要采取措施，鼓励出口，促进商品输出。而设立专门的进出口政策性银行提供融资是重要做法之一。这些政策性进出口金融机构承担了商业性金融机构和普通出口商不愿或无力承担的高风险，弥补了商业性金融机构的不足，有利于改善本国出口融资条件，增强本国商品的出口竞争能力。

2. 进出口政策性银行的职能：①融通资金，如提供出口信贷和各种有利于刺激出口的贷款；②为融资提供便利，提供贷款担保，保险等；③提供其他服务，如提供咨询服务等；④经办对外援助，服务于政府的对外政策。

3. 进出口政策性银行的资金来源与运用。资金来源有政府拨入资金、借入资金、发行债券和其他渠道等。其资金运用主要有贷款、担保与保险等。各国金融机构一般均以不同方式提供贷款，支持出口。开展担保贷款，使进出口政策性银行成为进出口商获得银行贷款的担保人，一旦借款人不能偿还债务，则由这些金融机构予以偿还全部或部分贷款。进出口政策性银行还开展出口信贷保险。

第五节　非银行金融机构

非银行金融机构泛指中央银行、商业银行及其他专业银行以外的金融机构。这类机构通常不冠以银行的名号，而以公司、信用社或基金相称。

非银行金融机构与银行相比，或其业务范围较小，或其专业性更强，规模和实力也稍显逊色。非银行金融机构就其性质而言，绝大多数是商业性的，即以营利为目标，在某一领域以特定方式筹集和运用资金。

一、投资银行

投资银行是专门对工商企业办理投资和长期信贷业务的银行。投资银行的名称，通用于欧洲大陆及美国等工业化国家。英国称为商人银行，日本则称证券公司，德国称私人承兑公司，法国称实业银行，泰国称金融证券公司，新加坡称商人银行或证券银行。

（一）投资银行的资金来源

投资银行主要依靠发行自己的股票和债券来筹集资金，即便有些国家的投资银行被允许接受存款，也主要是定期存款。此外，它们也从其他银行取得贷款，但都不构成其资金来源的主要部分。

（二）投资银行的主要业务

1. 帮助筹资者设计与发行新证券，进行直接融资。包括为政府、企业向国内外资本市场发行各种债券、股票。

2. 充当发行人与投资人的中介，代理客户买卖和承销股票、债券、从事自营买卖，进行股票、债券的国内外二级市场交易。

3. 投资基金的发起和管理。

4. 企业重组、兼并和收购。

5. 项目融资顾问、投资顾问及其他顾问业务。

6. 自有资本的境内外直接投资。

7. 代理客户和为自身进行外汇买卖。

8. 各种资产管理业务。

9. 国内和国际货币市场业务，如同业拆借，等等。

（三）投资银行的作用

1. 投资银行是金融中介。从投资银行所从事的主要业务看，投资银行是资本市场的重要供应者和需求者，由于投资银行的金融中介作用，使资本市场的各方面参与者，无论是政府、企业、机构和个人，还是金融产品的发行人和各种投资人，都在它的周围有机联系起来。

2. 投资银行提高了资本市场的效率。投资银行是资本市场的关键要素和最主要的组织者，它是使整个资本市场得以高效、有序运转的核心力量。有了投资银行的存在，市场机制对社会经济资源的基础性配置作用能够得到最充分体现。

二、保险公司

保险是非银行金融机构的主要业务之一。保险公司的主要经营活动包括财产、人身、责任、信用等方面的保险与再保险业务及其他金融业务。

(一)保险公司的资金来源与运用

1. 保险公司的资金来源。保险公司是经营保险业务的企业,其资金来源主要包括资本金、保险业务收入和保险利润3个部分。

(1)资本金。资本金就是企业的开业资金。各国政府一般都对保险公司的开业资金规定一定的数额,以保证经营的基本稳定。我国采取注册资本与实收资本一致的原则,规定在全国范围内经营保险业务的保险公司,实收货币资本金不低于人民币5亿元;在特定区域内经营业务的保险公司,实收货币资本金不低于人民币2亿元。保险公司最低注册资本必须为实缴货币资本。保险监督管理部门根据保险公司的业务范围、经营规模,可以调整其注册资本的最低限额,但不得低于法律规定的要求。由于资本金具有备用资金的性质,除按规定上缴部分保证金和用于破产清算外,绝大部分处于闲置状态,成为保险资金的重要来源。

(2)保险业务收入。保险业务收入在保险资金形成中居于主导地位,它既是支付保险赔款的资金来源,也是形成保险利润的基础。

(3)保险利润。保险利润由营业利润和投资收益构成。营业利润是保险公司经营活动中产生的利润。投资收益是指保险公司将部分暂时闲置的保险资金用于经营某项事业而获得的收益。

2. 保险资金的运用。保险企业在对保险资金进行运用时,必须遵循安全性原则,依据保险经营方针,对积聚起来的保险资金进行有效运用,并保证资产的保值增值。保险资金主要运用在支付保险赔付、提存各项准备金、保险投资和拨付防灾防损开支等方面。

(二)保险的作用

1. 补偿或给付保险金。损失补偿或实现保险金的给付是保险的最基本的作用。利用保险的这一作用,就是将集中起来的保险金对合同约定的保险事故或人身事故所致的经济损失进行损失补偿或给付保险金,以此来抵御灾害事故和意外事故,保障社会经济活动的顺利进行。

2. 分散风险。实行保险，是将集中于个体身上的因偶发的灾害事故和意外事故所致的经济损失，根据“千家万户保一家”的原则，分摊给所有投保人来承担，使风险得以充分分散，从而适应人们抵御灾害事故和意外事故的需要。

三、信托公司

信托公司，也称信托投资公司，是以资金及其他财产为信托标的，根据委托者的意愿，以受托人的身份管理及运用信托资财的金融机构。

现代信托业比较发达的是美、英、日、加拿大等西方国家。美、英等国除一些专营的信托公司外，相当一部分的信托业务由各商业银行的信托部门来办理。日本、加拿大的情况与美、英有所不同，政府从法律上限制商业银行和信托机构的业务交叉，实行银行业务与信托业务相分离的政策。因此，这两个国家的信托公司（或信托银行）具有资本雄厚、经营稳健、管理有序的特点。

（一）信托公司的业务

1. 委托业务。委托业务就是接受客户的委托，按照委托人指定的目的或为指定人的利益，代为管理和处理财产的业务。目前开办的委托业务主要有：

（1）信托存款。信托存款是金融信托公司接受的客户存款，它是根据客户的存款申请吸收进来并代为管理和运用的资金。信托存款分普通信托存款和特约信托存款两种。前者是存款人不指定存款用途，由金融信托机构负责管理运用，存款人根据存款期限的长短，除得到一般定期存款的利息外，还可以得到一定的红利；后者是存款人指定投资或贷款范围、对象以及收益的方法，金融信托机构除收取约定的信托费外，所有损益责任概由存款人自负。在我国，信托存款的资金来源、范围、期限、档次和利率，均由中国人民银行和金融监管部门规定、公布和调整。

（2）信托贷款。信托贷款是信托投资机构运用吸收的信托存款、自有资金和筹集的其他资金所发放的贷款。信托贷款选择对象比较广泛，凡工业、商业、交通、物资、建筑、外贸行业的企业、服务性企业、科研单位、三资企业以及乡镇企业等，均可作为信托贷款的支持对象。

（3）信托投资。信托投资是指信托企业以投资者的身份，把自有资金或吸收的信托资金，直接投资于某一建设项目或某一企业的投资活动。一般有两种方式:一种是参与经营方式,称为股权式投资;另一种是合作方式,仅在资金上给予支持,称为契约式投资。

(4)委托贷款。委托贷款也叫指定资金信托,是信托机构接受委托人的委托,在委托人存入的委托存款额度内,按其指定的对象、用途、期限、利率与金额发放贷款,并负责到期收回贷款本息的一项委托业务。

(5)委托投资。委托投资是指根据委托人的要求,将其交存的款项向其指定的项目进行投资。信托机构按照协议,负责监督投资的工商企业的经营管理和利润分配,并从中收取一定的手续费。

2. 代理业务。代理业务是信托机构办理的一项传统业务,信托机构以代理人的身份代为办理某些指定的经济事务,只办理有关手续,不负责处理经济纠纷,也不予垫款。委托人一般不向信托部门转移财产所有权,信托机构主要是发挥财务管理的职能。

3. 咨询业务。咨询业务是信托机构利用金融机构网点多、联系面广、信息反馈及时等优势,接受单位和客户委托,提供国内外企业资信、商品行情以及金融动态等的咨询。

(二)信托的作用

1. 信托拓宽了投资者的投资渠道。对于投资者来说,存款或购买债券较为稳妥,但收益率较低;投资于股票有可能获得较高收益,但对于投资经验不足的投资者来说,投资股市的风险很大,而且在资金量有限的情况下,很难做到组合投资、分散风险。此外,股市变幻莫测,投资者缺乏投资经验,加上信息条件的限制,难以在股市中获得很好的投资收益。信托作为一种新型的投资工具,把众多投资者的资金汇集起来进行组合投资,由专家来管理和运作,经营稳定,收益可观,可以专门为投资者设计间接投资工具,投资领域可以组合资本市场、货币市场和实业投资领域,大大拓宽了投资者的投资渠道。信托之所以在许多国家受到投资者的欢迎,发展如此迅速,都与信托作为一种投资工具所具有的独特优势有关。

2. 信托通过把储蓄转化为投资,促进了产业发展和经济增长。信托吸收社会上的闲散资金,为企业筹集资金创造了良好的融资环境,实际上起到了把储蓄资金转化为生产资金的作用。这种把储蓄转化为投资的机制为产业发展和经济增长提供了重要的资金来源,特别是对于某些基础设施建设项目,个人投资者因为资金规模的限制无法参与,但通过信托方式,汇集大量的个人资金投资于实业项目,不仅增加了个人投资的渠道,同时,也为基础设施融资提供了新的来源。而且，随着信托的发展，这种作用将越来越大。

3. 信托促进金融市场的发展和完善。证券市场作为信托重点投资的市场之一，信托的发展有利于证券市场的稳定。信托由专家来经营管理，他们精通专业知识，投资经验丰富，信息资料齐备，分析手段先进，投资行为相对理性，客观上能起到稳定市场的作用。同时，信托一般注重资本的长期增长，多采取长期的投资行为，不会在证券市场上频繁进出，能减少证券市场的波动。

4. 信托有利于货币市场的发展。我国《信托投资公司管理办法》规定，信托投资公司可以参与同业拆借，信托投资公司管理运用资产的方式可以采用贷款的方式，信托投资公司可以用自有资产进行担保，这些业务不仅仅是银行业务的重复，而且是对中国货币市场的补充。商业银行作为货币市场的主要参与者，有其运作的规模效应，但同时也限制了它的灵活性。信托虽没有商业银行的资金优势、网络优势，但其可以直接联系资本市场和实业投资领域，有其业务的灵活性，对于企业的不同的融资需求和理财需求能够设计个性化的方案，丰富货币市场的金融产品。

五、金融资产管理公司

金融资产管理公司是一些国家对从金融机构中剥离出的不良资产实施公司化经营而设立的专业金融机构。金融资产管理公司的业务范围如下：

1. 追偿原有独资商业银行债务人的债务。

2. 对所收购的不良贷款形成的资产进行租赁或者以其他形式置换、转让、销售或重组。

3. 债权转股权，并对企业阶段性持股。

4. 资产管理范围内的公司的上市推荐及债券、股票承销。

5. 发行金融债券，向金融机构借款。

6. 财务及法律咨询，资产及项目评估，企业破产清算与审计。

7. 向中央银行申请再贷款。

8. 金融监管部门批准的其他业务活动。

六、财务公司

财务公司也称金融公司，是指以经营消费信贷及工商企业信贷为主的非银行金融机构。

（一）财务公司的资金来源与运用

财务公司资金的主要来源是银行贷款、发行债券、卖出公开市场票据（商业本票）、发行股票及定期大额存款单等。

在资金运用上，专营抵押放款业务；依靠吸收的大额定期存款进行贷款或投资；专营耐用品的租购及分期付款销货业务。规模较大的财务公司还兼营外汇、证券包销、财务及投资咨询业务等。

（二）财务公司与商业银行在贷款上的区别

商业银行是小额、分散借入，大额贷出；财务公司则是大额借入，小额贷出。由于财务公司同商业银行相比，实际的管制较松，因而它的业务范围仍在继续扩大，同商业银行的区别逐渐缩小。

七、租赁公司

现代租赁公司是指专门经营融资租赁业务的机构。租赁是指出租人和承租人直接通过契约关系，明确双方的权利和义务，以收取租金为条件，让渡财产使用权和一定范围内处分权的一种信用形式。其种类主要有：

1. 直接租赁（Direct Lease）。直接租赁是购进租出的做法，即出租方在国内外金融市场上筹措资金，向制造商或供应商支付货款，购进设备后直接租赁给承租人使用。

2. 转租赁（Sub Lease）。转租赁是租进租出的做法，即出租人从制造商或另一家租赁公司租进设备，然后转租给用户。转租赁是国际租赁业中运用较为广泛的一种形式。

3. 回租租赁（Sale and Leaseback Lease）。回租租赁是承租人将其物品售给出租人，再从出租人手中租回的租赁形式。回租是当企业缺乏资金而又告贷无门时，改善其财务状况的最佳方式。一方面，承租人在租期内继续使用设备；另一方面，承租人可将固定资产变为现金投资于其他业务。此外，企业的利润和折旧在出售时便可收回，提高了资金的流动性。因此，回租租赁适用于流动性差的企业。

4. 杠杆租赁。杠杆租赁也称衡平租赁(Leverage Lease),是金融租赁的一种特殊形式。出租人从银行借得60% ~80%的资金,本身投资设备价款的20% ~40%,购买设备,将设备出租给承租人。承租人租赁设备后,须向贷款方交付租金。租金的偿付必须是均衡的,各期支付金额大小不得过于悬殊。在这种租赁方式中,出租人拥有相当于自身投资金额数倍的可供出租的设备,以小额资金牟取比一般租赁更高的报酬,确实起到了杠杆的作用。

八、信用合作社

信用合作社是由个人集资联合组成的,以互助为主要宗旨的合作金融组织。

信用合作社基本的经营目标,是以简便的手续和较低的利率,向社员提供信贷服务,帮助经济力量薄弱的个人解决资金困难,以免遭高利盘剥。

(一)信用合作社的资金来源与运用

信用合作社的资金来源于成员交纳的股金和吸收存款,贷款主要用于解决其成员的资金需要。起初,信用合作社主要发放短期生产贷款和消费贷款。现在,一些资金充裕的信用社已开始为解决生产设备更新、改进技术等提供中、长期贷款,并逐步采取了以不动产或有价证券为担保的抵押贷款方式。

(二)信用合作社的类型

按照地域不同,可分为农村信用合作社和城市信用合作社。

1. 农村信用社。农村信用合作社是由农民或农村的其他个人集资联合组成,以互助为主要宗旨的合作金融组织,简称“农村信用社”。

农村信用社在创办初期,社员都是农民,合作社的规模较小,社员贷款被严格地用于农业生产。现在,信用合作社的成员由原来主要是农民,逐渐扩大到兼业农民、农村的小工商业者、农场的工人和职员;在信用合作社以下还设有若干分社。农村信用合作社由原来主要办理种植业的短期生产贷款,发展到综合办理农林牧副渔和农村工商业及社员消费性的短期贷款。资金充裕的信用社,还对农业生产设备、中小工商业提供中、长期贷款,并逐步采取了抵押贷款方式,以不动产或有价证券担保。

我国的农村信用合作社始建于第一次国内革命战争时期,当时,建立农村信用合作社的目的在于抵制地主、商人的高利贷剥削。不断发展的根据地和解放区的中国农村信用合作社，对解决农民生产、生活困难，打击高利贷，促进农业生产发展，支援革命战争都起到了积极作用。新中国建立以后，与农业生产的集体化相配合，农村信用社得到进一步发展。1996年，我国对农村信用社的改革重点在于规范农村信用社，明确农村信用社主要由农户、农村集体经济组织和农村信用社职工入股，实行民主管理，最高权利机构是社员代表大会，坚持主要为社员服务的方针。

2. 城市信用社。城市信用社是城市居民集资建立的合作金融组织。

城市信用社旨在为城市小集体经济组织和个体工商户服务，通过信贷活动帮助他们解决资金困难，促进生产发展。其性质为集体所有制企业、具有独立法人地位的经济实体。实行独立经营，由社员进行民主管理，盈利归集体所有，并按股金分红。

城市信用社经营的业务一般有：吸收单位和个人的存款；对经营企业发放短期贷款；办理抵押贷款；办理同城及部分异地的结算业务；信息和咨询服务；代办企业保险业务等。

第六节　我国的金融机构体系

一、旧中国金融机构体系

新中国成立前夕，我国的金融机构体系以“四行两局一库”为主。四行是指中央银行、中国银行、交通银行和中国农民银行；两局是邮政储金汇业局（1930）和中央信托局（1935）；一库是指中央合作金库（1946）。另外还有一些中小银行和钱庄。其中较有影响的是所谓“南三行”（浙江兴业银行、浙江实业银行和上海商业储蓄银行）、“北四行”（盐业银行、金城银行、中南银行及大陆银行）和“小四行”（中国通商银行、四明银行、中国实业银行和中国国货银行）。

二、新中国金融机构的建立与构成

新中国成立以后，通过没收官僚资本银行、改造私人银行和钱庄，合并解放区银行，发展城乡信用合作社和其他金融机构等工作，逐渐构筑起了新中国的金融体系。

新中国金融体系的诞生以中国人民银行的建立为标志。在其后的50多年的时间里,我国的金融机构随着我国经济体制的变革,经历了几个阶段的演变和发展,逐步走向成熟。

(一)1953~1979年“大一统”模式下的金融机构体系

1953年,我国开始实施第一个五年计划,进入了大规模的经济建设时期。为集中力量大规模进行社会主义建设,我国采用前苏联高度集中的计划经济管理模式,开始对金融体制进行改革,从而建立起高度集中的、以行政管理办法为主的单一国家银行体系,又称“大一统”的中国人民银行体系。这一体系的特征是:全国只有中国人民银行一家银行,中国人民银行执行双重职能,它既是具有货币发行权、负责管理全国金融事务的金融机构,发挥中央银行的职能,又要办理普通银行的信贷业务,它包揽了工商信贷、农村金融、储蓄存款、转账结算、现金出纳等具体的银行业务。中国人民银行内部实行高度统一的资金管理体制。在存贷款的管理上实行“统存统贷”的资金管理体制,即各级地方分支行吸收的存款全部逐级上交到总行,自身无权支配;各级分支行所需信贷资金由总行核批计划指标,层层下拨。

这种高度统一的金融体系,在计划经济管理体制下,发挥了一定的积极作用,有利于金融宏观控制,有利于统一调拨资金;但其消极作用也是明显的,不利于调动地方各级银行的积极性。这一体系是为适应高度集中的计划经济体制而设立的,因此,一直延续到1979年改革开放以前。

(二)1979~1993年的金融机构体系

1979年以后,随着我国经济体制改革的不断深入,我国金融体制进行了一系列的改革,改革的总体方向是改变延续多年的“大一统”的金融机构体系,逐步建立起一种适应市场经济体制所需要的金融机构体系。在这一阶段,金融机构体系的改革主要表现在以下几方面:

1. 在金融机构的设置上,首先打破了长期存在的只有中国人民银行一家金融机构的局面,先后恢复和建立了独立经营的国有专业银行。1979年2月,恢复了中国农业银行(农村金融业务);1979年3月,中国银行(外汇及国际金融业务)也从中国人民银行独立出来;1980年,中国人民建设银行(基本建设贷款)从财政部分离出来;1984年,成立了中国工商银行(城市工商信贷,城镇居民储蓄存款)。

2. 与此同时,各类非银行金融机构也相继成立。首先恢复了国内保险业务,中国人民保险公司成为独立的经济实体。随后,各种金融机构相继成立。1979 年,成立了中国国际信托投资公司,各地相继建立了国际、国内信托公司,财务公司、租赁公司等,农村信用合作社也恢复了经营自主权,城市信用社广泛建立。至此,形成了以中央银行为核心,以四大国有专业银行为主体,多种金融机构并存的多元化金融机构体系。

3. 建立了综合性、股份制商业银行模式。

三、我国现行金融机构体系

随着金融体制改革的不断深入,目前,我国形成了以中央银行为核心,国有商业银行为主体,多种金融机构并存,严格分工,相互协作的金融机构体系。

(一)中央银行

中国人民银行是我国的中央银行。1983 年 9 月,国务院决定中国人民银行专门行使中央银行的职能,中国人民银行成为国务院管理、领导全国金融事业的国家机关,履行三大职能:一是享有货币发行垄断权,履行发行银行的职能;二是它代表政府管理全国的金融机构和金融活动,经理国库,履行政府银行的职能;三是中央银行作为最后贷款人,在商业银行资金不足时,可向其发放贷款,履行银行的银行职能。

1995 年 3 月 18 日,《中华人民共和国中国人民银行法》出台,对中国人民银行的具体职责进行了法律界定:①依法制定和执行货币政策;②发行人民币,管理人民币流通;③按照规定审批、监督管理金融机构;④按照规定监督管理金融市场;⑤发布有关金融监督管理业务的命令和规章;⑥持有、管理、经营国家外汇储备、黄金储备;⑦经理国库;⑧维护支付、清算系统的正常运行;⑨负责金融业的统计、调查、分析和预测;⑩作为国家的中央银行,从事有关的国际金融活动;⑪国务院规定的其他职责。

中国人民银行的机构在 1998 年以前按行政区划设置,分为总行、省级分行、地区(市)二级分行和县支行四级。中国人民银行总行对其分支机构在银行业务和干部管理上实行垂直领导,统一管理。

1997 年下半年,中央银行进行重大改革,撤销了中国人民银行省级分行,在全国设立 9 家跨省、自治区、直辖市分行,实行总行、分行、中心支行和县支行四级管理体制。总行设在北京,并直辖北京、重庆两个营业部,下设9个分行，沈阳、天津、济南、上海、南京、武汉、成都、广州、西安。总行对其分支行在银行业务和人事管理上实行垂直领导，统一管理。

经过十几年的金融体制改革，我国中央银行的调控手段在不断变化，逐步从直接管理向间接调控过渡。1984年，中央银行按照国际惯例建立了法定存款准备金制度，规定了法定存款准备率，以后逐步实施了再贴现政策和公开市场业务操作等手段来调控货币供应量，调节信贷结构。到2002年，中央银行的货币政策调控方式基本实现了由直接调控向间接调控的转变，公开市场业务操作已经成为货币政策日常操作的主要工具。2005年8月，中国人民银行上海二部正式在上海成立，其目的是使中央银行拥有更加独立的货币政策执行能力，将中国人民银行打造成真正的中央银行。

（二）中国银行业监督管理委员会

中国银行业监督管理委员会（以下简称“中国银监会”），是根据中国共产党十六大的精神，经第十届全国人民代表大会第一次会议批准设立的国务院银行业监督管理机构。2003年4月26日，第十届全国人大常委会第二次会议通过决议，授权中国银监会履行原由中国人民银行履行的监督管理职责。

中国银监会的成立，有助于人民银行更加独立地行使宏观金融调控职能，更加专注于货币政策的制定与实施，保持宏观经济环境的长期稳定。同时，中国银监会与中国证监会、中国保监会一起，构成了一个严密的监管体系，全方位地覆盖银行、证券、保险三大市场，特别是中国加入世界贸易组织后，在金融业务国际化、综合化、全能化的趋势下，能够实施更加有效的监管。中国银监会的主要职责是：

制定有关银行业金融机构监管的规章制度和办法；审批银行业金融机构及分支机构的设立、变更、终止及其业务范围；对银行业金融机构实行现场和非现场监管，依法对违法违规行为进行查处；审查银行业金融机构高级管理人员任职资格；负责统一编制全国银行数据、报表，并按照国家有关规定予以公布；会同有关部门提出存款类金融机构紧急风险处置意见和建议；负责国有重点银行业金融机构监事会的日常管理工作。

（三）中国证券监督管理委员会与中国保险监督管理委员会

中国证券监督管理委员会（以下简称“中国证监会”）成立于1992年10月，其基本职能是：

建立统一的证券期货监管体系,按规定对证券期货监管机构实行垂直管理;加强对证券期货业的监管,强化对证券期货交易所、上市公司、证券期货经营机构、证券投资基金管理公司、证券期货投资咨询机构和从事证券期货中介业务的其他机构的监管,提高信息披露质量;加强对证券期货市场金融风险的防范和化解工作;负责组织拟订有关证券市场的法律、法规草案,研究制定有关证券市场的方针、政策和规章;制定证券市场发展规划和年度计划;指导、协调、监督和检查各地区、各有关部门与证券市场有关的事项;对期货市场试点工作进行指导、规划和协调;统一监管证券业。

中国保险监督管理委员会(以下简称"中国保监会")于 1998 年 11 月 18 日成立,是全国商业保险的主管部门,为国务院直属事业单位,根据国务院授权履行行政管理职能,依照法律、法规统一监督管理全国保险市场。中国保监会设有 31 个派出机构。

(四)商业银行

目前,我国商业银行主要包括:国有独资商业银行、股份制商业银行、城市合作银行。

1. 国有独资商业银行。国有独资商业银行是由国有专业银行演变而来的,它们是:中国工商银行、中国农业银行、中国银行和中国建设银行 4 家银行。1994 年,随着政策性银行的建立,原有的 4 大专业银行开始向商业银行转变,成为现在的 4 家国有商业银行。其业务范围在原有分工的基础上,逐步交叉,传统分工逐渐淡化。

国有独资商业银行在我国金融体系中占有主体地位。无论是在人员、机构网点数量上,还是资产规模和市场占有份额上,4 大国有独资商业银行在我国金融领域中均处于举足轻重的地位。到 2001 年底,4 大国有独资商业银行在资产方面占据国内银行业市场 80% 以上的份额,具有寡头垄断的特征。但是这种趋势正在逐步发生变化,随着政府对银行业管制的放松,银行业从业家数逐步增多,不同规模、不同产权性质的银行逐渐出现,改变了银行业原有高度垄断的市场结构,垄断竞争的局面正在形成。

4 家国有独资商业银行在原有体制下形成的大量不良资产问题,是制约国有银行发展的一大障碍。2000 年,国家为剥离 4 家国有独资商业银行的不良资产,分别组建了 4 家资产管理公司,即华融资产管理公司、信达资产管理公司、长城资产管理公司和东方资产管理公司。此外,资本充足率普遍偏低、达不到国际标准 8% 的要求是 4 家国有独资商业银行的另一大障碍。虽然 1998 年中央曾采取发行 2 700 亿元特别国债的办法来弥补 4 家国有独资商业银行的资本金,但到 2001 年底,4 家国有独资商业银行的资本充足率仍不到 7%。2004 年 1 月,国务院向中行、建行注资 450 亿美元以改善其资本充足率问题和加快中行、建行的上市步伐。2005 年 10 月 27 日,建行成功在香港发售近 90 亿美元的股票。截至 2005 年 6 月,建行资产不良率降到 3.91%,资本充足率达 10.71%,同时,建行各项准备余额对不良资产的覆盖率为 63.31%。2006 年 6 月 1 日,中国银行在香港成功上市,7 月 5 日 A 股在国内发行。

2. 股份制商业银行。随着金融体制改革的不断深入,我国陆续组建了一批股份制商业银行。1986 年,第一家股份制商业银行——交通银行得以组建。以后又相继成立了深圳发展银行、中信实业银行、招商银行、广东发展银行、华夏银行、中国光大银行、福建兴业银行、上海浦东发展银行、中国民生银行、烟台住房储蓄银行、蚌埠住房储蓄银行等十几家商业银行。目前,已有 4 家股份制商业银行公开上市发行股票,它们是:深圳发展银行、上海浦东发展银行、中国民生银行、招商银行。

从业务活动范围来看,这些商业银行在初建时分为全国性和区域性。但随着金融体制改革的深化,银行业务在不断延伸,区域性银行的业务范围已经超出原来指定的地域范围,比如,招商银行、上海浦东发展银行等,经营性分支机构已向全国发展。这些股份制商业银行依照国际通行的规则和市场原则开展各项银行业务活动和进行自身经营管理。因而,尽管它们在资产规模、机构数量和人员等方面还远远不能同国有独资商业银行相比,但其资本、资产及利润的增长速度都很快。

3. 城市合作银行。1995 年以来,我国的一些城市开始在城市信用合作社的基础上组建城市合作银行,到 1996 年,全国共有 18 家挂牌营业的城市合作银行。从 1998 年开始,这些银行陆续更名为以城市命名的商业银行,如北京银行。这类城市商业银行主要由城市企业、居民和地方财政投资入股组建,其功能也主要为本地区经济发展融通资金,重点为城市中小企业的发展提供金融服务。

尽管目前我国商业银行的组织形态各异,但是各类商业银行都是以商业银行法为从业的基本依据。1995 年 5 月 10 日,全国人大通过了《中华人民共和国商业银行法》,明确了我国商业银行的性质、经营原则及业务范围。该法指出,我国商业银行的性质是吸收公众存款、发放贷款、办理结算等业务的企业法人，以效益性、安全性、流动性为经营原则，实行自主经营、自担风险、自我约束。商业银行的经营范围包括：①吸收公众存款；②发放短期、中期和长期贷款；③办理国内外结算；④办理票据贴现；⑤发行金融债券；⑥代理发行、代理兑付、承销政府债券；⑦买卖政府债券；⑧从事同业拆借；⑨买卖、代理买卖外汇；⑩提供信用证服务和担保；⑪代理收付款项及代理保险业务；⑫提供保管业务；⑬经中国人民银行批准的其他业务。

（五）政策性银行

政策性银行是我国深化金融体制改革过程中，为实现国有专业银行向商业银行转化而成立的专门承担政策性信贷业务的银行。它们分别是：1994 年组建的国家开发银行、中国进出口银行和中国农业发展银行。其目的是实现政策性金融与商业性金融分离，以解决原来我国专业银行身兼二任的问题，割断政策性贷款与基础货币的直接联系，确保中国人民银行调控基础货币的主动权。这 3 家政策性银行将原来 4 大专业银行的政策性业务承担过来，一方面便于原 4 大专业银行尽快向商业银行转化；另一方面，在市场经济条件下，保证对投资期限长、收益低甚至无收益的国家基础建设项目和重点项目，在资金上予以倾斜。

1. 国家开发银行。国家开发银行于 1994 年 3 月成立，直属国务院领导，目前在全国设有 32 家分行和 4 家代表处。国家开发银行注册资本金为 500 亿元人民币，由国家财政全额拨付。

国家开发银行贯彻“既要支持经济建设，又要防范金融风险”的方针。主要任务是：按照国家有关法律、法规和宏观经济政策、产业政策、区域发展政策，筹集和引导境内外资金，重点向国家基础设施、基础产业和支柱产业项目以及重大技术改造和高新技术产业化项目发放贷款；从资金来源上对固定资产投资总量和结构进行控制和调节。

国家开发银行按照国家宏观经济政策和开发银行信贷原则独立评审贷款项目、发放贷款。其资金主要靠以市场方式向国内外发行金融债券筹集。资金运用领域主要包括：制约经济发展的“瓶颈”项目；直接关系增强综合国力的支柱产业中的重大项目；重大高新技术在经济领域应用的项目；跨地区的重大政策性项目等。

国家开发银行的贷款分为两部分：一是软贷款，即国家开发银行注册资本金的运用。其主要按项目配股需要贷给国家控股公司和中央企业集团，由其对企业参股、控股。二是硬贷款，即国家开发银行借入资金的运用。国家开发银行在项目总体资金配置的基础上，将借入资金直接贷给项目，到期收回本息。目前，国家开发银行的贷款主要是硬贷款。

2. 中国进出口银行。中国进出口银行于1994年4月正式成立，总行设在北京，境内设有9家代表处，境外设有2家代表处。中国进出口银行注册资本金为33.8亿元人民币，由国家财政全额拨付。

中国进出口银行实行自主、保本经营和企业化管理的经营方针。主要任务是：执行国家产业政策和外贸政策，为扩大我国机电产品和成套设备等资本性货物出口提供政策性金融支持。

中国进出口银行依据国家有关法律、法规、外贸政策、产业政策和自行制定的有关制度，独立评审贷款项目。其资金主要靠以市场方式向国内外发行金融债券筹集，业务范围主要是为成套设备、技术服务、船舶、单机、工程承包、其他机电产品和非机电高新技术的出口提供卖方信贷和买方信贷支持。同时，该行还办理中国政府的援外贷款及外国政府贷款的转贷款业务。

3. 中国农业发展银行。中国农业发展银行于1994年4月正式成立，总行设在北京，国内设有2 276家分支机构。中国农业发展银行注册资本金为200亿元人民币，由国家财政全额拨付。

中国农业发展银行实行独立核算，自主、保本经营，企业化管理的经营方针。主要任务是：按照国家有关法律、法规和方针、政策，以国家信用为基础，筹集农业政策性信贷资金，承担国家规定的农业政策性金融业务，代理财政性支农资金的拨付。

目前，中国农业发展银行依据国家有关法律、法规、产业政策，实行“库贷挂钩、钱随粮走，购贷销还、封闭运行”的信贷原则。即发放的收购贷款额要与收购的粮棉油库存值相一致，销售粮棉油收入中所含贷款要全部收回，防止收购资金被挤占挪用，保证收购资金及时、足额供应，保护农民的生产积极性，促进粮棉油生产和粮食购、销、调、存等方面工作的顺利开展。

中国农业发展银行的资金主要来源于中央银行的再贷款。其业务范围主要是向承担粮棉油收储任务的国有粮食收储企业和供销社棉花收储企业提供粮棉油收购、储备和调销贷款。此外，还办理中央和省级政府财政支农资金的代理拨付，为各级政府设立的粮食风险基金开立专户并代理拨付。

(六)非银行金融机构

除上述银行性金融机构外，我国还有多种非银行性金融机构，它们经办某种专门的金融业务和金融服务，是我国现行金融体系的重要组成部分。以下介绍几种主要的非银行金融机构。

1. 保险公司。改革开放以来，我国保险业得到迅速发展。保险市场初步形成了以国有商业保险公司为主，多种经济类型和中外合资保险公司并存，多家保险公司竞争的新格局。目前，中国的保险公司以出资人划分大致有三类：中资保险公司、外资保险公司分公司和中外合资保险公司。

1995 年 10 月，我国颁布了《中华人民共和国保险法》（以下简称《保险法》）。根据《保险法》，我国保险公司的业务范围分为两大类：一是财产保险业务，具体包括财产损失保险、责任保险、信用保险等业务；二是人身保险业务，具体包括人寿保险、健康保险、意外伤害保险等业务。《保险法》规定，同一保险人不得同时兼营上述两类保险业务。对于保险公司资金的运用，除用于理赔外，目前限于银行存款、买卖政府债券、金融债券、证券投资基金和国务院规定的其他资金运用形式，而不得用于设立证券营业部和向企业投资。

1998 年，中国保险监督管理委员会成立，对保险业进行监管。

2. 信托投资公司。信托投资公司是经营信托投资业务的金融机构。我国最早的信托公司是 1921 年在上海成立的"上海通商信托公司"。在此之前，信托业务由银行设立的信托部门办理，且主要集中在上海。新中国成立后至 1979 年间，中国基本上没有正式独立的信托机构。1979 年 10 月，经国务院批准成立了建国后第一家信托投资公司——中国国际信托投资公司。1980 年，中国人民银行系统试办信托业务，同时各地政府也纷纷成立了信托公司或信托投资公司。从此，金融信托业在全国范围内迅猛发展起来。

目前，我国信托投资业务有以下几类：①信托业务类。包括：信托存款、信托贷款、信托投资、财产信托等。②委托业务类。包括：委托存款、委托贷款、委托投资。③代理业务类。包括：代理发行债券和股票、代理收付款项、代理催收欠款、代理监督、信用签证、代理会计事务、代理保险、代保管、代理买卖有价证券等。④租赁业务类。包括：直接租赁、转租赁、代理租赁、回租租赁等。⑤咨询业务类。包括：资信调查、商情调查、投资咨询、介绍客户、金融业务咨询等。

3. 证券公司。证券公司是专门经营证券业务，具有独立企业法人地位的金融机构。它受托办理股票债券发行业务，受托代理单位及个人的证券买卖业务,同时自己也从事有价证券的买卖经营。

国家对证券公司进行分类经营,分为综合类证券公司和经纪类证券公司。综合类证券公司可经营下列证券业务:①证券经纪业务;②证券自营业务;③证券承销业务;④经国务院、中国证监会核定的其他证券业务。经纪类证券公司只允许专门从事证券经纪业务。

证券公司可以通过代理发行,承销或包销各类有价证券,使发行者能方便、迅速地筹措到长期资金。证券公司通过派驻证券交易所的代表,代理买卖和自营买卖各类有价证券,从而使各类有价证券能按公平的市场价格在投资者之间自由转移。

在我国,证券公司被视为投资银行,它可以从事投资银行的各项业务,但投资银行不仅包括证券公司,还有以下机构:①中国投资银行;②中外合资金融公司;③资产管理公司。1999 年 3 月到 10 月,我国先后成立的 4 家注册资本均为 100 亿元的国有资产管理公司有:华融、信达、东方、长城。

4. 农村信用合作社。农村信用合作社是农村集体金融组织,其特点是由农民入股,由社员民主管理,主要为入股社员和乡镇企业提供金融服务。

在我国计划经济体制下,农村信用合作社一度成为国家银行在农村的基层组织,并由农业银行或中国人民银行管理,相当程度上丧失了它应有的合作性质。1996 年对此进行了改革,一是实现农村信用合作社与农业银行脱钩,二是恢复其合作金融组织的性质。农村信用合作社的业务与一般商业银行基本相同。根据改革发展的要求,发达地区的农村信用合作社将改组为农村合作银行。

截至 2000 年底,我国拥有独立法人资格的农村信用社 48 133 个、联合社 2 380 个,还有非独立法人的信用分社 43 998 个、储蓄所 16 992 个、信用站 223 562 个;全国每个乡镇平均拥有农村信用社经营机构 8 个,形成了服务全国乡村与城镇的合作金融机构网络。同年,农村信用社总资产 10 122 亿元,占存款货币银行总资产的 11.96%,各项贷款余额 7 273 亿元,占全部金融机构各项贷款余额的 9.4%。农村信用社的经营业务与普通商业银行的业务基本相同。

2003 年 6 月 27 日,国务院下发了《深化农村信用社改革试点方案》。同年 8 月 18 日,国务院召开了 8 个试点省(市)政府负责同志座谈会,8 省分别为浙江、山东、江西、贵州、吉林、重庆、陕西和江苏。2003 年 11 月下旬,国务院先后批准了 8 省(市)农村信用社改革实施方案,这一举动标志着深化农村信用社改革试点工作从2004年开始进入全面实施阶段。目前，我国的农村信用社改革模式有3种：省级联社、省级合作银行和省级商业银行。上海、北京、深圳的这3家农村商业银行分别于2005年8月、10月和12月正式挂牌成立，由原来3地的农村信用社改制而来。截至目前，已组建成立27个省级联社，12家农村商业银行，73家农村合作银行，674家以县（市）为单位统一法人银行类机构。

5. 投资基金。投资基金管理公司是一种专门为投资者服务的投资机构，它通过发行基金证券汇集众多分散的个人或企业的闲置资金，并通过多元化的资产组合进行投资。

我国于1991年开始设立投资基金，当年设立3家，1992年设立56家，1993年设立10家，1994年设立6家，1998年设立6家，截至1998年底共计81家。批准发行规模58.22亿元，实际募集57.07亿元。在投资基金类型上，1998年之前的75家中有72家为封闭式契约型，有3家为封闭式公司型，没有1家开放式的。2001年9月，我国证券市场上迎来了第一只开放式基金——华安创新基金。截至2002年11月，国内已募集完毕并宣告成立的基金总数达到了71只，其中封闭式基金有54只，开放式基金为17只。开放式基金自2001年诞生之后，就受到了广大投资者的青睐，到2006年6月30日，我国开放式基金累计已经达到了187只，封闭式基金53只。从现在来看，我国投资基金的设立和管理还存在不少问题，有待进一步改进。

（七）在华外资合资金融机构

根据2002年2月1日起施行的《中华人民共和国外资金融机构管理条例》，外资金融机构包括：①总行在中国境内的外国资本的银行（简称外商独资银行）；②外国银行在中国境内的分行（简称外国银行分行）；③外国的金融机构同中国的公司、企业在中国境内合资经营的银行（简称中外合资银行）；④总公司在中国境内的外国资本的财务公司（简称外商独资财务公司）；⑤外国的金融机构同中国的公司、企业在中国境内合资经营的财务公司（简称中外合资财务公司）。

中国政府在加入世界贸易组织的承诺中表示，允许外资机构在我国加入世界贸易组织后3年对企业开办人民币业务，5年可对中国居民开办人民币业务。

截至2006年6月底，已有71家外国银行在中国设立了197家营业性机构，并可在25个城市开办人民币业务。2006年11月15日，国务院总理温家宝签署第478号国务院令，公布《中华人民共和国外资银行管理条例》(以下简称《条例》)。《条例》于2006年12月11日——中国加入世界贸易组织5周年纪念日开始施行，《条例》对在中国运营的外商独资银行、中外合资银行和外国银行在华分行的设立与登记以及业务范围作出了明确规定，允许在华外资法人银行为中国客户提供全面的金融服务，并取消外资银行在中国经营人民币业务的地域限制和客户限制。其经营的外汇业务和人民币业务包括：吸收公众存款；发放短期、中期和长期贷款；办理票据承兑与贴现；买卖政府债券、金融债券，买卖股票以外的其他外币有价证券等。这意味着中国银行业已经向外资全面打开了大门。

思考与练习

一、基本概念

金融机构体系　中央银行职能　中央银行负债业务　再贴现和再贷款业务　商业银行的负债业务、资产业务、中间及表外业务　政策性银行的性质、业务和种类　非银行金融机构

二、练习题

1. 中央银行的主要职能是什么？
2. 简述商业银行的资产与负债业务。
3. 简述政策性银行的性质。
4. 简述我国商业银行体系的构成。
5. 简述我国非银行金融机构的构成。

4

第四章

金融市场

本章学习重点

- 金融市场四大要素
- 金融市场的特点、功能及分类
- 货币市场的分类及主要业务
- 资本市场的分类及主要业务

第一节　金融市场概述

一、现代金融市场的概念及特点

金融市场是进行资金融通的场所，资金在这里实现集中和分配，并由资金供给与资金需求的对比形成该市场的“价格”——利率。金融市场的概念有狭义与广义之分。狭义的金融市场是指资金供应者与需求者通过某种市场的方式直接进行资金融通和自由买卖有价证券的场所；广义的金融市场是指社会资金融通渠道、方式、手段、主体等多种市场要素的总和，是金融买卖活动的总体。

在现代市场经济体系中，金融市场是与商品市场、劳务市场和技术市场等相并列的一种市场，其发达与否是一国金融发展程度及制度选择取向的重要标志。现代电子技术在金融领域里的广泛运用和大量无形市场的出现，使得许多人倾向于将金融市场理解为金融商品供求关系或交易活动的总和。因此，金融市场的概念包含了三层含义：一是进行金融商品买卖交易的场所；二是进行各种资金融通和所有金融商品交易的场所；三是金融资产交易和确定价格的一种机制或制度安排。

金融市场是现代商品经济发展的产物。现代社会的日常生产与资本形成需要巨额的资金。一方面作为资金最终来源的储蓄，大部分来自并不拥有企业与农场的家庭；另一方面，企业要组织日常生产，需要扩大生产规模，但它们缺少必要的资金。因此，在现代市场经济中，为了把储蓄者和投资者结合起来，就需要一种精巧的安排。金融市场的作用就是提供这样一种渠道，以利于资金从储蓄者向投资者转移。金融市场包括通过各类金融机构及个人所实现的货币资金借贷活动，其中有对各种货币进行的交易，也有对各种有价证券进行的交易。金融交易既有具体的交易场所，如在某一金融机构的建筑内进行，也有无形的交易场所，即通过现代通信设施建立起来的网络进行。国内外实践证明，要发展商品经济，就必须利用金融市场，使资金运动在社会范围内得以顺利进行，才能保证扩大再生产对货币资金的需要。

一般来说，现代金融市场有以下特点：

（一）交易对象是金融商品

金融市场的交易对象不是形态各异、使用价值不同的普通商品，而是一种特殊商品，即金融商品。金融商品只有单一的货币形态和单一的使用价值，即获利能力。金融商品的交易大多只是表现为货币资金使用权的让渡，而普通商品交易则表现为商品所有权和使用权的同步转移。

（二）金融商品的价格是利息率或收益率

利息率或收益率的高低由金融商品的买者和卖者根据资金供求和市场竞争情况共同决定。受平均利润率的制约和市场有效竞争的影响，利息率或收益率必然趋向一致。商品形态的单一性和价格的一致性，是金融市场两个最重要的特点。

（三）多样化

金融市场的多样化主要表现在：①交易参加者多样化，参与融资活动的除银行等金融机构外，还有个人、企业、政府、社团等部门；②金融工具多样化,金融市场不仅广泛利用现有的各种信用工具,还根据需要不断创造出新的信用工具;③金融交易方式多样化,在金融市场上,直接融资和间接融资多种形式相互并存、平行发展。

(四)社会化

金融市场面向全社会,无论自然人或法人,凡自愿参加交易者均可自由参加。金融工具交易的数量、行市都要公开,在证券交易所挂牌上市的股票,其发行单位的财务状况等要公之于众,按照公开、公平、公正的原则,由供需双方自由竞争决定交易条件。因此,金融市场是公开的、社会化的市场。

二、金融市场的功能

简而言之,金融市场是进行各种资金融通的场所。在金融市场上融资方式有两种:一种是直接融资,指没有金融媒介参加的资金融通方式。在这种方式下,资金的供给者与需求者直接接触,进行票据、证券的买卖和货币借贷,其特点是把最后贷款者和最后借款者直接结合起来而无需任何金融媒介涉足其间。另一种是间接融资,是指有金融媒介参加的资金融通方式。在这种方式下,资金供需双方不直接见面,融出资金单位与融入资金单位之间的资金转移,要通过金融媒介即银行或其他金融机构把资金从供给者转移给需求者。

以上两种融资方式的运作过程可用图 4 - 1 来表示。

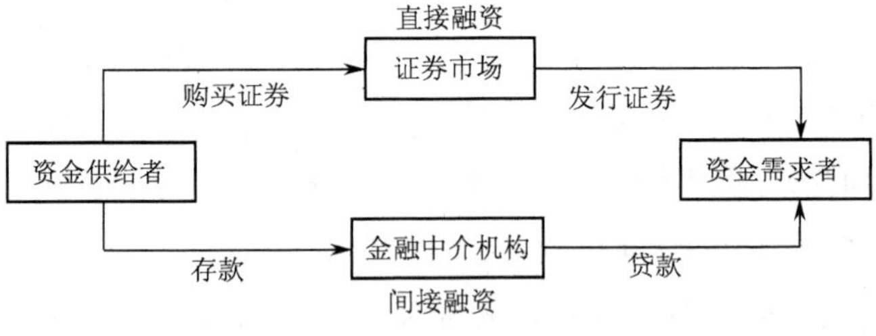

图 4 - 1　金融市场运行

从图 4 - 1 中可以看出,资金供给者与资金需求者之间资金余缺的调剂,是通过金融市场实现的。通过这种余缺的调剂,推动资产存量的调整和生产要素的优化组合。概括而言,金融市场的功能有如下几个方面:

(一)融通资金的功能

融通资金是金融市场的基本功能,具体表现在 3 个方面:①资金供需双方的融资。资金供给方无论是在金融机构存款，还是直接购买金融商品，都是通过对自身闲置资金的运用，及时为资金需求方提供资金来源，从而实现资金余缺的调剂。②金融机构间的融资。这类融资主要是以交换票据、同业拆借等方式来完成的。③地域间的资金转移。金融市场上的融资活动无国籍、地区之分，这必然有利于国际间与地区间的经济合作和往来。

（二）积累资本的功能

金融市场可以跨越时间、空间的界限，在调剂资金余缺的同时把众多期限较短的资金接续起来，成为可供投资运用的长期资金，并且可以突破供应规模的限制，把无数零星、分散、小额的资金汇集起来，形成巨额资金，以满足较大规模的资金需求。例如，证券投资者在金融市场上就购买公司发行的股票和债券，以自己的一部分资金进行投资，这样，以有价证券作为金融工具，在金融市场上就实现了把储蓄转化为投资的资本积累功能。

（三）调节经济的功能

首先，金融市场通过货币的价格——利率来引导资金的流向，实现资金的合理配置，促进社会资金以最小的成本流向使用效率最高的部门；其次，金融市场在资金融通过程中，必然引起货币流动和货币流向的改变，影响到货币供应量，进而对宏观经济起到调控作用。中央银行正是利用这一功能，在金融市场上买卖有价证券以调节货币供应量，使货币供给与需求相适应，从而推动国民经济的持续稳定发展。

三、金融市场的构成要素

与商品市场或要素市场一样，一个完整的金融市场需要有一些必备的市场要素，否则，市场活动就难以顺畅地运行。金融市场主要有以下构成要素。

（一）金融市场主体

金融市场主体是金融市场的交易者，分为专门从事金融活动的主体和不专门从事金融活动的主体两大类。专门从事金融活动的主体，主要是指银行和各种非银行金融机构，它们是筹资人和投资人之间进行金融交易的桥梁，其中，中央银行以众多金融中介管理者的身份参与金融市场，对金融市场具有调控作用。不专门从事金融活动的主体，主要由政府部门、企事业单位和城乡居民三个部分构成。它们在金融市场上既是资金供应者,又是资金需求者。

(二)金融市场客体

金融市场客体是指金融市场的交易对象或交易标的物。金融市场的交易对象是货币资金,但由于货币资金之间不能直接进行交易,需要借助金融工具来进行交易。金融工具又称信用工具,是证明债权债务关系并据以进行货币资金交易的合法凭证,交易双方的权利和义务受法律保护,因而具有广泛的社会可接受性,随时可以流通转让。金融工具包括:债权债务凭证(如票据、债券等)、所有权凭证(如股票)以及近些年来形成的各种金融衍生工具。它们各有其不同特点,以满足市场供求者的不同需要。

(三)金融市场媒体

金融市场媒体是指那些在金融市场上充当交易媒介,从事交易或促成交易完成的组织、机构或个人,如银行、信托投资公司、证券公司、保险公司、经纪人、交易商等。它们主要是为交易主体提供买卖中介服务,也可以作为市场参加者参与买卖金融产品。

(四)金融市场价格

金融市场价格是由资金供给与资金需求对比关系形成的利率。由于金融商品的交易价格同交易者的实际收益及风险密切相关,所以备受人们关注。

(五)金融市场监管者

金融市场监管者主要是政府。政府为维护金融市场的正常秩序而进行管理,其目的是促进金融市场交易的公开、公平、公正,增强交易的透明度,减少金融市场中的欺诈行为,维护正常的金融市场秩序,保护广大投资人的合法权益,促进金融市场的健康运行。目前,各国都通过立法,授权某个或某些机构对金融市场进行监督管理。

金融市场参与者、金融市场交易对象、金融市场中介、金融市场价格(利率)是构成金融市场的四大要素。它们之间紧密联系,相互促进,相互影响。其中,金融市场参与者与金融市场交易对象是最基本的要素,只要这两个要素存在,金融市场便会形成,而金融市场中介与金融市场价格则是自然产生的或必然伴随的,完善的中介机构和价格机制,是金融市场发展的重要条件。

四、金融市场的分类

金融市场是一个大系统，包括许多具体的、互相独立但又紧密关联的子市场，可以按不同的划分标准进行分类。

（一）按金融交易的期限分类

按金融交易的期限可将金融市场划分为货币市场和资本市场。

1. 货币市场是短期资金融通和金融工具交易的市场，期限一般在 1 年之内，其功能在于满足交易者的资金流动性需求，以便随时可以将短期金融工具变换成现实货币。货币市场交易凭证大都是政府和银行以及工商企业发行的短期证券，以流动性高和风险性小为特征。由于用于交易的工具随时可以在市场上出售变现，从这个意义上说，它们近似货币，故将融通短期资金的市场称为货币市场。

2. 资本市场是期限在 1 年以上的货币资金融通和金融工具交易的市场，主要满足工商企业的中长期投资需求和政府弥补财政赤字的资金需要。由于市场筹集的资金主要用于固定资产投资，即作为资本来运用，所以称为资本市场。

（二）按交易中介存在与否分类

按交易中介存在与否可将金融市场分为直接金融市场和间接金融市场。

1. 直接金融市场是指资金需求者直接从资金供给者那里融通资金，一般以发行债券和股票的方式进行。

2. 间接金融市场则是通过银行等信用中介机构来融资的市场，此时融资双方不直接产生债权债务关系，而是与银行等信用中介机构直接交易，以实现最终的融资。

（三）按金融工具的发行和流通特性分类

按金融工具的发行和流通特性可将金融市场分为初级市场、次级市场和场外交易市场。

1. 初级市场又称一级市场或发行市场，是指证券或票据等金融工具最初发行的市场，是次级市场的基础和前提。

2. 次级市场则是指已发行的金融工具在不同的投资者之间买卖、转让所形成的市场，也叫二级市场或流通市场，它的存在使得金融工具更具有流动性。

3. 场外交易市场是将原来在交易所内上市交易的证券移出到场外进行交易，或者是机构投资者和证券出卖者之间为避开经纪人和降低交易成本而在场外直接交易所形成的市场。

（四）按交易方式分类

按交易方式可将金融市场分为现货市场和期货市场。

1. 现货市场是指金融交易成交后，立即或几天之内办理交割清算（即一方付款、另一方交付证券）的市场。

2. 期货市场是指金融交易成交后，按标准化期货合约规定的价格、数量和期限进行交割清算的市场。在规定的期限内买卖双方随时可以按对自己有利的价格进行反向市场操作，通过买卖价格的对冲获取差价收益；如果在规定的期限内没有出现有利于买卖一方的价格，只能选择到期进行实际交易商品的交割或被迫反向对冲，这样可能出现亏损。

（五）按金融交易的地域范围分类

按金融交易的地域范围可将金融市场分为地方性市场、全国性市场和国际性市场。

1. 地方性市场和全国性市场都属于国内金融市场，市场主体都是本国的自然人和法人，交易工具都由国内发行。

2. 国际性市场的活动领域包括国际间各种金融业务，它的业务活动跨越了一国国境，市场交易主体来自许多国家和地区，交易工具是国际性的。

第二节　货币市场

一、货币市场概述

（一）货币市场的含义及特点

1. 货币市场的含义。货币市场是以融资期限不超过 1 年的短期信用工具为交易对象的金融市场，其交易的主体和交易对象十分广泛，既有直接融资，如短期国库券交易、票据交易等交易活动，又有间接融资，如银行短期信贷、短期回购等交易；既有银行内的交易，也有银行外的交易。由于早期商业银行的业务主要局限于短期商业性贷款，因而，货币市场是最早和最基本的金融市场。

2. 货币市场的特点。

(1)参与者多。货币市场参与者人数众多,但以商业银行、中央银行等金融机构和政府机构为主。

(2)期限较短。货币市场期限最长不超过1年,最短为12个小时,以3～6个月者居多。因为期限短,价格波动范围较小,投资者受损失的可能性较小,因此,风险性低。

(3)流动性强。货币市场的流动性主要是指金融工具的变现能力。由于货币市场交易的时间短,变现的速度比较快,容易实现变现,易为投资者所接受。

(4)短期融资。货币市场交易的主要目的是满足短期资金周转的需要,融资去向一般是弥补流动资金的临时不足。

(二)货币市场的作用

1. 有利于资金的合理流动。货币市场的存在使得企业、银行和政府可以从中借取短缺资金,也可将暂时多余、闲置的资金投放其中作短期投资,生息获利,从而促进资金合理流动,解决短期性资金融通问题。

2. 有利于联络银行和其他金融机构协调资金的供需。各家银行和金融机构的资金,通过货币市场交易,从分散到集中,从集中到分散,从而使整个金融机构体系的融资活动有机地联络起来。

3. 有助于进行宏观调控。货币市场在一定时期的资金供求及其流动情况,是反映该时期金融市场银根松紧的指示器,它在很大程度上是金融当局进一步贯彻其货币政策、宏观调控货币供应量的平台。

二、货币市场的分类及主要业务

货币市场可分为票据市场、同业拆借市场和短期证券市场三类。

(一)票据市场

1. 票据市场的含义。票据市场是指以商业票据为金融工具进行承兑和买卖的市场,一般包括票据承兑市场和票据贴现市场。

票据市场是票据被作为融资工具灵活运用的结果,而这一市场的发展又进一步强化了票据的融资功能。商业票据作为融资工具的意义大大超过了它用来证明商业信用中债权债务关系的意义,甚至出现了大量没有真实商业交易基础,而以纯粹的市场筹资为目的的融通票据。融通票据又称为金融票据,它是在当事人双方没有发生真实商业交易的情况下直接达成协议后产生的,一方作为债权人签发票据,另一方则作为债务人表示承兑,出票人要在票据到期前把款项交给付款人,以备付款人清偿之用。融通票据一经签发,由协议产生的债权人就可将所持票据向银行抵押取得票据贷款,以达到融资的目的。融通票据虽然不反映真实的商品交易,只是为获取资金而签发,但当它进入市场后,就与真实商业票据一样流通,一样能进入银行成为通货的准备金,因此,就作为融资工具这一点来说,真实商业票据和融通票据实际上是没有区别的。

2. 票据市场的类型。

(1)票据承兑市场。承兑是指汇票付款人承诺在汇票到期日支付汇票金额的票据行为。汇票之所以需要承兑,是由于债权人作为出票人单方面将付款人、金额、期限等内容记载于票面,在付款人未认可之前,在法律上还没有成为票据的债务人。经过承兑,承兑者就成了汇票的主债务人。因此,只有承兑后的汇票才具有法律效力,才能作为市场上合格的金融工具转让流通。由于银行信用高于商业信用,因此,银行承兑汇票比商业承兑汇票具有更强的流动性。在国外,汇票承兑一般由商业银行办理,也有专门办理承兑的金融机构,如英国的票据承兑所。银行在办理承兑时要收取一定的手续费作为酬金。

(2)票据贴现市场。票据贴现是指银行及其他金融机构购入未到期的远期票据,按一定的贴息率,扣减自贴现日起至到期日止的利息,将净款付给客户,为其提供短期资金融通的行为。办理贴现业务的机构主要有商业银行、贴现公司和中央银行等。

票据贴现业务具体又包括贴现、再贴现和转贴现。贴现是指客户将未到期票据向商业银行或其他金融机构兑取现款;再贴现是指商业银行由于急需资金,将其贴进的未到期的票据再向中央银行办理贴现的行为;转贴现是指商业银行将其贴进的未到期的票据向金融市场上的其他投资者办理贴现的行为。票据贴现可以使工商企业的资本从票据债权形式转化为现金形式,从而有利于资金周转,使资金循环顺利进行。在贴现时,银行要按规定利率(贴现率)从票据金额中扣除自贴现日起至到期日止的利息。

$$\text{贴现利息} = \text{票据金额} \times \text{贴现率} \times \text{贴现日至到期日时间}$$

$$\text{贴现金额} = \text{票据金额} - \text{贴现利息}$$

计算时,贴现率与贴现日至到期日时间的口径要一致:时间按年计算,贴现率要用年利率;按月计算,贴现率要用月利率;按日计算,贴现率则要用日利率。

假设票面金额为 10 000 元的商业票据,6 个月后到期,年贴现率为 8%,持票人如果向银行贴现,则银行需扣除贴现利息 400 元(10 000 元 × 8% ×6 ÷12),付给持票人现金 9 600 元(10 000 元 - 400 元)。

票据贴现从形式上看,是银行买进未到期的票据,但实际上已产生债权的转移,可视为商业银行的一种放款业务。商业票据以实际的商品和劳务交易为基础,是一种自偿性票据,即到期后票据会自动得到清偿,对办理贴现的银行来说,这是一项比较安全、可靠的业务。只要是资信良好的票据,贷款收回是完全有保证的;接受办理贴现的银行或贴现公司如遇周转不灵,还可向中央银行随时办理再贴现。所以,西方国家贴现业务占短期放款的比重很大,在货币市场上贴现市场居于主导地位。

在我国,票据的发行和流通以及票据的贴现业务都归入票据市场的范畴。1981 年,我国在上海首先开办了票据贴现业务;1982 年,中国人民银行倡导推行"三票一卡"(即汇票、本票、支票和信用卡),可谓中国票据市场的发端;同年,工商银行上海分行率先开展了票据承兑、贴现业务,该年,中国人民银行也开始试办票据再贴现业务。从此,以银行承兑贴现为主要形式的票据业务得到很快发展,在 1986 ~ 1988 年间已达到较大规模。但是,在票据市场的发展过程中也出现了很多问题,如资金流向不合理,票据行为失去约束,票据案件特别是假票问题相当严重。所以,从 1988 年开始,我国基本上停止了银行票据承兑与贴现业务。自 1993 年起,票据市场问题又被提上议事日程。1995 年,全国人民代表大会通过了《中华人民共和国票据法》,并从 1996 年开始在全国施行,这标志着我国票据市场的发展进入了一个新时期。以商业汇票为主体的我国票据市场在规范业务操作、完善内控制度的基础上得到了稳步发展。中国人民银行也采取措施,加快转变金融宏观调控方式,推广使用商业汇票,扩大票据承兑和贴现、再贴现,进一步加强对商业汇票业务的宏观管理和制度建设。

(二)同业拆借市场

1. 同业拆借市场的含义。同业拆借市场,是指金融机构之间进行短期的(1 年以内)临时性资金拆出借入的市场,其主要职能是借入或售出即时可用的短期资金,调剂准备金头寸的多余或不足。同业拆借市场是一个无形市场，即交易双方并不需要聚集在某一特定的场所，而是使用现代化通讯设备进行拆借的市场，参加者都是金融机构。在货币市场的交易方式中，同业拆借相当于一笔信用放款，手续极为简便，拆借资金的双方通过电话、电传成交，借款方无需提供担保抵押。如果拆借双方的一方在另一方开立账户，拨款就是借记或贷记一方账户。如果拆借的一方并未在另一方开立账户，那么就通过银行同业清算系统转移拆借资金，或由贷款方签发支票交借款方通过票据交换转账，或通过第三方（如拆借双方都在该第三方开立账户）转账，到期还款加上利息也通过银行转账。

同业拆借市场的形成源于法定存款准备金制度的实施，最早起源于美国。1913 年，美国通过了《联邦储备法》，规定加入联邦储备体系的会员银行必须按一定比率向联邦储备银行缴纳法定存款准备金。但在日常的存贷业务过程和清算过程中，一部分银行出现了资金盈余，在中央银行账户中存在超过法定准备金的超额准备；而另一部分银行则资金不足，达不到法定准备金的要求。由于中央银行对法定准备金和超额准备金一般不支付利息，因此，有超额准备金的银行需要将其运用出去以获得利息，而准备金不足的银行则必须设法借入资金补足其准备金以免受处罚。这样，这两类银行在客观上就有了进行资金调剂的需求。正是基于这一原因，1921 年，在美国纽约货币市场上，首先开始了联邦储备体系会员银行之间的准备金头寸拆借，其后，逐步形成了以联邦基金拆借为内容的同业拆借市场。20 世纪 30 年代资本主义经济危机之后，西方各国相继引入法定存款准备金制度，作为控制信用规模的手段，同业拆借市场也随之广泛发展起来。银行同业间拆借具有灵活、及时的特点，不仅可以及时解决资金不足的困难，而且还可以使各商业银行不必经常地保留大量超额准备金，从而提高了资金的使用效益。经过几十年的发展，各国同业拆借市场的内涵和外延都比形成之初有了更为深刻的变化。

2. 同业拆借市场的类型。

（1）银行同业拆借市场。银行同业拆借市场是指银行业之间短期资金的拆借市场。各银行在日常经营活动中经常会发生头寸不足或盈余的情况，银行同业间为了互相支持对方业务的正常开展，并使多余资金产生短期收益，就会自然产生银行同业之间的资金拆借交易。这种交易活动一般没有固定的场所，主要通过电讯手段成交。拆放或拆借，也叫拆款，是一种以天计算的极短期的借款，有 1 日、2 日、5 日不等，一般不超过 1 个月，最长期限为120天,期限最短的甚至只有几个小时。拆借的利息叫"拆息",其利率由交易双方自定,通常高于银行的筹资成本。拆息变动频繁,灵敏地反映了市场资金的供求状况。同业拆借每笔交易的数额较大,以适应银行经营活动的需要。

同业拆借主要有两种交易形式:一种是头寸拆借。"头寸"一般是指资金或款项。头寸拆借则是指金融同业之间为轧平头寸、补足存款准备金或减少超额准备金进行的短期资金融通活动。一般为日拆,即期限为1天。头寸拆借多在票据交换清算时进行,在轧平当日票据交换差额时,头寸多余的银行拆出资金以获得利息收入,而头寸不足的银行则拆入资金以补足差额。另一种是同业拆借,是指金融同业间因临时性或季节性的资金余缺而相互融通调剂以利于业务经营的交易活动。对于借入银行而言,同业拆借是其扩大资金来源、增加贷款能力以获得更多收益的又一资金来源;而对贷出银行而言,同业拆借也是其投放部分闲散资金、增强资产的流动性和收益性的一条有利渠道。由以上可以看出,同业拆借与头寸拆借最大的区别在于融通资金的用途不同。

(2)短期拆借市场。短期拆借市场又叫"通知放款",主要是商业银行与非银行金融机构(如证券商)之间的一种短期资金拆借形式。其特点是利率多变,拆借期限不固定,随时可以拆出,随时偿还。证券经纪人大多采用这种方式向银行借款。具体做法是:银行与客户间订立短期拆借协议,规定拆借幅度和担保方式,在幅度内随用随借,担保品多是股票、债券等有价证券。借款人在接到银行还款通知的次日即须偿还,如到期不能偿还,银行有权出售其担保品。

同业拆借市场的存在,不仅为银行业之间调剂资金提供了方便,更重要的是它为社会资金的合理配置提供了有利条件。当外部资金注入银行体系后,通过银行同业拆借市场的运行,这些资金能够较均衡地进入经济社会的各个部门和单位。同时,拆借利率变动频繁,能迅速、及时、准确地反映短期资金融通市场即货币市场资金供求的变动情况,是货币市场上最敏感的利率,一般先行于货币市场的其他各个子市场利率的变动。当货币市场其他子市场利率呈下降趋势时,拆借利率一般已经下降,且下降幅度也更大;而当其他市场利率呈上升态势时,拆借利率则往往已经上升得更快更高。正因为如此,无论是金融机构还是中央银行,都将拆借利率视为金融市场的一个基准利率,并在此基础上把握市场总体利率水平的走向。

中央银行往往还根据同业拆借利率的变化来判断市场银根的松紧，从而决定其在公开市场上应采取的行动，以实现货币政策目标。

我国的同业拆借市场始于 1984 年，到 1987 年 6 月底，除西藏外，我国内地各省、自治区、直辖市都建立了不同形式的拆借市场，初步形成了一个以大中城市为依托的、多层次的、纵横交错的同业拆借网络。1996 年 1 月，全国统一的银行间拆借市场正式成立。这个市场由两级网络组成：一级网络通过中国外汇交易中心的通讯网络和计算机系统进行交易，由各类商业银行和各省、自治区、直辖市人民银行牵头的融资中心参加；二级网络由融资中心牵头，经商业银行总行授权的分支机构和非银行机构共同参加交易。一级、二级网络同时运行，交易信息在网上同步公开，拆借利率随行就市。这一举措有利于解决资金拆借中存在的市场分割、信息不畅、行情不一等问题，有利于实现货币资金的全国性流动和合理配置。全国银行同业拆借市场的建立，使得我国形成了一个信息公开、统一报价、交易集中的半封闭的市场体系，标志着同业拆借市场的发展步入一个新阶段。目前，进入该市场的除各商业银行外，还有农村信用联社、证券公司和基金管理公司等一批非银行金融机构，国家规定拆借期限最长不得超过 1 个月。通过运用经济的、法律的以及行政的手段对同业拆借市场进行调节和规范，我国的同业拆借市场正朝着健康的方向发展。

（三）短期债券市场

短期债券市场是指各种短期金融工具发行与交易的市场。其交易工具主要包括：大额可转让定期存单、短期国库券和短期公司债券、回购协议等等。这些债券的共同特点就是具有较强的安全性、流动性，且收益比较稳定。

1. 短期国库券市场。国库券是指国家为了解决急需的预算开支而由财政部发行的一种短期债券，其主要目的是筹措短期资金，弥补财政收支的短期不平衡。国库券市场是国库券的发行、流通、贴现的市场。在美国，国库券是货币市场上最重要的交易品种之一，2 ~ 6 个月的国库券几乎每周都有发行，9 个月到 1 年的国库券每月都有发行。国库券由于期限短，因此流动性强；又由于是中央政府发行，故还本付息的可靠性高。因此，国库券现已发展成为重要的短期信用工具，在货币市场上占有重要地位，其发行量和交易量，在西方国家一般均居于各种短期债券之首。

国库券市场的重要性主要表现在 3 个方面：

(1)有利于发挥国家财政在经济建设中的主导作用。目前,世界上大多数国家的财政部都身兼二任,既要支付国家庞大的行政开支,又要为经济建设投入资金。在国家财政收入有限的情况下,通过发行国库券,有利于国家财政定期集中巨额资金,以应付各种行政开支和经济建设投资的需要,这一措施比用发行货币弥补财政收支缺口的方法有效。可见,国库券市场是弥补国家财政收支差额的重要场所。

(2)国库券市场是投资者进行短期资金投资的重要市场。国库券在市场上之所以受到欢迎,是由它本身的特征所决定的。在西方国家,国库券一般占各商业银行持有的政府证券的1/3。同时,由于国库券极易转手,它的二级市场极为活跃,是投资者投资或变现的一种理想的流动资产。

(3)国库券市场是中央银行贯彻其货币政策的首要场所。虽然国库券最初的发行目的是为了弥补财政收支缺口,但后来由于国库券的发行有其新的目的,而且发行数额不断增多,中央银行也成了买卖国库券的主要参与者,从而使国库券成为中央银行调控货币供应量的重要工具。中央银行根据其货币政策的需要,通过国库券市场上利率的变动,可以随时测定货币政策的执行情况。同时,根据市场上银根松紧程度,中央银行可以通过开展公开市场业务随时买进或卖出国库券,以调节货币供应量,实现货币政策目标。

1981 年我国恢复发行国库券,期间发行的多是中长期债券,并非国际上通常意义的国库券。自 1994 年起,逐渐增加了一部分短期国库券品种,期限和结构单一的情形开始改变。

2. 短期公司债券市场。短期公司债券是在西方国家流行的类似于商业票据的一种短期债券。其主要特点:①对发行者资信的考核相当严格,只有经金融当局审批合格的具有较高资信的公司和企业才能发行;②期限较短,一般是 3 ~6 个月,最长不超过 9 个月;③利率不得高于银行相同期限的优惠贷款利率。在我国,一些信誉高、效益好、还款有来源的企业发行的融资券,就是这种性质的短期债券。

3. 大额可转让定期存单市场。大额可转让定期存单是银行为吸收大额存款而发行的定期存款凭证。大额可转让定期存单实际上是定期存款的一种,但又与普通的定期存款不同,其不同点如下:①金额固定,面额大。如在美国,存单面额通常为 10 万美元,最小面额为 2.5 万美元。②存期灵活。最少 2 周,最多 1 年,多为 3 ~6 个月。③利率比较高。该市场的利率略高于同等期限的定期存款利率，与当时的货币市场利率基本一致。④不记名，可以自由转让。存单持有者若需现款，可以随时在市场上出售，交易价格以票面金额加上自发行日至出卖日为止的这段时间的利息为基础加以确定。大额可转让定期存单的出现，解决了活期存款无收益、定期存款又不能随时提取的难题，对于银行来说，它是定期存款，未到期不能提前支取，故可作为相对稳定的资金用于期限较长的放款；对于存款人来说，既有较高的利息收入（国外活期存款一般没有利息），又能在需要时转让出售，迅速变现，是一种理想的金融工具。大额可转让定期存单由于集收益、变现、安全诸优点于一身，吸引了大批客户，成为货币市场上最活跃的一个创新品种。

大额可转让定期存单1961年首创于美国花旗银行，实际上是20世纪60年代美国的银行界为逃避法律管制而推出的一项金融创新，以后逐渐传播到欧洲、亚洲等世界其他地区，近年来，西方商业银行大都开办了这项业务。西方国家的大额可转让定期存单有发达的二级市场，如投资者需要资金，可随时出售手中的存单。与此同时，该市场的发展也对商业银行的经营管理产生了积极的影响，它使商业银行的定期存款在全部存款中的比重明显上升，从而为拓展商业银行的资产业务提供了有利条件。它还开创了商业银行从传统的单一资产管理模式向资产负债管理模式转变的新阶段。

在我国，大额可转让定期存单在1986年开始面世，投资者主要是个人，面额为500元及其整数倍。期限有1个月、3个月、6个月、9个月和1年。利率水平通常是在同期定期储蓄存款利率的基础上上浮1～2个百分点，逾期不计利息。1996年，中央银行在重新修订的《大额可转让定期存单管理办法》中，对大额可转让定期存单的审批、发行面额、发行期限、发行利率和发行方式进行了明确规定。然而，由于没有给大额可转让定期存单提供一个统一的交易市场，大额可转让定期存单因为流动性不佳而淡出货币市场。不管怎样，大额可转让定期存单作为国际上通行的一种金融工具，在我国货币市场上迟早会得到发展，并占有它的一席之地。

4. 回购市场。回购市场是指根据回购协议，卖出一种证券，并约定于未来某一时间以约定的价格再购回该证券的交易市场。我们通常所说的回购市场，实际上是指国债的回购市场。因为无论是在西方国家还是在我国，回购交易的标的物主要是国债，尤其是短期国库券。回购协议形式上是一笔证券买卖业务，而实质上是以证券为抵押物的短期资金融通，对证券出售方而言，相当于以证券作抵押获得了所需头寸，而又避免了通过买卖证券获得流动性而可能遭受的价格风险；对证券购买者而言，为暂时闲置的资金找到了合适的投资场所。回购协议的期限通常仅 1 个营业日，但也有长达 1 个月的。由于回购交易有国债作抵押，所以利率一般低于同业拆借利率。在期限相同时，回购协议利率与其他货币市场利率呈现以下关系：国库券利率 < 回购协议利率 < 银行承兑汇票利率 < 可转让定期存单利率 < 同业拆借利率。

由于国债回购交易的期限短、成本低、风险小，因而是一种很受投资者和筹资者欢迎的短期融资工具。回购协议市场的参加者比较广泛，主要包括银行和非银行金融机构、企业以及政府等。其经济作用主要表现为：①帮助广大金融机构和非金融机构调剂资金头寸的余缺；②有助于提高国债的流动性，活跃国债市场；③为投资者实现套期保值或套利投机提供了便利；④为中央银行公开市场业务的开展提供了可操作的空间，有利于中央银行货币政策的贯彻。

回购协议是 20 世纪 70 年代开始逐步发展起来的一种新的信用工具，是在证券现货市场基础上产生的一种金融创新工具。这种集证券交易和抵押贷款的优点于一身的货币市场交易方式，不仅为投资者提供了相对安全的投资渠道，为借款人开拓了一条非常方便的融资途径，也为各国中央银行提供了进行公开市场操作的重要工具。国债回购交易的开展，增强了一些投资者购买长期国债的信心，当他们遇到临时性资金短缺时，可以通过国债回购交易解决资金头寸不足问题。国债回购业务还增强了券商参与国债发行和国债流通的能力。通过国债回购交易，券商可以筹得大量的资金，一方面解决了国债认购中资金短缺的问题，另一方面使其有能力进行券商的基本活动。近年来，定期存单、商业票据等也有了回购协议形式。

我国的国债回购业务始于 1991 年。为提高国债的流动性，STAQ 系统（即全国证券交易自动报价系统）于 1991 年 7 月宣布试办国债回购交易，并于 9 月 14 日在该系统的两家会员之间完成了第一笔交易。多年来，该市场交易主体逐步扩大，由单一商业银行发展到几乎涵盖了我国金融体系中的全部金融机构。国债回购品种也在不断增加，各金融机构对国债回购的运用日趋成熟。随着证券公司、基金管理公司和保险公司的加入，国债回购市场在一定程度上将成为沟通资本市场和货币市场的渠道。

第三节　资本市场

一、资本市场概述

（一）资本市场的含义和特点

资本市场是指期限在 1 年以上的货币资金融通和金融工具交易的市场。资本市场是金融市场的重要组成部分，由于其融通的资金主要作为扩大再生产的资本使用，因此，称为资本市场。与其他市场相比，资本市场有以下 4 个特点：

1. 资本市场交易的金融工具期限长。资本市场上的金融工具期限至少在 1 年以上，最长的达数十年。

2. 交易的目的主要是解决长期投资性资金的供求需要。在资本市场上，所筹措的长期资金主要是用于补充固定资本、扩大生产能力，如开办企业、更新改造或扩充厂房设备、国家长期建设性项目投资。

3. 资金借贷量大。巨额的资金主要用以满足大规模长期投资项目的需求。

4. 市场交易工具特殊。作为资本市场交易工具的有价证券，与短期金融工具相比，其收益较高而流动性差，价格变动幅度大，有一定的风险性和投机性。

（二）资本市场的金融工具

1. 股票。股票是一种有价证券，它是股份有限公司发行的，用以证明投资者的股东身份和权益，并据以获取股息和红利的凭证。股票是资本市场的主要长期信用工具。

(1) 股票的性质。股票的性质可从 4 个方面来理解：

①股票是一种有价证券。持有股票的股东有权要求股份公司按规定分配股息和红利。

②股票是一种要式证券，具有法定的格式。它的记载事项往往是通过法律形式加以确定，而且，股票的制作和发行必须经过证券主管机关的审核和批准。

③股票是一种证权证券。股票代表的是股东的权利，它的发行是以股

份的存在为条件的,股票只是把已经存在的股东权利以证券的形式表现出来,它的作用是证明股东的权利,而不是创造股东的权利。

④股票是一种资本证券。股份公司发行股票主要是为了筹措公司发行股票所需的资本,因此,股票是资本份额的证券化。但是,股票只是一种虚拟资本,它独立于真实资本之外,只是凭借它所代表的资本额和股东权益在股票市场上进行独立的价值运动。

(2)股票的特征:

①无偿还期限。股票一经发行便具有不可返还的特性。对股票持有者来说,不存在什么退股还本,只要公司存在,它的股票便始终存在。即使公司破产清理,也只能根据公司当时的财产状况,给股票持有者以有限补偿。

②代表股东权利。股票表示的是对公司的所有权或股权,这种权益通常有多种表现,如参加股东大会、投票表决股利分配等。

③风险性较高。一般而言,股票投资的收益率很高,但在市场千变万化的情况下,高收益与高风险必然相伴。公司经营得法,收益自然可观;公司经营不善甚至破产倒闭,股票持有者必然要蒙受损失。

④不同程度的流动性。股票作为一种有价证券,可以随时流通转让,避免了投资者被困死在某种股票上。不同的投资者由于对风险和收益的估价不同,以及各种原因引起的投资偏好,导致股票市场价格波动不已,市价波动使买卖更加频繁,从而增加了股票的流动性。

(3)股票的种类:

①按股东权利的不同可分为普通股和优先股。

普通股是股份公司依法最先发行的股票,是对公司财产权利都平等的股份,是公司资本构成中最基本的股份,也是公司中风险最大的股份。持有普通股的股东,具有相同的权利内容,即具有均等的利益分配权、对企业经营的参与权、均等的公司财产分配权、优先认购新股权,还具有对董事的诉讼权。

优先股是公司在筹集资金时,给予投资者某些优先权的股份。优先股的"优先"主要表现在两个方面:一是在领取股息方面优先于普通股。优先股一般有固定的股息,不随公司业绩好坏而波动,并且可以先于普通股股东领取股息。二是在取得剩余财产方面优先于普通股。当公司破产进行财产清算时,优先股股东对公司剩余财产有优先于普通股股东的要求权。

但优先股股东一般不参加公司的红利分配,亦无表决权。因此,优先股和普通股相比较,虽然收益和决策参与权有限,但风险较小。

②按记名与否可分为记名股票和无记名股票。

记名股票是指股票和股东名册上记载股东姓名的股票。记名股票转让时,需采取背书方式记录受让人姓名,并同时在公司股东名册上过户,受让人才能正式成为公司股东。记名股票不能私自转让,可以挂失。

无记名股票是指在股票上不记载股东姓名的股票。由于股票票面上不记载股东的姓名,所以,股票的持有者即具有股东资格。无记名股票不可挂失。

③按股票上是否标明金额可分为有票面金额股票与无票面金额股票。

有票面金额股票是指股票票面上记载一定金额(即票面价值)的股票。

无票面金额股票是指股票票面上不载明金额,只标明每股占公司资本总额的比例的股票,它的价值随公司所有者权益的增减而增减。

④我国上市公司的股份按投资主体可分为国有股、法人股和社会公众股。

国有股是指有权代表国家投资的部门或机构,以国有资产向公司投资形成的股份,包括以公司现有国有资产折算成的股份。由于目前我国大部分股份制企业都是由原国有大中型企业改制而来的,因此,国有股在公司股权中占有较大比重。

法人股是指企业法人或具有法人资格的事业单位和社会团体以其依法可经营的资产向公司投资所形成的股份。目前,在我国上市公司的股权结构中,法人股平均占20%左右。

社会公众股是指我国境内个人和机构以其合法财产向公司投资所形成的股份。我国投资者在股票市场买卖的股票都是社会公众股。

另外,我国公司的股票还可根据股票上市地点和所面对的投资者不同分为A股、B股、H股、N股。A股是指以人民币标明股票面值,在我国境内上市,供境内投资者用人民币进行认购和交易的普通股股票; B股是指由中国境内公司在境外发行,并在中国境内(如上海、深圳)证券交易所上市交易的普通股股票,B股以人民币标明股票面值,以外币认购、买卖;H股是指由中国境内公司在境外发行,由境外投资者用外币购买,并在我国香港证券联合交易所上市交易的港元记名式普通股股票;N股是指由中国境内公司在境外发行,由境外投资者用外币购买,并在美国纽约证券交易所上市交易的美元记名式普通股股票。

2.债券。债券是指政府、金融机构、工商企业等机构直接向社会筹措资金时对投资者发行并承诺按一定利率支付利息和按约定条件偿还本金的债权债务凭证。债券是一种使用非常广泛的融资工具。

(1)债券的特征:

①债券表示一种债权,因而,可据以收回本息。

②债券的期限已经约定,只有到期才能办理清偿。

③债券虽未到期,却可以在市场交易转让。

④债券因交易而有市场价格。从理论上说,债券的面值就应是它的价格,但在事实上,由于发行者的种种考虑和债券市场供求关系的变化,债券的市场价格常常脱离面值,时而高于面值,时而低于面值,于是引起人们对额外收益的追逐,从而增强了债券的流动性。

⑤债券的市场价格虽然经常变动,但变动的幅度较小,从而使债券的安全性较有些证券(如股票)高。

(2)债券的基本要素。债券一般都具备三个基本要素:一是债券的面值。债券的面值包括面值的币种和面值的大小两个基本内容。二是债券的票面利率。债券的票面利率是债券的利息与债券面值之间的比值,有固定利率和浮动利率之分。三是债券的偿还期限,是指从债券发行日起到本息偿还之日为止的时间。债券的偿还期限通常是固定的。

(3)债券的种类。债券的种类繁多,名目各异,有多种分类方法。

①按筹资主体不同可划分为政府债券、金融债券和公司债券。

政府债券是国家为了筹措资金而向投资者出具的,承诺在一定时期支付利息和到期还本的债务凭证,即一般所称的公债,发行主体是政府。这类债券以政府信用为担保,信用度高,风险小。政府债券又可分为中央政府债券和地方政府债券,中央政府发行的债券也称为国债。我国政府发行的债券有凭证式国债、无记名(实物)国债和记账式国债三种形式。

金融债券是指银行及非银行金融机构依照法定程序发行并约定在一定期限内还本付息的有价证券。金融债券是金融机构一种较为理想的筹集长期资金的工具,它能够较有效地解决银行等金融机构的资金来源不足和期限不匹配的矛盾。

公司债券是公司依照法定程序发行,约定在一定期限还本付息的有价证券。公司债券的发行主体是股份公司,但有些国家也允许非股份公司的企业发行债券，所以，公司债券就有了广义和狭义之分。广义的公司债券泛指一般企业和股份公司发行的债券，狭义的公司债券仅指股份公司发行的债券。与其他债券相比，公司债券的风险较大，收益也较高。

②按筹集资金的方法不同可分为公募债券和私募债券。

公募债券是以非特定的广大投资者为募集对象的债券。国债的发行一般都采用公募方式。

私募债券是公募债券的对称，是指仅以与债券发行人有特定关系的投资群为募集对象的债券。

③按发行国家和地区的不同可分为国内债券和国际债券。

国内债券是指由本国政府或本国法人发行并在国内市场流通的债券。

国际债券则是指由国际机构、外国政府或外国法人发行的债券。

3. 可转换公司债券。可转换公司债券是指发行人依照法定程序发行的，在一定期间内依据约定的条件可以转换成股票的公司债券。可转换公司债券兼有债权和股权的一些特征，是两者的混合体。

(1)可转换公司债券的特点：①债权性。可转换公司债券在本质上是一种债权债务凭证，在转换前可转换公司债券的持有者只是公司的债权人，而不是股东。债权人可凭此特性到期收回本金并取得利息。②股权性。债券在转换成股票之后，原债券持有人就由债权人变成股权人，这时投资者就可以以股东的身份参与企业的经营管理决策以及利润分配。③可转换性。债券持有人可以按照约定的条件将债券转换成股票。在本质上，可转换性所赋予投资者的转股权是投资者享有的、一般债券所不具有的选择权。

(2)可转换公司债券的投资价值。可转换公司债券无论是对发行公司还是对投资者都具有重要的投资价值。对发行公司来说，发行可转换公司债券能够增加债券对投资者的吸引力，能以较低的成本迅速筹集所需要的资金。发行可转换公司债券以后，一旦投资者转换成普通股票，公司原来筹集的、期限有限的资金就转化成了长期稳定的股本，而且还能节省一笔可观的股票发行费用。对投资者而言，投资可转换公司债券的价值在于，当普通股市场行情低落或发生因公司财务状况不佳而导致股价低迷时，投资者可以得到稳定的债券利息收入，并有本金安全的保障；而当股票市场行情上涨或发行公司财务状况改善导致股价上升时，又可享受普通股股东的权利，即得到股票以及资本增值。因此，可转换公司债券的投资者愿意以较低的利率为代价，来取得公司普通股股价上涨的好处。

4. 证券投资基金。证券投资基金简称投资基金，是指由投资基金发起人向社会公众公开发行，证明持有人按其所持份额享有资产所有权、资产收益权的有价证券，是一种收益共享、风险共担的集合投资方式。投资基金的发起人通过向投资者出售基金单位或基金份额的形式筹集资金，交由专业的基金管理人在约定的领域进行约定性质的投资。基金管理人根据基金净资产值提取管理费或根据投资盈利状况提取业绩报酬。基金投资者即基金受益人可通过基金收益分配和资本增值获得投资回报。

(1)投资基金的特点：

①集合投资。基金的特点是将零散的资金汇集起来，交给专业机构投资于各种金融工具，以谋取资产的增值。基金对投资的最低限额要求不高，投资者可以根据自己的经济能力决定购买数量，有些基金甚至不限制投资额的大小，因此，基金可以最广泛地吸收社会闲散资金，集腋成裘，汇聚成规模巨大的投资资金。在参与证券投资时，资本越雄厚，优势越明显，而且可能享有大额投资在降低成本上的相对优势，从而获得规模效益的好处。

②分散风险。以科学的投资组合降低风险、提高收益是基金的另一大特点。在投资活动中，风险和收益总是并存的，因此，“不能将所有的鸡蛋都放在一个篮子里”。投资基金通过多元化的投资组合，一方面借助于资金庞大和投资者众多的优势使每个投资者面临的投资风险变小；另一方面又利用不同投资对象之间的互补性，达到分散投资风险的目的。

③专业理财。基金管理人是职业投资管理者，较之一般社会大众，在专业知识、投资技巧和市场信息等方面都具有较强的优势，专家理财既符合社会分工的发展趋势，又有助于提高投资的收益率。

正是由于投资基金具有上述优点，使其在世界各发达国家被普遍推广和运用。

(2)投资基金的类型：

①按组织形态的不同可分为公司型投资基金和契约型投资基金。公司型投资基金是指具有共同投资目标的投资者，组成以营利为目的的股份制性质的投资公司，并将资产投资于特定对象或项目的投资基金。契约型投资基金亦称为信托型投资基金，是指基金发起人依据其与基金管理人、基金托管人订立基金契约而组建的投资基金。我国证券投资基金属契约

型基金。

②按发行后基金单位是否能赎回可分为开放式投资基金和封闭式投资基金。开放式投资基金一般没有封闭期,其资本规模是可变的,在每个营业日投资者都可以向基金管理人申购基金单位,也可以向基金管理人赎回基金单位。封闭式投资基金的资本总规模是固定的,在封闭期内投资者要购买基金单位,只能到流通市场上从基金投资者那里购买,基金投资者要想变现所持的基金单位,不能要求基金管理人赎回,只能在流通市场上卖出。

③按基金投资目标可分为避税型、收入型、增长型、收入和增长混合型、货币市场型及国际型等。也可按投资对象不同分为股票基金、债券基金、期货基金和货币基金等投资基金。

（三）资本市场主要金融工具之间的区别与联系

1. 股票与债券的联系与区别。

(1)股票与债券的联系:

①不管是股票还是债券,对于发行者来说,都是筹集资金的手段,发行者不管采用哪种方式都可获得所需要的资金。当然,在使用资金的同时,都要付出一定的报酬给投资人,这就是股息或利息。对于投资者来说,两者都是一种投资手段或交易工具,投资者可以通过任意一种工具,把资金投放到自认为最有利可图之处,按期获得一定的报酬。

②股票和债券(主要是中长期债券)共处于证券市场这一资本市场中,并成为证券市场的两大支柱,同在证券市场上发行和交易。

③股票的收益率和价格同债券的利率和价格之间是互相影响的。因为在证券市场上,一种交易工具的价格变动必然会引起另一种交易工具的价格变动。

(2)股票与债券的区别:

①性质不同。股票表示的是一种股权或所有权关系;债券则代表债权债务关系。

②发行主体不同。股票只有股份有限公司才能发行;债券则任何有预期收益的机构和单位都能发行。债券的发行主体显然要比股票广泛得多。

③期限性不同。股票一般只能转让和买卖,不能退股,因而是无期的;债券则有固定的限期,到期必须归还。

④风险和收益不同。股票由于不能退股,加之二级市场价格波动频

繁,因此,其风险一般高于债券,但其收益也可能大大高于后者。

⑤责任和权利不同。股票持有人作为公司的股东,有权参与公司的经营管理和决策,并对公司的经营活动享有监管权;债券的持有者虽是发行单位的债权人,但没有任何参与决策和监督的权利,只能定期收取利息和到期收回本金。当企业发生亏损或者破产时,股票投资者将得不到任何股息,甚至连本金都不能收回;但在企业景气时,投资者可以获得高额收益。债券的利息是固定的,公司盈利再多,债权人也不能分享。

2. 投资基金与股票、债券的联系与区别。

(1)投资基金与股票、债券的联系:

①对投资基金、股票和债券的投资均为证券投资。

②投资基金从投资形式上看同股票与债券有相似之处。基金份额的划分类似于股票,股票按"股"计算其总资产,基金资产则划分为若干个"基金单位",投资者按持有"基金单位"的份额分享基金证券的增值收益。

③股票、债券是投资基金的投资对象。

(2)投资基金与股票、债券的区别:

①投资者地位不同。股票持有人是公司的股东,有权对公司的重大决策发表自己的意见;债券的持有人是债券发行人的债权人,享有到期收回本金的权利;投资基金的持有人是基金的受益人,体现的是信托关系。

②风险大小不同。在一般情况下,股票的风险大于投资基金。对中小投资者而言,由于受可支配资产总量的限制,只能直接投资于少数几只股票,当其所投资的股票因股市下跌或企业财务状况恶化时,资本金有可能出现较大的亏损;而投资基金的基本原则是组合投资,分散风险,把资金按不同的比例分别投资于不同期限、不同种类的有价证券,把风险降至最低程度。债券在一般情况下,本金可以得到保证,收益相对固定,风险比基金要小。

③收益情况不同。投资基金和股票的收益是不确定的,而债券的收益则是确定的。在一般情况下,投资基金的收益比债券高。

④投资方式不同。与股票、债券的投资者不同,投资基金是一种间接的证券投资方式,投资基金的投资者不直接参与有价证券的买卖活动,不直接承担投资风险,而是由专家具体负责投资方向的确定、投资对象的选择。

⑤影响价格的因素不同。在宏观政治、经济环境稳定的情况下,投资基金的价格主要决定于资产净值;而影响债券价格的主要因素是利率;股

票的价格则受供求关系的影响。

⑥投资回收方式不同。债券投资是有一定期限的，期满后收回本金；股票投资是无限期的，除非公司破产、进入清算，投资者不得从公司收回投资，如要收回，只能在证券交易市场上按市场价格变现。投资基金则要视所持有的基金形态不同而有区别：封闭型基金有一定的期限，期满后，投资者可按持有的证券份额分得相应的剩余资产，在封闭期内还可以在交易市场上变现；开放式基金一般没有期限，投资者可随时向基金管理人要求赎回。

（四）资本市场与货币市场的关系

货币市场供求与资本市场供求之间存在互动关系，即货币市场的供给形成资本市场的需求，资本市场的供给形成对货币市场的需求。货币市场出售短期证券得到的资金流向资本市场购入长期证券，反映了货币市场供给与资本市场需求之间的同向运动关系。也就是说，在货币市场短期证券供给增加时，退出该市场的资金便形成对资本市场证券的需求。这种变化反映在价格上，就表现为货币市场价格（利率）下降和资本市场价格（有价证券价格）上升。同理，资本市场出售长期证券得到的资金流向货币市场，赎回或购入短期证券，反映了资本市场供给与货币市场需求之间的同向运动关系。也就是说，在资本市场长期证券供给增加时，退出该市场的资金或者用以归还贷款、归还拆借款项、赎回借款凭证，或者形成对国库券、大额定期存单等短期证券的需求，这种变化反映在价格上，就表现为资本市场有价证券价格下降和货币市场利率上升。

货币市场与资本市场的互动关系表明，高效率的金融市场应当是一个资本市场和货币市场共同得到发展的市场，资本市场需求的拉动常常需要货币市场的资金支持，资本市场退出的资金也需要货币市场来吸收。同样，货币市场在资金过多时常常需要资本市场来吸收，在资金不足时也需要资本市场的补充。

二、资本市场的分类及主要业务

资本市场是以长期信用工具为交易对象进行长期资金融通的金融市场，主要分为中长期信贷市场和证券类市场。

（一）中长期信贷市场

中长期信贷市场是银行及其他金融机构办理 1 年期以上中长期信贷

业务的金融市场。中长期信贷主要用于企业固定资产更新、扩建或新建的资金需要。贷款一般是抵押放款，抵押品可以是商品、不动产、有价证券、单据等。银行要求借款人提供抵押品的目的是减少信贷风险，当借款人不能偿还借款时，银行可以依法处理抵押品，抵补信贷资金的损失。

（二）证券市场

证券市场可划分为两个层次，即发行市场和交易市场。证券市场的主体包括证券发行人、投资者、中介机构、交易场所以及自律性组织和监管机构。

1. 证券的发行市场。证券发行市场，也称初级市场或一级市场，是指证券发行人将其新发行的有价证券出售给投资者的市场。证券发行市场是一种无形市场，一般没有固定集中的场所。各国对发行股票实行的审查批准制度一般有两种：一是注册制，二是核准制。我国目前采用的是核准制。

（1）证券的发行程序：

第一步：提出申请。申请的内容包括：企业近年财务状况、利润及亏损的记录，拟发行证券的数量、种类、发行方式，资金用途及票面应列事项，企业的综合经营管理情况，对新筹资金使用效益前景的分析预测等。任何企业在发行新证券之前，都必须向政府证券管理部门提出书面申请。

第二步：核准企业提出的申请。政府证券管理部门根据有关法律规定对发行人提出的申请进行审查，经过审查，认为符合有关规定，申报的内容真实、合理，就可以核准发行。

第三步：组织新证券的发行。企业取得政府证券管理部门同意证券发行的文件后，就可以向社会正式发行证券。一般新证券的发行是由发行人委托投资银行代理发行。投资银行有丰富的发行经验，可给发行人提供市场信息，提出各种合理建议，以促使新证券顺利发行。

（2）证券的发行方式。证券的发行按发行对象的范围，可分为私募发行和公募发行；按有无中介机构协助发行，可分为直接发行与间接发行。

私募发行与公募发行：

私募发行是指面向少数特定投资者的发行。一般来说，私募发行的对象主要有两类：一类是有所限定的个人投资者，一般情况是限于发行单位内部或有紧密联系的单位内部的职工或股东；另一类是指定的机构投资者，如专业性基金（包括养老退休基金、人寿保险基金等），或与发行单位有紧密业务往来的企业、公司等。这种发行方式的好处是：①发行手续简便；②一般不必由专门中介机构协助发行或承销，可以节省发行推销费用；③不必向社会公众公布发行者内部财务状况等重要信息，从而可以免去会计师事务所、审计师事务所及律师事务所进行公证、信息咨询等重要环节；④不必进行全面的资格或条件审查，从而可以在财务条件较差，不具备公募发行资格的情况下，通过发行证券筹集到所需的资金；⑤不必考虑各种类别和层次投资者的需要，而只针对指定投资者的选择偏好来确定其发行条件。这种发行方式的不利之处是：①不利于提高发行者的知名度和信用度，不利于开拓筹资市场；②筹资范围有限，所筹资金规模也受到相应限制；③一般不能公开上市交易，或一定期限内不能转让，从而限制了所发证券的流动性及吸引力；④投资者往往提出一些特殊或特定的要求或条件，从而使发行者处于较被动和不利的地位。

公募发行是指公开向社会非特定投资者的发行，充分体现公开、公正的原则。其有利之处是：①可以提高发行者的知名度和信用度，从而有利于扩大筹资的渠道，享受较有利的筹资条件；②所发行的证券可以上市转让流通，从而可以提高其流动性和吸引力；③发行范围广泛，因而筹资潜力较大；④发行者与投资者完全处于平等竞争、公平选择的地位，受投资者制约较少。不利之处主要是：①公募发行必须向证券主管机关申报和注册，要接受发行资格和条件的严格审查，不仅有一定的难度，而且要费时和支付必要的申请费用；②一般需要有中介机构予以协助，需要支付大量的承销费用；③要向社会公布经过社会权威部门评估、审计及公证的财务状况等重要内部信息，同时要接受证券评级机构的资信评级等，因此，不仅费时，还要支付一大笔费用。

直接发行与间接发行：

直接发行是指发行者自己办理有关发行的一切手续，并将证券直接推销给投资者的一种发行方式。由于没有中介机构的参与，直接发行方式手续简单，费用较省。但直接发行筹资时间较长、融资数量有限，且发行风险较大。一般适用于经营规模较小、发行数额不大的企业。

间接发行是指发行者将证券发行手续和销售事务委托给中介机构办理的发行方式。这种发行方式可节约人力、时间，减少一定的发行风险，迅速高效地完成发行。因为作为承销的中介机构，如投资银行、证券公司、信托投资公司及专业承销商，都具有丰富的承销经验、知识和专门人才，具有雄厚的资金实力、较好的承销信誉、较多的承销网点以及较灵通的信息,可以使发行推销工作准确、高效、顺利地进行。当然,选用间接发行方式,发行人要支出一笔较大的承销费用,从而增加发行成本。

(3)证券的承销方式。当证券发行人选择间接发行方式时,需要委托作为承销商的中介机构进行承销。在国外,投资银行在证券发行市场上扮演着重要的角色,大公司、大企业为筹措长期资金而发行股票或债券时,一般都通过投资银行这个中介机构来完成发行和销售任务。投资银行形式多样、名称各异,其一项主要业务就是经办证券的发行、承销。证券的承销方式主要有代销、余额包销和全额包销三种。

证券代销方式也叫推销方式,是指证券发行者委托承销商代为向社会推销证券。受托的承销商要按承销协议规定的发行条件,在约定的期限内尽力推销,到销售截止日期,如果没有按照原定的发行数额售出,未售出的部分仍退还给发行者,承销商不承担任何发行风险,而是由证券发行者承担发行失败的风险。同时,发行者要按协议规定支付承销商的承销费用。

证券余额包销方式也叫助销方式,是指由承销商按照已定的发行条件和数额,在约定的期限内向社会公众大力推销,到销售截止日期,如果有未售完的证券,则由承销商认购,承销商要按照约定的时间向发行者支付全部证券款项。在证券发行日期结束后,承销商还可以继续推销自己所认购的部分证券,或者作为自己的投资来持有部分证券。这种承销方式承销商承担部分发行风险,可以保证发行人筹资用资的计划按时实现,所以多为发行者所采用。

证券全额包销方式,是指由承销商先将发行的全部证券认购下来,并立即向发行人支付全部证券款项,然后再按市场条件转售给投资者。采用这种发行方式,承销商要承担全部发行失败的风险,可以保证发行人及时筹得所需资金。

在美国,目前有90%以上新发行的股票都是通过包销方式推销的。承销商为了分散所承担的风险和解决包销认购款不足的问题,往往还会采取协议包销、俱乐部包销和银团包销等不同方式。

(4)证券发行利率和发行价格。证券发行利率主要指债券的发行利率。债券发行利率的确定主要取决于5个要素:①债券发行者的信用程度。信用度高的发行者可制定较低的利率,信用度差的发行者则需要以较高的利率来吸引投资者。②债券期限的长短。期限长的风险大,其利率可高一些,反之则低一些。③国家政策的影响。各种债券利息缴纳所得税的规定是不同的,免征利息所得税的国债利率可低一些,需要缴纳利息所得税的公司债券,则利率相应要高一些。④债券发行时银根松紧的情况。银根松时,利率相对低一些,银根紧时,利率相对高一些。⑤银行存款利率的影响。债券利率一般稍高于银行定期存款利率,如果银行利率调高,债券利率也会相应上升,反之则下降。

证券的发行价格,是指证券发行者将证券出售给投资者的价格。一般有3种:平价发行,即发行价与票面额一致;溢价发行,即发行价高于票面额;折价发行,即发行价低于票面额。

(5)证券发行的资信评级。证券发行的资信评级是指资信评估机构用某种标志来表示拟发行证券的质量等级,为投资人提供证券投资价值及风险的信息,达到保护投资人利益的目的。一般来讲,证券评级的对象以债券为主,有些评级机构也对股票进行评级。证券评级的原则:一是证券发行者的偿债能力;二是证券发行者的资信情况;三是对投资者承担风险的估计。

目前,世界许多国家都设立了有价证券的评级机构,如美国的评级机构主要有标准普尔公司、穆迪投资服务公司等。以标准普尔公司为例,按照对债券发行者的信誉、偿债能力、投资风险的综合分析,将债券的级别分为AAA,AA,A,BBB,BB,B,CCC,CC,C,D共10个等级。按照各种股票的股息和分红的不同水平,对股票进行分类排序,分为A+,A,A-,B+,B,B-,C,D等8个等级。证券发行的资信评级,对发行者来说,有利于提高其社会知名度,从而降低筹资费用,方便证券的销售和流通;对广大投资者来说,有利于正确选择合适的投资对象与投资组合,提高投资的安全性和收益性。

我国的证券发行资信评级,包括对企业发行债券、融资券的评级和在股票上市之前对股份制企业进行评估。债券的等级标准分为A,B,C 3大类,其中AAA级的还本付息能力最强,且具有可靠的保证;B类还本付息能力较次,投资风险有所增大;C类还本付息能力极不可靠,有较大的风险性。

2. 证券的交易市场。证券交易市场又叫二级市场,是已发行证券流通转让的市场。证券发行市场和证券交易市场是统一证券市场中两个有机的组成部分,二者相辅相成缺一不可。二级市场以初级市场为存在基础,反过来又成为初级市场正常发展的必要条件。没有初级市场发行的有价证券,就不存在二级市场的转让流通活动,若没有二级市场的活动,多种金融工具因丧失流动性而难以发行。二级市场上各种证券的转让流通,主要是为投资者解决金融工具的长期性和资金流动性的矛盾,通过证券的转让流通提高其流动性。因此,二级市场的交易可以满足证券流动性和变现能力的要求,却不能增加新的金融资产,故二级市场上的交易活动并不增加社会投资量。对于股票来说,交易市场尤为必要。股票的一个重要特点,就是它的不可返还性,除公司解散清算外,股本是永不退还给股东的。如果没有交易市场,股票不能在市场上流通,就不能发挥其融资作用,股票本身的吸引力也会极大地削弱。就交易额来说,流通市场上的交易额往往要比发行市场上的发行额大得多,如美国新股票发行额每年只有几十亿美元,而全国 12 家股票交易所一天的交易额就要超过 10 亿美元。

(1)交易市场的参与者。在二级市场上,主要参与者有以下几种:

①证券投资者,是指证券市场的资金供给者,主要有机构投资者和个人投资者。众多的证券投资者保证了证券的发行和交易的连续性,也活跃了证券市场的交易。

②上市公司,是那些为筹措资金而发行股票的股份有限公司。

③债券发行主体,主要包括中央政府、公司、银行及非银行金融机构。

④证券机构,是那些经国家证券监管当局批准设立、具有法人资格、依法可从事证券交易及相关业务,并取得证券交易所会籍的证券公司。作为证券经纪人,他们受证券买卖者的委托,进入交易所正式市场为其委托者进行证券交易,他们只代表客户买卖证券,不承担任何风险,并以佣金的形式向顾客收取报酬;作为证券商,他们自己从事证券的买卖,从贱买贵卖中赚取差价,作为经营证券的利润。这些中介人各有不同的使命,在二级市场的交易中起着十分重要的作用。

⑤基金管理公司,是负责基金具体投资操作和日常管理的机构。

(2)证券交易的市场价格。市场价格是指在二级市场上买卖有价证券的实际交易价格。有价证券的市场价格主要取决于两个因素:一是有价证券的收益;二是当时的市场利率。用公式可表示为:市场价格 = 证券预期收益 ÷ 市场利率。实际上,影响有价证券市场价格的还有资金供求关系、产业周期变化、宏观经济政策等多种因素。

(3)股价指数。股票价格指数表示股票价格水平变动的情况,它的涨落一般可以反映出经济变化的趋势。因此,股票价格指数被公认为是股票市场行情的指示器和反映经济发展状况的晴雨表。根据股价指数反映的价格走势所涵盖的范围,可以将股价指数划分为反映整个市场走势的综合性指数和反映某一行业或某一类股票价格走势的分类指数。按照编制股价指数时纳入指数计算范围的股票样本数量,可以将股价指数划分为全部上市股票价格指数和成分股价指数。前者是指将全部股票都纳入指数计算范围,如上海证券交易所发布的上海证券交易所综合指数;后者是指从全部股票中选取一部分较有代表性的股票作为指数样本,称为指数的成分股,计算时只把所选取的成分股纳入指数计算范围,如深圳证券交易所成分股指数。

股价指数的计算方法,有算术平均法和加权平均法两种。算术平均法是将组成指数的每只股票价格进行简单平均,计算得出一个平均值。加权平均法是在计算股价平均值时不仅考虑到每只股票的价格,还要根据每只股票对市场影响的大小,对平均值进行调整。

目前,国际上有代表性的股票价格指数有美国的道·琼斯股票价格指数、纳斯达克股票价格指数,英国的金融时报股票价格指数,日本的日本经济新闻股价指数,我国香港的恒生股票价格指数等。其中,历史最为悠久、使用最为广泛的是100多年前由美国新闻出版商——道·琼斯公司编制的纽约股票交易所中若干有代表性的公司股票价格的平均数,即道·琼斯股票价格指数。道·琼斯股票价格指数是采用简单算术平均法计算的,共有4种:①30种工业股票价格指数;②20种交通运输业股票价格指数;③15种公用事业股票价格指数;④包括上述65种股票价格的综合股票价格指数。其中使用最多的是30种工业股票价格指数。我国目前影响较大的股票价格指数有两种:一种是上海证券交易所发布的“上证股价指数”;另一种是深圳证券交易所发布的“深证股价指数”。以上证股价指数为例,在编制时借鉴了道·琼斯股票指数的计算方法,主要有:上证综合股价指数、A股股价指数、B股股价指数、上证180指数(以A股中具有代表性的180种样本股票为计算对象)、工业股股价指数、商业股股价指数、地产股股价指数、公共事业股股价指数等。

(4)证券交易方式。证券交易方式主要有:现货交易、期货交易、期权交易、信用交易等。

①现货交易是指买卖双方在成交后即时进行交割,即买者付出现金,卖者交出证券,钱货两清,俗称“完成交割”。但在实际交易过程中,往往做

不到这一点，一般允许有一个较短的延迟时间，在当时就交割完毕的反倒成为例外。清算交割的具体时间由证券交易所规定。中国的股票交易目前只限于现货交易。

②期货交易是指证券买卖双方成交后，按照契约规定的价格和数量，在一定时期后才进行交割的交易方式。这种交易的显著特点是：成交与交割不同步。交易中既有一般投资者，也有投机者。对投机者来说，进行期货交易并不是真正为了到期后买进或卖出证券，而是根据自己对行市涨跌的预测进行赌博，结算时也只是支付证券行市涨落的差额，由此，出现了做“空头”和“多头”的投机者。做空头是指投机者预计证券价格将下降而抛售期货，过后再以低价买进，从贵卖贱买中赚取差价。做多头则是预计证券价格上涨买进期货，到时以较高的价格卖出，从贱买贵卖中获利。这些买卖都没有实物经手，只交存少量保证金，故又称做“买空卖空”。

③期权交易是指买卖双方按约定的价格在约定的时间，就是否买进或卖出证券而达成的契约交易。在这种交易方式中，交易双方买卖的是一种权利，这种权利能保证购买期权者到期按约定价格和数量实现买进或卖出，也允许购买期权者到时放弃行使买卖证券的权利。

④信用交易，又称垫头交易或差额交易，即投资人在购买一定数额证券时，只需支付部分价款（即保证金，也叫垫头），其余部分由交易所经纪人垫付，当然，投资人要向经纪人支付垫款的利息。为筹措给投资者垫付款项的来源，经纪人需要以这些证券为抵押，向银行借款。借款的利率一般要低于向投资人收取的垫款利率。所以，经纪人可以取得佣金和利差的双重收入。当投资者不能按期偿还其余价款时，经纪人有权出售这些证券。采用信用交易，造成有价证券的人为需求，活跃了证券市场，提高了证券市场的效率，但同时也为买空、卖空的投机者提供了有利条件。若信用交易规模过大，就会对证券市场的稳定性产生影响。

期货交易、期权交易和信用交易，主要是建立在对未来市场行情或经济变量预期的基础之上，因而具有较大的不确定性。各国对期权、期货、信用交易均定有严格的法规。我国目前规定，柜台交易和证券交易所内均采用现货交易方式。

（5）证券交易的组织形式。资本市场按其组织形式，可分为场内交易市场和场外交易市场。场内交易是指在证券交易所内进行的有组织的交易；场外交易是指在证券交易所以外进行的交易。

①场内交易市场即证券交易所,是二级市场的主要组织方式,是专门集中进行证券买卖的场所。证券交易所作为一个以买卖股票为主的金融资产的特殊市场,具有如下特征:一是证券交易所自身并不持有证券,不买卖证券,也不参与价格制定,它只是为买卖双方成交创造条件,提供场所和服务。二是交易采用经纪制方式。在证券交易所中,只有具备交易所会员资格的证券经纪商才能直接在交易所进行交易,而一般的买者和卖者只能委托这些证券商去办理证券交易。证券经纪商是联系买卖双方、代理买卖业务的中间人,通过自己派驻交易所的交易员或与证券交易所的交易主机联网进行交易,他们是证券交易所不可缺少的重要组成部分。三是交易按照公开竞价方式进行。证券交易所是一个集中而非分散的市场,其交易过程并不表现为买卖双方个别协商成交,而是众多的买者和卖者充分展开竞卖竞买,根据价格优先、时间优先的原则达成交易,形成价格。四是证券交易所有严格的规章制度。各国证券交易所对于入场交易人员、上市证券资格和证券交易单位均有严格的条件限制,并对交易日期及时间、成交价格和成交后的结算都有特殊的规定。此外,交易所对于内部人员利用内部情报、操纵价格、垄断欺诈等行为规定了严厉的制裁条例。五是证券交易所的证券买卖完全公开。证券交易所要求所有申请上市证券的发行人必须定期真实公布其经营情况和财务状况,交易所还适时公布各种上市证券的行情表和统计资料。

证券交易所在二级市场上处于核心的地位。它的存在与发展需要以规范化的信用活动和股份制的普及为前提,以发达的一级市场提供的大量可供交易的证券为基本条件,以大规模的场外交易为基础,从中不断筛选出内在质量高、代表性强的证券集中上市交易。通过严密的组织与管理规范交易行为,形成合理的价格,发挥市场的示范效应和“晴雨表”作用。在我国,1990 年底,上海证券交易所正式成立,次年,深圳证券交易所也开始营业。

②场外交易市场主要有 3 种组织形式:店头市场、第三市场、第四市场。

店头市场又称柜台市场,它是场外交易最主要和最典型的形式。这种交易可以在证券商的营业点内,由购销双方当面议价进行交易,也可以通过电话、计算机等现代通讯手段进行交易。在店头市场上的交易对象,既有小公司的股票,也有大公司的股票;既有上市股票,也有非上市股票;既有股票,也有债券。店头市场交易的参与者主要是证券商和客户。这些证券商有时充当买入者,有时充当卖出者,有时也充当买卖中介人。该市场有两个突出的特点:一是交易双方一对一地直接洽谈,是客户与证券商,或是两个证券商的直接交易;二是交易价格不是既定的,而是由双方磋商协议而定。

第三市场是指已取得在交易所正式上市资格的股票,由非交易所会员证券商进行场外交易的市场。非会员证券商要代客户买卖上市股票,只有再委托会员证券商间接办理。并且,会员证券商还受到"最低佣金比率"的限制,不允许随意降低佣金收取标准,这样就使得大额、大批量股票交易的佣金率很高。在这种情况下,就出现了上市股票由非交易所会员证券商在自己门市部进行买卖的方式,以减轻投资者大额交易的成本。证券商从第三市场交易中虽然收取的佣金较低,但由于每笔的成交量较大,因此,也能获得高额收益。该市场的出现既降低了股票交易的成本,又促进了市场交易业务的竞争,从而有助于提高社会的投资效率。第三市场首先在 20 世纪 60 年代末的美国出现,近些年发展很快。

第四市场是指机构投资者买卖双方绕过证券商,利用电子计算机网络直接进行大宗股票交易的市场。一些大公司在进行大宗股票买卖时,为了不暴露目标,它们不通过交易所和证券商,而是彼此间用电子计算机网络联接起来,形成自己的交易机制,自行报价和寻找买进和卖出的对方,双方直接成交。因为节省了中介费用,第四市场交易成本很低。第四市场的交易可以保密,不会为第三者所知,因而,不致因某笔大额交易而影响股票行市。不过,也正因为如此,这一市场的交易规模几乎可说是无法统计,难以掌握。第四市场的兴起,反映了机构投资者在股票流通市场地位的提高,同时,也对股票流通市场产生了巨大的竞争压力。

3. 二板市场。二板市场是与主板市场(或称一板市场)相对应的概念。主板市场是指一国管理当局首先设立的具有科学运作规程和严密监管体系的集中统一的证券交易市场。如美国纽约证券交易所,我国香港联合证券交易所、上海证券交易所、深圳证券交易所等都是主板市场。二板市场是相对主板市场而言的,也称创业板市场,是指在主板市场之外设立的为中小高成长企业发展提供融资途径,并为风险资本提供出口的新型市场。近几十年来,为了扶持中小企业和高新技术企业的发展,世界上不少国家和地区纷纷探索设立二板市场,以建立一种有利于支持高新技术产业,有利于中小企业融资的金融体系。二板市场、场外交易市场与主板市场共同构成了多层次的证券市场体系,推动一国的资本市场逐步走向成熟与完善。目前,我国也在深圳开设了中小企业板,即二板市场,主要是针对以高新技术企业为代表的中小企业群,为其融资积极创造条件。

(1)二板市场的特点。与主板市场相比较,二板市场有以下几个特点:①上市的企业多为中小型企业,特别是具有潜在成长性的、高科技中小企业。②上市标准低。由于主要面向新兴中小企业和高科技企业,因而,对上市规模和营利条件都不作高的要求。有的市场甚至允许经营亏损的或者无形资产比重很高的企业上市。③推行做市商制度。所谓做市商是指承担股票买进和卖出义务的交易商。根据这一制度,所有为某种证券交易做市的做市商必须报出买入价格和卖出价格,并随时准备按照自己的报价进行交易。做市商制度有利于二板市场资金流动和市场竞争,并保持市场的稳定性。④较高的投资风险。在二板市场上市的企业,规模较小,业务处于初级阶段,破产倒闭的概率比主板市场高。因此,投资二板市场,相对主板市场而言,有着更大的风险。但由于在二板市场上市的企业具有较高的成长潜力,也可能获得更高的投资收益。⑤市场监管更加严格。由于二板市场的高风险性,资产与业绩评估分析的难度也较高,而且容易出现内幕交易和被少数人操纵市场的现象。为了保护投资者利益,对发行人、中介机构执行严格的监管标准,对市场的透明度即信息披露也有更高的要求,以确保市场运作的质量。⑥引入保荐人制度。保荐人制度不同于主板市场的主承销商负责制,保荐人在所荐企业上市后要承担两年的保荐责任,其中,保荐人对上市公司信息披露的真实性、准确性和完整性负有重大责任,从各方面确保推荐上市的企业符合上市标准。

(2)二板市场的作用。二板市场是为极具发展潜力的中小企业提供超常规金融支持、为风险投资的退出打开通道而设计的。二板市场的主要作用有3点:①为中小企业的融资服务。由于上市标准高,中小企业和高科技产业在融资方面依托主板市场很难满足需求,而在二板市场,对上市公司的营利要求并不高,甚至允许暂时没有营利的公司上市,这对中小企业创业者来说是极大的激励。二板市场为中小企业的可持续发展提供了资金支持,它从风险投资者手中接过“接力棒”,促进企业发展壮大,发挥创新企业“孵化器”的角色。②为风险投资提供退出渠道。风险投资的退出机制是风险投资存在和发展的必不可少的条件。通过二板市场,风险投资企业向社会公开发行股票,风险投资者可以得到增值数倍的资本回报,创业人员也会得到较高报酬。③有助于资本市场体系的健全。二板市场的设立旨在增加资本市场层次,以调整和完善资本市场结构。在金融业发达的国家和地区,作为实体经济的支持体系,资本市场体现出适应不同资本需求的多层次性,主板市场主要是为国内乃至全球有影响的大公司筹资服务的,二板市场则是为一些资金规模不大,但有发展潜力的快速成长的公司进行融资的。

世界上最早、最成功的二板市场要算美国的纳斯达克(NASDAQ,全国证券商协会自动报价系统)证券市场。纳斯达克证券市场由全国市场和小型资本市场两个部分组成,其中,全国市场适合较大型企业,小型资本市场着力培育高成长性的中小企业,为其融资积极创造条件。香港创业板是专门为在中国内地、中国香港地区、百慕大以及在开曼群岛注册的公司开设的一个新兴市场,主要上市对象是中小企业、民营企业,特别是新建立的中小型高科技企业。

4. 我国的证券市场。我国证券市场的产生和发展经历了一个曲折的过程。早在清朝末年,在旧中国金融市场上就有了股票和债券。1891 年,中国成立了第一个证券交易所——上海股份公所,经营外商股票。以后,由于清政府和北洋军阀政府多次发行公债,加之当时新兴工矿企业和银行发行的股票逐渐增多,市场上证券买卖活动日趋频繁。1914 年成立了专营华商股票、债券买卖的交易所——上海股票商业公会。同年,北洋政府颁布了证券交易所法。随后,北京、上海、天津等大城市相继成立了一批证券交易所。但旧中国证券市场的发展极其缓慢,即使是已开设的一些证券交易所,也都是比较低级的、不完善的。

中华人民共和国建国初期,在北京、天津成立过新的证券交易所,但于 1952 年就关闭了。以后的较长一段时期内,证券交易所在我国一直被看做是资本主义的东西,称之为“冒险家的乐园”,成为经济理论和实践的禁区。

进入 20 世纪 80 年代之后,随着我国经济体制改革的深入,证券市场又一次在中国大地上破土而出,其直接的动因是债券(特别是国库券)和股票的大量发行。国库券自 1981 年首次发行以后,规模逐年扩大。部分企业从 1983 年开始用发行股票与债券的办法进行社会筹资。我国各类银行也从 1985 年开始发行金融债券。在债券、股票发行量逐步扩大的同时,有价证券的转让和流通也开始活跃起来。1986 年 8 月 5 日,沈阳市信托投资公司经中国人民银行沈阳市分行批准，率先试办债券买卖业务。继而，上海市工商银行信托投资公司于同年9月26日试办了两种股票的代理买卖业务，随后又开展了自营买卖业务。接着，广州、哈尔滨、郑州、福州、大连、天津等61个城市相继开办了有价证券的转让业务。到1990年初，仅上海一地就有近30个证券交易网点、3家专业证券公司，上市的证券包括国库券、企业债券、股票等26个品种。

1990年12月19日，上海证券交易所正式开业，1991年7月3日，深圳证券交易所成立，这标志着新中国证券市场开始形成。与此同时，在北京开通了全国证券自动报价系统（STAQ）和全国电子证券交易系统（NET）。截止到2006年11月20日，沪深两个交易所共有上市公司1 389家，市价总值已经达到7.6万亿元人民币，相当于2004年中国国内生产总值的56%，境内股票筹资总额超过万亿元。与此同时，券商、基金管理公司、投资咨询机构及相关的法律事务所、注册会计师事务所的队伍也不断成长壮大。沪深证券交易所的交易和结算网络，已覆盖全国各地，对股票已全部实行了无纸化发行与交易。所有这些都表明，我国证券市场有了长足的发展，一个有组织的、规范化的证券市场在我国开始建立，并逐步走向成熟。

第四节　黄金、外汇市场

一、黄金市场

（一）黄金市场的含义及特点

黄金市场是集中进行黄金交易的场所，是黄金买卖关系的总称。进行黄金交易的主要有公司、企业、银行和私人以及各国官方机构。以市场所在国的各大银行为代表的黄金商是黄金市场的重要主体，其既直接买卖黄金，又时常以中间商的身份参与市场交易。黄金经纪人是黄金市场上的另一个重要角色，一般的黄金交易大多需要委托经纪人来经办成交。参与黄金交易的目的主要是工业用金、私人储藏、官方增加储备、投机商投机牟利，以及握有闲置资金者投资于黄金等。

黄金市场具有以下几个特点：

1. 黄金市场是国际金融市场的重要组成部分。黄金以其稀有贵重的自然属性和社会属性成为财富的象征,而且作为国际间的最后支付手段,执行世界货币的职能,因此,黄金市场一直是国际金融市场的一个重要组成部分。黄金非货币化后,黄金市场虽然恢复了商品市场的地位,但由于黄金保值作用的存在,黄金市场无法割断其与其他金融市场的联系,表现为:黄金一直作为世界货币发挥作用,黄金仍然是中央银行干预外汇市场的重要手段和国际储备的重要组成部分。

2. 黄金市场的地位和作用取决于黄金在货币制度中的地位和作用。在典型的金本位体制下,黄金市场在金融领域起着非常重要的作用,主要表现为通过黄金市场来稳定币值(黄金自由铸造、熔化有利于币值稳定),以及通过黄金自由输出入来稳定汇价。随着金本位制在20世纪30年代的崩溃,黄金的货币职能大为削弱,黄金市场在金融市场中的地位也逐步下降。二战后在布雷顿森林体系中,黄金市场与金融市场的联系靠黄金与美元的固定比价关系来维持。1976年,牙买加协定切断了黄金与货币的固定联系,黄金逐步丧失其货币的职能,成为普通的贵重商品,至此,黄金市场恢复了其商品市场的本来面目。

3. 黄金市场经久不衰。黄金是贵金属,在历史上它曾经一度独占货币商品的地位。随着货币制度的演变,黄金已退出货币商品的历史舞台。但在国际经济往来中,黄金仍然执行着货币的部分职能,是清偿国际间债权债务关系的最后手段。同时,黄金仍然是外汇储备的主要形式,黄金价格的波动仍然对国际金融秩序有重要影响,因此,各国政府都十分重视黄金的生产、储蓄和买卖。牙买加体系后,各国放松了黄金管制,黄金交易在世界许多地区得到发展。除欧洲之外,在中东、东亚许多国家和地区成立了地区性甚至世界性的黄金市场,20世纪80年代黄金市场的全球一体化基本形成。

(二)黄金市场的演变

第二次世界大战后一段时期,由于国际货币基金组织限制其成员国的黄金业务,规定各国官方机构不得按照与黄金官价(每盎司黄金合35美元)相背离的价格买卖黄金,因此,资本主义国家官方机构绝大部分是通过美国财政部按黄金官价进行交易的。

1968年黄金总库解散后,美国及其他西方国家不再按照官价向黄金市场供应黄金,听任市场金价自由波动。1971年8月15日,美国宣布不再对外国官方持有的美元按官价兑换黄金,1973年11月13日,美、英、原联邦德国、荷兰、比利时、意大利、瑞士在巴塞尔举行的会议上达成协议,以后各国可在自由市场买卖黄金,各个国家之间的黄金官价交易终于停止。此后,世界上的黄金市场就只有自由市场了。

第二次世界大战时期和战后初期,黄金交易的最大中心在摩洛哥的丹吉尔。目前,在世界上具有一定规模的黄金市场共有40多家,多为地区性市场,主要满足邻近国家工业企业、首饰购买者及一般购买者的需求。还有一些国内市场和国际性市场,国内市场中最大的是巴黎市场,国际性市场中最大的有伦敦、苏黎世、纽约、芝加哥和我国香港,通常被称为世界5大黄金市场,它们的共同特点是开放程度高、交易量大,在世界范围内发挥着主导作用。

(三)黄金市场的主要交易方式

在合法的黄金自由市场,一般都由授权经营黄金业务的几家银行组成银行团进行黄金交易。这些银行作为黄金买卖的中介人,把黄金的供应和需求集中起来进行分析,然后协商确定当天的金价的平均价格。具体的交易方式主要有:

1. 现货交易。黄金现货交易主要有实物交易与账户交易两种。实物交易以买卖金块、金砖、金币等黄金实物进行交易;账户交易则是由投资者在银行或交易商处开设账户,成交后只需在账户上列明数量、成色等,不作具体的交割,定期进行清算,因此又称为"纸黄金"。此外,在金融创新的趋势下,黄金的现货交易也出现了一些新形式:如抵押交易,即由银行贷款给投资者购买任何形式的黄金,条件是投资者须将此黄金作为抵押品抵押给银行,直到该笔贷款还清为止;杠杆交易,即投资者向交易商交纳一定的保证金(总交易额的20%),交易商允许其购买一定倍数的黄金,剩余的80%由交易商融资,投资者按期向交易商支付利息,直至融资额(包括利息)全部结清,投资者可随时提取黄金。

在20世纪70年代以前,现货交易一直是世界黄金市场最基本的交易方式,但之后随着黄金期货交易在西方国家的兴起,黄金现货交易在市场上已退居次要地位。

2. 期货交易。黄金期货交易是交易双方在交易时先签订合约并交付一定的押金,并根据合约指定的未来某个日期办理交割的交易方式。期限一般为3个月、6个月和1年。根据买卖黄金的动机和目的,黄金期货交易可分为保值交易和投机交易两种形式。保值交易旨在减少因金价变动带来的风险，而投机交易则是利用金价变动来获取利益。20 世纪 80 年代以后，由于期货交易自身的优点再加上金融革命和新技术的推动，黄金期货交易迅速发展起来。

3. 期权交易。期权是指在未来一定时期可以买卖的权利，是买方向卖方支付一定数量的金额（指权利金）后拥有的在未来一段时间内（指美式期权）或未来某一特定日期（指欧式期权）以事先规定好的价格（指履约价格）向卖方购买（指看涨期权）或出售（指看跌期权）一定数量的特定标的物的权利，但不负有必须买进或卖出的义务。期权交易事实上就是这种选择权的交易，买方有执行的权利也有不执行的权利，完全可以灵活选择。与其他金融工具的期权合同一样，黄金期权交易具体又分为看涨期权和看跌期权。看涨期权的买者交付一定的期权费后，有权在有效期内按规定的价格买入数量标准化的黄金，看涨期权的卖者在收取期权费后，有义务按规定价格出售标准化数量的黄金。反之，看跌期权的买者交付一定的期权费后，有权按规定价格出售标准化数量的黄金，看跌期权的卖者在收取期权费后有义务按规定价格购买标准化数量的黄金。

（四）主要黄金市场及其业务特色

黄金市场按其作用不同可分为主导性黄金市场和区域性黄金市场。所谓主导性黄金市场，是指该市场黄金价格的确定及交易方式的变化对其他黄金市场起着指导作用，这类市场主要有伦敦、纽约、芝加哥、苏黎世和我国香港 5 大黄金市场。区域性黄金市场是指交易规模较小且交易者主要集中在本地区，其价格形成和交易量的变动对其他市场影响不大的市场。5 大黄金市场外的大多数黄金市场都属于这一类，比较有名的有巴黎、东京、新加坡等地的黄金市场。

1. 伦敦黄金市场。伦敦黄金市场历史最悠久。早在 19 世纪，伦敦就已经是一个黄金销售以及金币兑换的中心。第二次世界大战以前，南非的黄金大多在伦敦市场出售。当时，伦敦是世界上最大的黄金交易市场，交易量约占世界黄金交易总额的 80%。第二次世界大战期间，伦敦黄金市场曾一度关闭，直到 1954 年 3 月又重新开放。以后的美元危机，特别是 1968 年的美元危机，在伦敦掀起了抢购黄金风潮，伦敦黄金市场的金价无法继续维持，不得不暂停营业，以至于一部分黄金交易转移到苏黎世黄金市场，伦敦金市的地位受到了削弱。至此，伦敦已不再是世界最大的黄金市场，但其报出的金价始终具有权威性，仍不失为世界上最主要的黄金市场。伦敦黄金市场以现货交易为主，而且倾向于批发。从1982年4月起，伦敦黄金期货交易市场正式开业，以100盎司为交易单位并以英镑计价，实行每日两次定价制度，也有当月至最长6个月的期货品种。

2. 苏黎世黄金市场。苏黎世黄金市场是第二次世界大战后发展起来的国际性黄金自由市场。由于瑞士特殊的银行体系和辅助性的黄金交易服务体系，为黄金买卖提供了一个既自由又保密的环境，加上瑞士与南非的优惠协议，获得了80%的南非黄金，以及前苏联的黄金也聚集于此，使得瑞士不仅成为世界上新增黄金的最大中转站，也是世界上最大的私人黄金存储中心。苏黎世黄金市场没有正式组织结构，由瑞士三大银行，即瑞士银行、瑞士信贷银行和瑞士联合银行负责清算结账。苏黎世黄金市场无金价定盘制度，在每个交易日任一特定时间，根据供需状况议定当日交易金价，这一价格为苏黎世黄金官价。全日金价在此基础上的波动无涨停板限制。

3. 纽约黄金市场。自1974年美国政府取消私人购买与收藏黄金的禁令后，纽约黄金市场迅速发展起来。目前，纽约是世界上最大的黄金期货交易市场，每年近2/3的黄金期货契约在此成交，但到期真正交割的期货很少，绝大部分是买空卖空的投机交易。因此，作为国际黄金期货交易中心的纽约市场，具有很强的投机性。

4. 中国香港黄金市场。中国香港历史上与伦敦关系密切，又是自由港，具有便于黄金转让、储藏与调拨等有利条件。1971年1月取消金银进出口管制后，香港逐步从区域性黄金市场发展成为重要的国际性黄金交易中心。20世纪80年代，香港又开始承做黄金期货，这一切，都使香港黄金市场在世界黄金交易中居于重要地位。香港市场的黄金大多来自欧洲等地，主要买主则是东南亚国家。香港市场的业务特点是“现货远期”，即买卖的黄金虽是现货，但实际交割时可以通过“息价”自动调节现货和期货两者的关系，卖方可以不交付黄金，只支付利息，还可推迟交付时间，将现货变为期货。

5. 我国内地的黄金市场。我国内地的黄金市场起步较晚。2001年10月，国务院决定进一步加快黄金管理体制改革步伐，批准成立上海黄金交易所，同年11月28日，上海黄金交易所开始模拟运行，2002年10月30日，上海黄金交易所正式开业。其后，中国黄金市场在不长的时间内取得了长足的进步，市场规模明显扩大、投资比例迅速增加、定价机制逐步形成、投资品种不断丰富、市场参与者数量增加。2003 年，上海黄金交易所共有会员 108 家，主要交易形式是实盘黄金现货交易，2003 年，共计总成交量 235.35 吨，金额 229.62 亿元，实际交割量 148.62 吨，而同年我国的黄金产量为 200 吨，黄金市场显示出了良好的前景。2004 年 2 月和 8 月，上海黄金交易所已经在现货交易的基础上分别推出了 T+5 和延期交收业务，在一定程度上为满足企业锁定成本、增加保值功能、规避由于价格变动而引起的生产成本的不确定性进行了有益的尝试。目前，试交易的延期交收业务以首付款方式进行，也可以由买卖双方协商提前交收，还可以按期交收或延期交收，成交价格为当日撮合价。此项业务的推出，一方面为产金企业和黄金需求企业提供了套期保值的可能，另一方面也为投资者提供了多元化的投资工具，丰富了市场的交易品种。在此基础上，中国人民银行还将逐步推出黄金远期和黄金期货等各种黄金衍生品业务，同时加大黄金市场开放的力度，加快中国黄金市场与国际黄金市场接轨的步伐，积极为中国黄金市场成为国际黄金市场的重要组成部分创造条件。

中国黄金市场的建立和发展标志着包括货币市场、资本市场、外汇市场在内的主要金融商品交易市场基本建成，中国金融市场体系更加完善，它将为中国的宏观经济调控提供更加坚实有效的微观金融基础。

二、外汇市场

（一）外汇市场的概念

外汇市场是进行各种外汇买卖的交易场所。通过外汇的买卖，为国际间清算或转移债权提供重要媒介。

外汇市场有有形市场和无形市场之分。有形市场，即外汇交易所，一般设在证券交易所的建筑物内或交易大厅的一角，在规定的时间内，各银行的代表集合此地从事外汇交易。无形市场，则没有具体地点，买卖双方通过电话、电传、电报、网络或其他通信传输手段来进行交易。目前，除部分欧洲大陆国家如法国、德国、比利时等国的外汇市场有固定的场所外，大多数国家的外汇市场并无具体的交易场所，通过无形市场进行外汇交易。当今，交易量较大并具有国际影响的外汇市场大都位于一些著名的国际金融中心，像纽约、伦敦、东京、法兰克福、巴黎、苏黎世、新加坡、中国香港等地。

外汇市场的参与者有经营外汇业务的指定银行、外汇经纪人、进出口商、外汇投机者和其他外汇供求者。此外,各个国家的中央银行也参与市场活动和采取干预措施,以保持本国货币对外汇率的稳定。

外汇市场的交易关系包括:①外汇指定银行与外汇经纪人或客户之间;②同一外汇市场的各指定银行之间;③不同外汇市场的各指定银行之间;④中央银行与指定银行之间;⑤各国中央银行之间。外汇指定银行作为外汇市场的主要参与者,不仅是外汇供求的中介,而且也是外汇市场的最大客户。据统计,约90%以上的外汇交易是在银行同业之间进行的。银行间的外汇交易,一般是按其对客户买卖不同货币的数额先进行冲抵,结果可能出现头寸过剩或头寸短缺,然后通过外汇市场抛出或补进,以调剂外汇头寸余缺和避免汇率波动的风险。

外汇市场的发育应具备一定的条件。在一个实行严格外汇管制的国家里,很难有真正的外汇市场。只有实行自由的或管制较松的外汇制度的国家,才能有较完备的外汇市场。如果一国的外汇市场同时又成为国际外汇市场,则应具备更多的条件,如外币的自由兑换、资本流入流出的自由等。我国在长时期里实行严格的外汇管制,不能自由买卖外汇,因而,并不存在通常意义上的外汇市场。

1994 年 4 月 1 日,设在上海的中国外汇交易中心正式开业,标志着中国已开始形成统一的全国性外汇市场,从根本上改变了原来地区分割、价格各异的分散市场格局,使外汇资源得以在全国范围内进行分配,同时,确立了以市场供求为基础的、单一的、有管理的浮动汇率制度。中国的外汇市场有以下几个特点:银行与客户之间的交易以具备真实有效的商业背景为基础,以外汇管理开放程度为交易自由度的限度;银行间外汇市场采用电子竞价交易系统,会员通过现场或远程交易终端自主报价,交易系统按“价格优先、时间优先”的原则撮合成交;价格形成采用订单驱动机制,银行间外汇市场产生的加权平均汇率,经人民银行公布成为商业银行制定对客户结售汇挂牌汇价的基准汇率;银行间外汇市场实行“T+1”和集中清算方式,由交易中心统一为会员办理成交后的本币与外币资金清算交割。十多年来,中国外汇市场逐步发展并不断完善,对促进我国对外经济贸易的发展和改革开放发挥了重要的作用。

(二)外汇市场的作用

外汇市场的存在和发展,促进和便利了国际货币交易的进行,对世界经济生活具有重要作用。

1. 实现购买力的国际转移。国际间的政治、经济和文化往来，都会产生国际间的货币支付行为。为实现国际间的货币支付，清偿由此而产生的债权债务关系，有必要将本国货币兑换成对方可接受的货币。外汇市场为外汇兑换、外汇买卖提供了场所，使货币和资金在国际间的转换与移动成为可能，实现了购买力从一国向另一国的转移。

2. 提供国际性的资金融通。外汇市场不仅从事各种外汇交易活动，而且还办理外币存款和借贷业务。因此，它可以集中各国政府、企业和个人的闲置资金，贷放给资金需求者，从而起到加速国际资本周转、调剂资金余缺的作用。

3. 反映国际间外汇资金运动和汇率变化的趋势。外汇市场是国际外汇资金活动的中心。国际间一切货币支付和债权债务的清偿、资本的国际转移，都是直接或间接地通过外汇市场来进行的。因而，通过外汇市场的各种业务活动，可以客观地了解各种外汇资金的动态，及时地掌握和预测汇率变化的趋势。

4. 避免或转移外汇风险。国际间的商品贸易本身就存在着一定的风险，加上汇率变动等因素，风险更大。在浮动汇率制度下，汇率动荡不定，使国际经济交易的风险大大增加，甚至令进出口商畏缩不前。外汇市场的存在，为进出口商避免或转移汇率风险提供了便利。例如，进出口商如果在外汇市场上同时进行现货与远期的交易，对支付的货币套期保值，就可以避免因汇率变动而产生的风险。另外，由于外汇市场行市处于不停的变动之中，就为愿冒外汇风险的投机者提供了交易场所，他们利用外汇行市的变动低买高卖，赚取投机利润。

思考与练习

一、基本概念

金融市场　货币市场　资本市场　黄金市场　外汇市场　初级市场　次级市场　现货市场　远期市场　期货市场　票据　汇票　本票　支票　大额可转让定期存单　信用证　信用卡　回购协议　票据市场　同业拆借市场　短期证券市场　股票　债券　可转换公司债券　投资基金证券　私募发行　公募发行　直接发行　间接发行　股价指数　店头市场　第三市场　第四市场　主板市场　二板市场

二、练习题

1. 什么是金融市场？它有哪些特点？

2. 金融市场具有什么功能？

3. 按交易期限的不同，金融市场可分为哪些种类？

4. 货币市场的作用体现在哪些方面？货币市场上主要有哪些金融工具？

5. 货币市场包括哪些子市场？资本市场包括哪些子市场？

6. 资本市场的金融工具主要有哪些？

7. 股票具有怎样的性质与特征？

8. 债券的三个基本要素是什么？

9. 什么是证券投资基金？证券投资基金有何特点？

10. 简述股票与债券的联系与区别。

11. 投资基金与股票、债券的联系与区别何在？

12. 简述资本市场与货币市场的关系。

13. 黄金市场有何特点？其交易方式有哪几种？

5

第五章

货币供求与均衡

本章学习重点

- 费雪的交易方程式(现金交易数量学说)
- 剑桥学派的现金余额说
- 凯恩斯的货币需求理论
- 弗里德曼的现代货币数量说
- 凯恩斯及其学派的货币供给分析
- 新古典综合派的货币供给分析
- 货币学派的货币供给理论
- 中国货币供给的内生性问题
- 货币均衡的含义及实现条件

第一节 货币需求

一、货币需求概说

货币需求是指社会各部门在既定的收入或财富范围内能够而且愿意以货币形式持有的数量,货币需求变化受宏观和微观因素的影响。货币需求又有名义需求与实际需求、宏观需求和微观需求之分。

（一）货币需求的概念及影响因素

1. 货币需求的概念。货币需求是一个存量的概念，货币需求以收入或财富为前提，现实中的货币需求包括现金和存款货币的需求，人们对货币的需求既包括了执行流通手段和支付手段职能的货币需求，也包括了执行价值贮藏手段职能的货币需求。

在现代高度货币化的经济社会里，社会各部门需要持有一定的货币去媒介交换、支付费用、偿还债务、从事投资或保存价值，因此，便产生了货币需求。货币需求通常表现为一国在既定时间社会各部门所持有的货币量。

对于货币需求含义的理解，我们需把握以下几点：

（1）货币需求是一个存量的概念。货币需求考察的是在某个时点和空间内（如 2005 年底，中国），社会各部门在其拥有的全部资产中愿意以货币形式持有的数量或份额，而不是在某一段时间内（如从 2004 年底到 2005 年底）各部门所持有的货币数额的变化量。因此，货币需求是一个存量概念，而非流量概念。

（2）不能将货币需求仅理解为一种主观欲望、一种纯心理的占有欲望。经济学意义的需求虽然也是一种占有欲望，但它与个人的经济利益及其社会经济状况有着必然的联系，始终是一种能力和愿望的统一。货币需求是以收入或财富的存在为前提，在具备获得或持有货币的能力范围之内愿意持有的货币量。因此，构成货币需求需要同时具备两个条件：一是必须有能力获得或持有货币；二是必须愿意以货币形式保有其财产。二者缺一不可。有能力而不愿意持有货币不会形成对货币的需求；有愿望却无能力获得货币也只是一种不现实的幻想。货币需求量是有条件限制的，是一种能力与愿望的统一。所以，经济学研究的对象是这种客观的货币需求。

（3）人们产生对货币需求的根本原因在于货币所具有的职能。在现代市场经济社会中，人们需要以货币方式取得收入，用货币作为交换和支付的手段，用货币进行财富的储存，由此对货币产生了有一定客观数量的需求问题。因此，人们对货币的需求既包括了执行流通手段和支付手段职能的货币需求，也包括了执行价值贮藏手段职能的货币需求。二者的差别只在于持有货币的动机不同或货币发挥职能作用的不同，但都在货币需求的范畴之内。

（4）现实中的货币需求不仅包括对现金的需求，而且包括对存款货币的需求。因为货币需求是所有商品、劳务的流通以及有关一切货币支付所提出的需求。这种需求不仅现金可以满足,存款货币也同样可以满足。如果把货币需求仅仅局限于现金,显然是片面的。

(5)货币需求主要是一个宏观经济学问题。因为市场需求是由货币所体现的有现实购买力的需求,所以,宏观调控主要是对需求的管理。当然,它的实现又必然要通过对货币供给的控制来进行,由此,不能忽视与货币需求相对应的货币供给问题在宏观调控中占有的突出地位。

(6)货币需求是货币供给直接相对应的一个范畴,研究货币供给不能超越货币需求这一范畴。

2. 影响货币需求变化的因素:

(1)宏观因素。对货币需求的宏观因素分析,是货币当局决策者为实现一定时期的经济发展目标,确定合理的货币供给增长率,从总体上考察货币需求的方式。判断总体货币需求的变动是决定货币供给的关键。

从宏观角度估算货币需求,需要利用货币需求的宏观模型。马克思的货币必要量公式、费雪的交易方程式以及我国曾提出的公式,都属于宏观模型。这些模型的共同特点是都没有反映微观主体的心理、预期等因素,不考察各种机会成本变量对货币需求的影响,主要是关心市场供给、收入这类指标的变化。至于剑桥方程式以及以后的微观货币需求模型,在西方经济学中是这样处理的:进一步研究这个微观模型能否直接用于或经过修订用于宏观分析。比如,弗里德曼的微观货币需求模型,对其中个别变量(如非人力财富占个人总财富的比率)加以调整,就变成了宏观模型。

(2)微观因素。对货币需求的微观因素分析,就是从微观主体的持币动机、持币行为考察货币需求变动的规律性。在货币需求方程和货币需求函数中,剑桥方程式、凯恩斯货币需求模式、弗里德曼货币需求函数,都是从微观角度分析货币需求的典型。

对货币需求的研究首先应识别货币需求的决定因素并分辨清楚各因素对货币需求量的影响。货币需求量的决定因素通常划分为三类:一类为规模变量,如收入和财富;一类为机会成本变量,如利息、物价变动率;余下的则称之为其他变量,如制度因素等。

将机会成本变量引入货币需求模型或函数,是从微观角度考察货币需求问题的典型表现。其目的在于,说明利率和价格变动这类因素对货币持有主体可能带来的潜在收益和损失,以及这种潜在收益或损失对微观主体货币需求行为的影响。早期货币需求模型都未考虑机会成本因素。剑桥方程式在对实际现金余额和收入的比率作注释时强调了利率因素的作用，可以说是引入机会成本的开端，但在模型上也未直接表现出来。直到凯恩斯的对货币需求三动机的分析，才建立起内容和形式一致的微观货币需求研究框架。

（二）名义货币需求与实际货币需求

将货币需求细分为名义货币需求和实际货币需求，是在通货膨胀或物价变动的条件下产生的。如果价格是稳定不变的，就没有必要再去区分名义货币需求和实际货币需求。

1. 名义货币需求。名义货币需求是指一个社会或一个经济部门在不考虑价格变动情况下的货币需要量。名义货币需求是社会各经济部门当时所实际持有的货币单位的数量，如 1 万美元，5 万元人民币，8 000 英镑等。通常以 MD 表示。

2. 实际货币需求。实际货币需求是在扣除价格变动以后的货币需要量，也就是以某一不变价格为基础计算的商品和劳务量对货币的需求。它等于名义货币需求除以物价水平，即 MD/P。名义货币需求与实际货币需求的根本区别，在于是否剔除了通货膨胀或通货紧缩所引起的物价变动的影响。

举例来说，假设基期的货币需求为 1 000 亿元，在报告期时，生产、流通规模和实际财富水平与基期相比未变而物价却上涨了 1 倍，也就是说全社会的商品、劳务的名义价值增加了 1 倍。这时，如果货币流通速度保持不变，货币存量必须增加 1 倍，以满足社会生产和流通的需要，即名义货币需求量由基期时的 1 000 亿元增加到报告期时的 2 000 亿元。但这种增加只是适应物价上涨幅度在名义上的增加，就经济成长过程本身所提出的实际货币需求并没有变，仍然是 1 000 亿元。对于货币需求者来说，重要的是货币所具有的购买力的高低而非货币数量的多寡，因此，他们更为关注实际货币需求。在物价总水平有明显波动的情况下，区分并研究名义货币需求对于判断宏观经济形势和制定并实施货币政策具有重要意义。

（三）微观货币需求与宏观货币需求

就客观货币需求而言，又可分为微观货币需求和宏观货币需求两种。

1. 微观货币需求。当我们从个人、家庭或企业单位的微观角度，考察其在既定的收入水平、利率水平和其他经济条件下保持多少货币最为合适时，我们称这种类型的货币需求为微观货币需求。

2. 宏观货币需求。当我们从整个国民经济的宏观角度，考察一个国家在一定时期内的经济发展和商品流通所必需的货币量，这种货币量能保持社会经济稳定、健康发展，我们称这种类型的货币需求为宏观货币需求。

在对货币需求进行研究时，需要将两者有机地结合起来。

二、货币需求理论

有关货币需求的理论，可以分为传统的货币需求理论和凯恩斯货币需求理论，以及弗里德曼的现代货币数量论。

(一) 传统的货币需求理论

传统的货币需求理论主要由现金交易数量说、现金余额数量说组成。

1. 现金交易数量说。现金交易数量说的主要代表人物是美国经济学家费雪(I. Fisher)。他在1911年出版的《货币的购买力》一书中对古典货币数量论进行了总结和概括。费雪认为，货币的唯一功能是充当交换媒介，货币并不能直接满足人们的欲望，人们需要货币仅仅是因为货币具有购买力，可以用来交换商品和劳务。因此，一定时期内社会所需要的货币总额必定等于同期内参加交易的各种商品和价值总和。据此，他提出了著名的"交易方程式"，即

$$MV = PT \quad (5-1)$$

式中：M——一定时期内流通中的货币数量；

V——货币流通速度；

P——一般物价水平；

T——该时期内商品和劳务的总交易量。

由于所有商品和劳务的总交易量资料不容易获得，而且，人们所关注的重点往往也在于国民收入，而不在于总交易量，所以，交易方程式通常被写成下面的形式：

$$MV = PY \quad (5-2)$$

式中：Y——以不变价格表示的1年中生产的最终产品和劳务的总价值，即实际国民收入；

P——一般物价水平，因此，PY 即为名义国民收入；

V——货币的流通速度；

M——一定时期(一般为1年)内流通中的货币量。

显然，式(5－2)和(5－1)实质是一样的。

费雪认为，货币流通速度(V)是由制度因素决定的。具体地说，它取决人们的支付习惯、社会信用制度、运输与通讯条件以及人口密度等因素。由于这些因素在短期内很难发生变化，在长期内变动也是相对缓慢的，所以，在短期内可以将货币流通速度(V)视为常数。而且，通过工资和物价的灵活变动，经济会保持在充分就业水平上，因而在充分就业条件下，商品和劳务的总交易量或实际国民收入在短期也将保持不变。由于 V 和 T 或(Y)都保持不变，所以，货币供应量 M 的变化将完全体现在价格 P 的变化上，即货币供应量的变化将引起一般物价水平的同比例变化。从交易方程式中不难得出货币的表达式。以式(5－2)为例，只要等式两边同除以 V，就可得：

$$M=\frac{PY}{V} \tag{5-3}$$

在货币市场均衡的情况下，货币存量(M)就等于人们所愿意持有的货币量，即货币需求(M^d)。因此，可得出：

$$M^d=\frac{PY}{V} \tag{5-4}$$

式(5－4)就是现金交易数量说所导出的货币需求函数。从中我们可以看出，货币需求取决于货币流通速度和名义国民收入。

2. 现金余额数量说。现金余额数量说的主要代表人物是英国经济学家马歇尔(A. Marshall)、庇古(A. C. Pigou)和罗伯逊(Robertson)。以马歇尔和庇古为首的剑桥学派经济学家在研究货币需求问题时，主要讨论在某一时点上，人们基于便利和安全的动机而保留在手边的现金余额，他们着眼于货币的贮藏手段职能，重视微观主体的行为，强调货币的资产功能和货币需求因素分析。他们认为，人们基于便利和安全动机而保留在手边的现金余额就是货币需求。处于现实经济中的个人对货币的需求，其实质就是选择以怎样的方式保持自己资产的问题。人们持有货币的多少受安全动机、个人的财产水平、利率、持有和获得货币的便利程度等多种因素的影响和制约，而物价变动主要因为人们所欲持有的货币余额发生变动。这一余额的大小、留存时间的长短都直接影响整个社会的货币数量。当人们手边保留的货币现金余额增加时，整个社会的货币需求就会增加，货币流通速度就会减慢，物价就会下跌，币值就会上升。当货币需求减少时，货币流通速度就会加快，物价就会上涨，币值就会下跌。但是在其他条件不变的情况下，对每个人来讲，其名义货币需求与名义收入之间存在一个比较稳定的比例关系，由此推及，对整个社会来讲也是如此。为了直观地表述这种现金余额数量说，庇古提出了如下方程式：

$$P=\frac{KR}{M} \tag{5-5}$$

式中：P——每一货币单位的价值；

K——整个社会以货币形态保持的财富占总财富的比例；

R——一定时期内社会的实际总收入；

M——货币数量；

KR——用货币形态所保持的财富；

KR/M——每一单位货币的价值。

倘若将 P 定义为物价，则方程式就变成：

$$P=\frac{M}{KR} \tag{5-6}$$

罗伯逊后来对庇古的方程式进行了修正，使之变成：

$$M=KPY \tag{5-7}$$

这就是著名的现金余额数量方程式，又称剑桥方程式。

式中：M——货币供给量；

K——以货币形态持有的名义国民收入的比例；

P——一般物价水平；

Y——一定时期内按不变价格计算的商品和劳务的总价值；

PY——名义国民收入。

由于剑桥学派的经济学家假定，货币供给 M 和货币需求 M^d 会很快自动趋于均衡，因此有：

$$M^d=M=KPY \tag{5-8}$$

无论是现金交易数量说，还是现金余额数量说，都发展了货币需求的古典理论，认为货币需求与收入成比例。两者的主要差别在于：现金交易数量说强调了技术上的因素，并排除了在短期内利率对货币需求的任何可能的影响；而剑桥学派的现金余额数量说却强调了个人选择，没有排除利率的影响。

（二）凯恩斯的货币需求理论

1. 凯恩斯货币需求理论的主要内容。凯恩斯是一位在剑桥的熏陶下成长起来的经济学家，起初，凯恩斯也是传统货币数量论的支持者，1936年，凯恩斯出版了他的名著《就业、利息和货币通论》。在这本书中，他放弃了古典学派把货币流通速度视为常量的观点，发展了一种强调利率的重要性的货币需求理论，他把自己的货币需求理论称为流动性偏好理论。凯恩斯流动性偏好理论的最显著特点是注重对货币需求的各种动机的分析，他把人们持有货币的动机分为交易动机、预防动机和投机动机三种。

第一，交易动机的货币需求是人们出于日常交易活动的需要而对货币产生的需求。交易动机的货币需求是收入的稳定函数，收入越高，此项货币需求就越大；收入越低，货币需求就越少。

第二，预防动机的货币需求是指人们为了应付紧急情况而持有一定数量的货币。如人们出于对未来健康安全的考虑，或购买大件耐用品，或为应付意外情况的发生而持有一定货币。这一货币需求的大小也主要取决于收入水平，并且收入水平越高，货币的需求数量越大。

由于交易动机和预防动机的货币需求都主要取决于收入水平，而对利率变化不很敏感，因此，将这两种货币需求函数合二为一统称为交易性需求，公式表示为：$M1 = L1(Y)$。其中 $M1$ 代表交易需求和预防需求持有的货币量，Y 代表收入水平，$L1$ 代表 $M1$ 与 Y 之间的函数关系。凯恩斯认为，交易动机需求具有以下特点：①相对稳定，即日常交易的货币支出的时间、金额和用途大致可事先确定和预计；②货币作为交换媒介，发挥流通手段职能；③对利率不太敏感，因为在日常的生活和生产中，无论利息多高都需要持有一定金额的货币以应付日常的交易；④它是收入的递增函数。

第三，投机动机的货币需求是指人们在未来的某一适当时机进行投机活动而持有一定的货币，这种投机活动最典型的就是买卖有价证券。投机动机的货币需求数量主要取决于三个因素：当前利率水平、投机者心目中的正常利率水平、投机者对利率变化的预期。投机者根据有价证券价格的变动，“或持有货币，或持有证券”。因此，投机性货币需求 $M2$ 是利率 i 的递减函数，公式表示为 $M2 = L2(i)$。凯恩斯认为，投机动机需求具有以下特点：①由于人们对市场行情的预测见仁见智，需求变幻莫测；②货币主要充当贮藏手段；③对利率极为敏感，与利率呈负相关关系。

根据上述分析，凯恩斯的货币总需求函数为：

$$M = M1 + M2 = L1(Y) + L2(i) \tag{5-9}$$

2. 凯恩斯学派对凯恩斯货币需求理论的发展。凯恩斯的货币理论中最引人注目的是他关于货币需求动机的分析。后来人们对他的货币需求理论的扩展也沿着这三个方面进行：鲍莫尔（William Baumol）等人发展了对货币需求的交易动机的分析；惠伦（E. Whalen）等人发展了对货币需求的预防动机的分析；托宾（Tobin）等人则对凯恩斯关于投机货币需求的分析进行了修正和拓展；新剑桥学派对凯恩斯货币需求动机理论加以发展。

（1）鲍莫尔—托宾模型。美国经济学家鲍莫尔和托宾针对凯恩斯交易性货币需求主要取决于收入水平而与利率无关的观点，先后分析论证了交易性需求与利率的变动关系，得出交易性需求不仅是收入水平的递增函数，而且是利率的递减函数。利率越高，收益越大，生息资产的吸引力也越强，人们会把现金持有额压到最低限度；但若利率低下，利息收入不够变现的手续费，那么，人们将愿意持有全部的现金。因此，交易性货币需求不但与利率有关，而且关系极大。理论界将修正后的模型称为鲍莫尔—托宾模型。

（2）惠伦模型。美国经济学家惠伦针对凯恩斯预防性货币需求主要取决于收入水平而与利率无关的观点，提出预防性需求同样受利率变动的影响，即它不仅是收入或支出的递增函数，而且是利率的递减函数，从而修正了凯恩斯预防性货币需求函数。

（3）托宾的“资产选择理论”。凯恩斯认为，在投机性货币需求中，人们深信自己对未来利率变化趋势的预测，因而在自信基础上或持有货币，或持有债券，两者只能择其一而不能同时兼有。凯恩斯的这一分析与现实是不一致的。美国经济学家托宾则认为，在现实生活中，人们对未来利率的预测往往是不确定的，为了使总效用最大、风险最小，必须对自己资产的持有形式进行选择，即资产分散化，使有风险的债券和无风险的货币都有一定的份额，而不是“把所有鸡蛋装入一个篮子里”。托宾分析了在不确定情况下经济主体同时持有债券和货币的原因，并对两者量上的选择提供了理论依据，从而发展了凯恩斯投机性货币需求理论。

（4）新剑桥学派对凯恩斯货币需求动机理论的发展。新剑桥学派认为，随着经济的发展，三种动机并不能说明全部现实状况，应该予以扩展。他们在凯恩斯货币需求动机理论的基础上，提出了公共权力动机的概念。公共权力动机是因政府的赤字财政政策和膨胀性货币政策所产生的扩张性货币需求动机。如果政府将这些额外的流通货币主要投向商业性流通，那么,将会对市场价格产生很大的影响;如果投向金融领域,金融市场将受到冲击。因此,这类动机对经济的影响主要取决于政府如何分配这些额外货币。公共权力动机是新剑桥学派的独创,这一动机的提出对于解释在当代西方国家普遍实行的不同程度政府干预所引起的货币需求的变化,具有一定的现实意义。

(三)弗里德曼的货币需求理论

以美国芝加哥大学教授弗里德曼为代表的货币学派的理论称为现代货币数量论。与凯恩斯关注货币需求动机的研究不同,弗里德曼在研究货币需求时,承认人们持有货币的事实,并对影响货币需求量的因素进行了逐一分析,他侧重于对实际货币需求量的研究。

弗里德曼从消费者选择理论出发,认为人们需要货币是由 3 大因素决定的:收入、机会成本、效用,具体可分解为 7 个方面,用函数表示如下:

$$M/P = f(Y, W, Rm, Rb, Re, 1/P \cdot dp/dt, U) \quad (5-10)$$

式中:M——名义货币量,即个人手中持有的货币量;

P——一般物价水平;

M/P——实际货币需求量;

Y——恒久收入或财富总量;

W——物质财富在总财富中所占的比例,即财富的结构;

Rm——货币的预期收益率;

Rb——债券的预期收益率;

Re——股票的预期收益率;

$1/P \cdot dp/dt$——价格水平的预期变化率,即物价的变动率;

U——其他影响实际货币需求量的因素,如环境变化、战争、自然灾害等。

弗里德曼正是通过这样的函数公式,表明货币需求是多种因素共同作用变化的结果,它们之间是一种相关关系。

弗里德曼的货币需求函数具有两个特点:①货币需求是稳定的,货币需求函数是一个稳定的函数,其动向是可以预测的;②货币需求对利率的敏感性差,即利率对货币需求的影响较弱。进而他认为,既然货币需求是稳定的,货币对总体经济的影响主要来自于货币供给方面。中央银行能够客观地、准确地制定货币供应增长率目标,实施稳定的货币政策。

三、中国的货币需求理论与实践

中国是社会主义国家，一贯坚持社会主义道路，坚持马克思主义理论，在货币需求方面，理论工作者一直研究马克思的货币需求理论，在实践中也在应用马克思的货币需求理论。

（一）中国的货币需求理论——马克思的货币需求理论

马克思的货币需求理论认为，在一定时期内，执行流通手段的货币必要量主要取决于商品价格总额和货币流通速度两类因素，它与商品价格总额成正比，与货币流通速度成反比发生变化。它反映了商品流通决定货币流通这一基本原理。

用公式表示为：

$$M = PT/V \tag{5-11}$$

式中：M——执行流通手段职能的货币量；

P——商品价格水平；

T——流通中的商品数量；

PT——商品价格总额；

V——单位货币的流通速度。

这一公式既表达了货币需要量的决定因素，即流通的商品量、价格水平和货币流通速度，同时也表达了这 3 个因素的变动与货币需要量变动的关系。

马克思的货币需求理论集中反映在其货币必要量公式中。马克思的货币必要量公式是在总结前人对流通中货币数量广泛研究的基础上，对货币需求理论的简要概括。

马克思首先以完全的金币流通为假设条件来进行分析。依此条件，他作出了如下论证：①商品价格取决于商品的价值和黄金的价值，而商品价值取决于生产过程，所以商品是带着价格进入流通的；②商品的价格、数量决定了用以实现它的流通所需的金币的数量；③商品与货币交换后，商品退出流通，货币却留在流通领域不断与其他商品进行交换，从而一定数量的货币流通几次，就可以与相应几倍于它的商品进行交换。这一论证可以用公式表示为：

$$\text{执行流通手段的货币需要量} = \frac{\text{商品价格总额}}{\text{同名货币的流通次数}} \tag{5-12}$$

式中,商品价格总额等于商品价格与待售商品数量的乘积。因此,在一定时期内,货币量的增减变动取决于价格、流通中的商品数量和货币流通速度这3个因素的变动。它与价格、流通中的商品数量成正比,而与货币流通速度成反比发生变化。马克思的货币必要量公式具有重要理论意义,它揭示了商品流通决定货币流通这一基本原理。但由于马克思的货币必要量公式是以完全的金币流通为条件和基础的,因此,还有一些问题需要引起注意:①马克思的货币必要量公式强调商品价格由其价值决定,商品价格总额决定货币必要量,而货币数量对商品价格无决定性影响。这个论断适用于金属货币流通,而不适用于纸币流通。②直接运用这个公式测算实际生活中的货币需求,还存在许多操作上的困难。也就是说,货币必要量公式只能是理论分析中的一个定性的量,而非实践中可以测量的值。③马克思货币必要量公式反映的是货币交易性需求,即执行流通手段职能的货币需要量,不包含执行支付手段、贮藏手段职能的货币需求。

(二)中国货币需求的实践

1. 计划经济体制下货币需求量的确定:

(1)"1:8"经验数据。20世纪70年代以前,我国所说的货币只是指现金,所以货币需要量就是指现金需要量。

所谓"1:8"经验数据,其含义是:每8元零售商品供应需要1元人民币实现其流通。符合这个标准,说明货币流通正常,不符合这个标准,如1:7和1:6等,则说明货币供给超过了货币需求。这一经验数据的理论依据是马克思的货币需要量公式:$M = PT/V$。在这一公式中,决定货币需求的是待销售的商品价格总额。

(2)定额法。指中央银行确定一个货币供应量增长的绝对额指标,作为计划期的货币供应依据,年度货币调节的任务就是努力使货币供应量不突破这个指标。这个指标的依据是国民经济发展计划,因而有一定的科学性,但从我国30多年的实践来看,执行结果并不理想。

(3)增长率计算。公式为:

$$M = Y + P \tag{5-13}$$

式中:Y——经济增长率;

P——物价的预期或计划的上涨率;

M——名义的货币需求增长率。

相对于"1:8"经验数据而言,增长率计算法的思路要宽阔得多,主要考虑了物价的因素。

2. 市场经济体制下货币需求量的确定。随着经济体制由计划经济向市场经济转变,我国的货币需求测算方法也有了相应的变化。近年来所用的主要测算方法有:

(1)比较法。一般根据历史数据,选定一个经济变量(如国内生产总值)与不同层次的货币量(如 M_0,M_1,M_2)之间的比例系数,并根据发生的情况加以修正,然后,据此来测算总体货币需求量,其公式为:

$$M_d = kG \tag{5-14}$$

式中:M_d——总体货币需求量;

k——货币占国内生产总值的比例系数;

G——国内生产总值。

(2)公式法。公式法实际是对货币流通规律基本公式的进一步推导,以求得货币需求量的变动率,其公式是:

$$M_d = g + w \pm u \tag{5-15}$$

式中:M_d——总体货币需求量;

g——经济增长率;

w——物价变动率;

u——货币流通速度变动率。

在我国现行的市场经济体系下,经济运行过程尚不规范,对货币需求的准确测定更是一件难度很大的事。因此,对货币需求理论的研究及其对货币需求量的准确测定,是经济学家和我国中央银行不断探索的一个重要课题。

第二节　货币供给

一、货币供给概说

(一)货币供给的定义

货币供给是指一国各经济主体(包括个人、企事业单位和政府部门等)持有的、由银行系统供应的债务总量。货币供给量是否符合经济发展水平以及规划,主要依赖于货币供给机制。

货币供给包括两个主要部分:现金和存款货币。其中现金是由中央银行供给的,表现为中央银行的负债;存款货币是金融机构供给的,体现为商业银行的存款性负债。在现代信用货币制度下,货币供给过程一般涉及中央银行、商业银行、存款人和借款者四个行为主体。其中在货币供给过程中起决定作用的是银行体系。流通中的货币都是通过银行供给的,货币供给与中央银行和商业银行的资产负债活动密切相关。

关于货币供给的定义,需要说明以下几点:

1. 货币供给中所指的货币,关系到货币供给的具体内容,但迄今为止,经济理论界对此没有统一的认识。

2. 货币供给是一个存量概念,货币供给量是指一国某一时点上的货币存量。货币供给量不外乎是指被财政部门、各个生产经营单位、家庭个人所持有,由银行体系所供给的存款量和现金发行量。

3. 货币需要量虽然也是一个有客观数量界限的存量,但毕竟是一个预测量,而货币供给量却是实实在在地反映在银行资产负债表上的一定时点上的银行负债总额。具体说,存款量是商业银行的负债,现金发行量是中央银行的负债。

4. 研究货币供给的目的,是为了使社会实际提供的货币量能够与商品流通和经济发展对货币的需求(即预测的货币需要量)相吻合。所以,对货币供给有重要研究价值的不是实际的货币供给量,而是合理的货币供给量。

5. 货币供给既是一个外生变量,又是一个内生变量,所以,中央银行对货币供给的调控十分困难。

(二)货币供给层次

尽管世界各国中央银行都有自己的货币统计口径,但是,无论存在着何等差异,其划分的基本依据和意义却是一致的。

各国中央银行在确定货币供给的统计口径时,都以流动性的大小,即作为流通手段和支付手段的方便程度为标准。流动性程度较高,即在流通中周转较便利,相应地,形成购买力的能力也较强;流动性较低,即周转不方便,相应地,形成购买力的能力也较弱。显然,这个标准对于考察市场均衡、实施宏观调控有重要意义。

便于进行对宏观经济运行的监测和货币政策的操作,是对中央银行划分货币层次的重要要求。比方说,货币当局在讨论控制货币供应指标时,既要明确到底控制哪一层次的货币以及这个层次的货币与其他层次的界限何在,同时还要回答,实际可能控制到何等程度。否则,就谈不上货币政策的规定,即使制定了也难以贯彻。

各国对货币层次的划分有多种方法,但普遍遵循的原则是以流动性的大小为依据。具体地说,是以某种金融资产转化为现金或活期存款的能力作为标准。其转换为现金和活期存款的成本越低、时间越短,则流动性越强,货币层次也就越高;反之,则货币层次越低。以流动性分类的结果形成了货币分层的概念和多层货币供给口径。如按流动性的定义标准,现金无疑具有100%的流动性,一般将其用 C 或 M_0 来表示;活期存款在金融体系稳定时其流动性和现金几乎一样,由此可以得到一个由现金和活期存款共同构成的货币概念,一般将其表示为 M_1。以此类推,货币的分层可以进行下去,形成一个多层次的货币概念和货币供给的多重口径的划分。综合各国的情况,货币供给的分层划分大致如下:

M_1 = 流通中的现金 + 活期存款(以及转账信用卡存款)

M_2 = M_1 + 储蓄存款(包括活期存款和定期存款)

M_3 = M_2 + 其他短期流动资产(如国库券、银行承兑汇票、商业票据等)

各国具体的货币层次以及各层次的组成内容,往往因一国经济、金融发达的程度不同而稍有区别。例如,美国的货币供给层次依次划分为:

M_1 = 流通中的通货 + 旅行支票 + 活期存款 + 其他相近的存款[如NOW(可转让提款通知书)、ATS(自动转账账户)等]

M_2 = M_1 + 储蓄存款(含货币市场存款账户) + 小额(10万美元以下)定期存款(含零售回购协议) + 零售货币市场共同基金余额 + 调整项

M_3 = M_2 + 大额定期存款 + 长于隔夜的限期回购协议 + 欧洲美元 + 调整项

L = M_3 + 其他短期流动资产(如非银行公众持有的储蓄券、短期国库券、商业票据和银行承兑票据等)

在我国,中国人民银行于1994年第三季度开始,正式确定并按季公布货币供给指标,具体的划分方式为:

M_0 = 流通中的现金

M_1 = M_0 + 企业活期存款 + 机关团体部队存款 + 农村存款 + 个人持有的信用卡存款

M_2 = M_1 + 城乡居民储蓄存款 + 企业存款中具有定期性质的存款 + 信托类存款 + 其他存款

M_3 = M_2 + 金融债券 + 商业票据 + 大额可转让定期存单等

以上公式中：M_1为狭义货币供给量，M_2为广义货币供给量，M_2减M_1为准货币，M_1是根据金融工具的不断创新而设置的。

（三）名义货币供给与实际货币供给

名义货币供给是一定时点上不考虑物价因素影响的货币存量；实际货币供给是指剔除物价影响之后的一定时点上的货币存量。若将名义货币供给记作M_5，则实际货币供给为M_5/P。

人们日常使用的货币供给概念，一般都是名义货币供给。例如，某年度、某季度货币量增长多少，增长率多高等，都是该时期货币供给的名义增加量以及与基期存量的比较。然而，在经济分析和决策论证中，经常需要剔除了通货膨胀因素的货币供给数据，即实际货币供给数据。在通货膨胀率变动比较频繁的情况下，尤其如此。比如，要分析一定历史阶段实际经济变动要求货币供给相应变动的规律，显然，就必须使用实际货币供给数据与实际经济数据作比较分析。

（四）货币供给机制

1. 现金运行机制。现金运行有几条主要渠道，如果把它们进行综合，可得到图5－1。

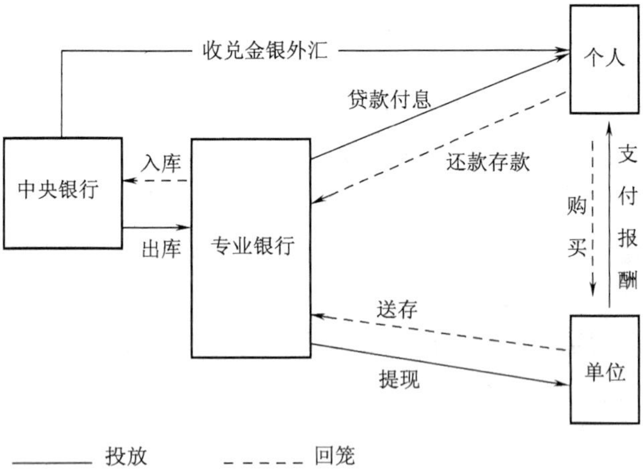

图5－1　现金运行机制图

纵观现金运行机制，它有如下3个特点：①现金主要在银行之外流通，进入银行体系之后或走出银行体系之前，都不是流通中的，尽管它仍以现金形态存在；②如果银行体系既不增加现金投入，也不组织现金回笼，那么无论现金如何流通，它只会发生持有人结构的变化，而不会有数量上的增减；③现金流通一般主要对应于小宗商品即消费品的交易。

我国的现金——人民币（钞票＋硬币）是由中国人民银行发行的，与我国现金发行相对应的程序可用图 5－2 表示。

图 5－2　我国的现金流通图

2. 原始存款和派生存款。与现金相比，存款运行有两个明显的特点：第一，存款运行都在银行体系内进行；第二，存款在运行过程中能够自行扩大，即存款运行的结果不仅会引起结构的变化，还会导致总量的增加。第一点很好理解，第二点就是原始存款和派生存款的关系。原始存款是指商业银行接受的客户以现金方式存入的存款和中央银行对商业银行的再贴现或再贷款而形成的准备金存款。原始存款是商业银行从事资产业务的基础，也是扩张信用的源泉。派生存款是原始存款的对称，是指由商业银行发放贷款、办理贴现或投资等业务活动引申而来的存款。派生存款产生的过程，就是商业银行吸收存款、发放贷款，形成新的存款额，最终导致银行体系存款总量增加的过程。

派生存款是相对于原始存款而言的，对派生存款这一定义可作如下解释：①派生存款必须以一定的原始存款为基础；②派生存款是在商业银行内直接形成的；③以原始存款为基础通过商业银行内的存贷活动形成的派生存款量，其数量界限应是由贷款引出超过最初部分的存款。例如，1 万元的贷款，转为 1 万元的存款，通过存款的派生，形成 5 万元的存款，这里，派生存款数应是 4 万元。它们之间的数量关系可用公式表示为：

$$\text{经过派生存款可能形成的最大存款总额} = \frac{\text{原始存款}}{\text{必须保存的最低准备金比率}} \quad (5-16)$$

$$\text{派生存款总额} = \text{可能形成的最大存款总额} - \text{原始存款}$$

3. 存款货币的创造与削减过程。存款货币是指存在商业银行使用支票可以随时提取的活期存款。活期存款没有期限规定，客户可随时签发支票用于结算和日常支付。若签发的支票被存款人用来提取现金，它就被当做普通的记账凭证，证明存款已转化为现金，执行货币的全部职能；若签发的支票被用来偿还债务或支付货款,它就成了现实的信用流通工具并执行货币的部分职能。故可开支票的活期存款等同于货币。

存款货币是由存款货币银行创造的,这里所说的存款货币银行往往是指商业银行。

(1)不能创造存款货币的两个特例:第一,全额现金准备制度。即以法律的形式要求银行对存款保持100%的准备金。在这种情况下,如果某一客户存入1万元现金,那么这1万元存款正好用做1万元的现金准备,这时的比例是1∶1,并没有扩大任何倍数。第二,现金放款。即在部分准备金条件下,借款获得的贷款完全以现金取出,并长期持有这些现金。在这种情况下,银行除了按规定的准备金率保留准备金外,其余的用做了贷款生息。由于贷款形式是现金,银行仍没有多倍的存款创造。

(2)产生多倍存款的过程。银行之所以能够创造存款货币,是由于运用原始存款发放贷款的结果。法定准备率的高低,直接影响银行创造存款货币能力的大小。准备率越高,银行运用原始存款创造信用的能力就越低,存款货币量就越小;反之,准备率越低,银行创造存款货币的数额就越大。就个别银行而言,只能就超过法定准备金的那部分加以运用,即只能创造与其超额准备金相等的存款。但就整个银行体系而言,则能创造大于原始存款若干倍的存款货币。这就是存款货币的创造过程(商业银行创造货币存款的过程前面已讲过)。存款货币的创造,主要取决于两大因素,即原始存款量的大小和法定准备率的高低。此关系可用公式表示:

$$D = A\frac{1}{r} \qquad (5-17)$$

式中:D——存款货币最大扩张额;

A——原始存款量;

r——法定准备金率。

$1/r$ 是存款乘数。存款乘数的含义是每1元准备金的变动所能引起的存款变动。

(3)多倍紧缩存款的过程。银行扩张过程是客户将现金存入银行使原始存款增加而引起的。相反,客户从银行提取现金从而引起原始存款减少,在银行体系无超额准备金的前提下,必然会出现削减存款货币的过程。其原理和银行扩张过程完全相同,不同之处仅在于:在扩张过程中,存款的变动为正数;在紧缩过程中,存款的变动为负数。

二、货币供给理论

货币供给理论按照货币供给量是否可控制、由谁控制和控制什么来划分，可分为凯恩斯的货币供给理论、新古典综合派的货币供给理论以及货币主义学派的货币供给理论。

（一）凯恩斯的货币供给理论

凯恩斯认为，货币供给是由中央银行控制的外生变量，它的变化影响着经济运行，但自身却不受经济因素的制约。他认为，中央银行可根据政府的决策和金融政策，人为地进行控制，增减货币供给量，并认为，公开市场操作业务是增加或减少货币供给量的主要办法。

（二）新古典综合派的货币供给理论

新古典综合派认为，货币供给量主要是由银行和企业的行为决定的，而银行和企业的行为又决定于经济体系内的许多变量，中央银行不可能有效地限制银行和企业的支出，更不可能支配它们的行动。因此，货币供给量主要是内生的，从而，中央银行对货币供给的控制就不可能是绝对的，而只能是相对的。

（三）货币主义学派的货币供给理论

弗里德曼作为货币主义的主要代表人物是倡导货币供给外生论的典型代表。他提出了一个货币供给方程式：

$$M = H \cdot \frac{\frac{D}{R}\left(1 + \frac{D}{C}\right)}{\frac{D}{R} + \frac{D}{C}} \qquad (5-18)$$

货币供给量 M 由高能货币 H 与由 D/R 和 D/C 共同组成的货币乘数的乘积所决定。这一方程式表明，货币供给的决定基本上取决于 3 个因素：高能货币、商业银行的存款与其准备金之比（D/R）和商业银行的存款与非银行公众所持有的通货之比（D/C）。他认为，中央银行直接决定 H，而 H 对于 D/R 和 D/C 有决定性影响。也就是说，货币当局只要控制或变动 H，就必然能在影响 D/R 和 D/C 的同时决定货币供给量的变动。在这种情况下，货币供给无疑是外生变量。

货币供给究竟是外生变量还是内生变量，从分析货币形成的过程中可以看到，中央银行虽然可以根据自己的意愿和决策通过其政策工具影响基础货币与货币乘数，在货币供给量的决定中扮演重要角色，但作为货币需求者的大量银行和其他存款机构、成千上万的社会公众甚至财政部门的行动决策,对此也都有一定影响。收入或财富、利率水平与结构、心理预期等作为经济运行的因变量,影响着各个经济主体的行为,从而影响着货币乘数甚至基础货币量。因此,货币供给既受国家决策者的意志所影响,即对于实际经济运行过程具有外生性,又成了实际经济运行过程中的一个因变量,即具有内生性。

三、中国的货币供给实践

转轨、改革中的中国政治、经济环境决定了影响货币供给因素的特殊性,深入分析其内生及外生性质,对于改革现有货币供给机制有着现实意义。

(一)影响货币供给的因素分析

1. 社会公众的行为影响。前面的内容是从中央银行如何调节基础货币和乘数的角度考察货币供给的问题。但这些控制工具最终还要通过微观基础即居民、企业及商业银行的反应才能起作用。

当居民普遍增加现金即通货持有量的时候,通货对活期存款的比率会提高;反之,这个比率会下降。这个通常被简称为通货比的比率与货币供给量是负相关关系,这个比率以符号 C/D 表示。对居民持币行为产生影响的因素主要有 4 个方面:

(1)财富效应。当一个人的收入或财富大量增加时,通常,他持有现金的增长速度会相对降低;反之亦然。这说明,在一般情况下,通货比率与财富和收入的变动成反方向变化。

(2)预期报酬率变动的效应。居民持有的现金,其报酬为零;储蓄存款有利息收益,报酬率大于零。假若只存在现金和储蓄存款两种金融资产,显然,储蓄存款利率变动与通货比率负相关。实际上,在现金和储蓄存款之外还存在其他一些资产,如国库券、企业债券等。它们的价格或收益率的变动也会迂回地影响通货比率。例如,债券的收益率提高了,如果人们的现金持有量不变,而储蓄存款由于相对收益水平下降而减少,那么,通货比率就会相对提高。

(3)假若出现了银行信用不稳定的苗头,居民就会大量提取存款,通货比会因此而增大。

(4)非法经济活动,为了逃避法律监督,倾向于用现金进行交易。所以，非经济活动的规模与通货比呈正相关。

在经济活动中，有的因素作用较大，有的较小；有的暂时较大，有的暂时较小。上面没有列出的因素，如对物价变动的预期、对持有现金的影响等就曾比较突出。

2. 企业行为的影响。企业行为对货币供给影响的特点，表现在企业对资本的需求，从而对贷款的需求。一般来说，这主要来自两个方面：

(1)经营的扩大或收缩。经营扩大要求补充资本，补充资本的投入一般要求从补充货币资本开始。如果企业对货币资本的投入靠的是自身的积累，这不需要补充贷款；反之，则需要追加贷款。追加贷款，就不能不影响货币供给。

假设缺乏经营积极性成为某一时期企业行为的普遍特点，那时，再低的利息也往往不能刺激对贷款的需求，货币供给也就缺乏扩大的基础。

(2)经营效益的高低。一般来说，不管是由于经营管理不善，还是整个经济比例、结构有问题，都会造成资金周转率降低。信贷资金占用时间延长，在相同的产出水准下会相对增加对贷款的需求并从而增加货币供应量；反之则减少对增加货币供应量的压力。经营效益不好，以致出现亏损，企业不得不采取减缩经营乃至破产清理行为，那就会勾销一部分贷款，从而相应收缩一部分货币供给。如果企业仍然亏损经营，并继续要求得到贷款支持，其结果则是货币供给被迫增加。

3. 商业银行的行为影响。从 1994 年和 1995 年来看，国有商业银行行为对货币供给的影响具有这样一些特点：

(1)国有商业银行面临强大的贷款需求压力。这一方面来自企业，特别是国有大中型企业，即使是经济效益不高或亏损的企业也要求追加贷款，另一方面则是来自各级政府。为了发展地方经济，地方政府经常为地方投资项目和地方企业提出贷款要求。在这两方面的压力下，银行贷款行为基本上是被动的，而且就银行来说，在风险不足以威胁其命运时，扩大贷款就是扩大收益，因而，并没有形成自我约束机制。

(2)在强大的贷款需求压力下，为了扩大贷款，最为关键的是争取得到更多的中央银行贷款。可以说，依靠中央银行的支持来扩大自己的业务，是那时中国国有商业银行行为的突出特色。

(3)利率、准备金之类的调节手段没有实质性的作用。从国有商业银行来说，利率对其从中央银行借款起不了多大调节作用。因为它发放贷款的利率与向中央银行借款的利率都是国家直接规定的，其间的利差已经考虑了它们的利益。准备金以及类似的备付金、专项存款等，对于国有商业银行的具体行为有时其作用是决定性的。但对这些比率的调整则行政性色彩极浓，并没有创造出国有商业银行认真考虑准备率而自行安排资金营运的机制。

总的来说，那时的国有商业银行并无内在的约束机制使其行为能对货币供给给予积极的影响。

20 世纪 90 年代中期以来的改革实际上是针对上述问题初步推进的。这包括：①改变国有商业银行对国有企业事实上存在的资金供给制关系，建造市场机制所要求的银行与企业的关系；②转变政府职能，实行政企分开，强调各级政府不得强令银行贷款；③理顺中央银行与国有商业银行的关系，先后推行了多项有利于促使和保证商业银行独立自主经营的措施。如此等等举措使自我约束机制在国有商业银行中开始发挥作用，这突出表现在贷款的决策权上。从 1997 年开始，在信贷领域有一个突出的问题，即国有商业银行"惜贷"的问题。企业和地方政府抱怨银行，特别是国有商业银行对于"应该"取得贷款的企业和项目不给予支持的"惜贷"现象。银行认为"惜贷"的问题不存在，应该支持的均已贷款，得不到贷款的企业是不具备取得贷款的条件。不论谁是谁非，这一争论本身说明国有商业银行的独立抉择权已在经济活动中开始成为客观存在的事实。这就是货币供给的增减已经同国有商业银行的独立决策行为有了逐步增强的相关关系。

4. 政府行为的影响。政府对货币供给的影响主要体现在财政收支行为上，从而对银行的货币供给有决定性的影响。在我国目前的银行制度下，中国人民银行作为政府的银行，代理财政金库是它的基本职能之一。所谓代理财政金库，是指中央银行对财政开立预算收支账户，按规定程序办理财政收支的上解下拨，代收税款，代办政府债券的发行与收兑等。从货币供给的决定机制考察，财政的收入过程，意味着货币由国有商业银行账户流入中国人民银行账户；财政的支出过程，意味着货币由中国人民银行账户流入国有商业银行账户。这样的流进流出会影响货币供给总量的张缩效应。因为财政支出会增大基础货币的供给，财政收入会减少基础货币的供给，基础货币的增减，会影响存款货币的派生。

财政的收支行为对货币的供给不产生决定性的影响，财政收支才能达到平衡。这是因为，等量的财政收入由国有商业银行账户向中国人民银行账户转换所产生的基础货币收缩效应，与等量的财政支出由中国人民银行账户向国有商业银行账户转换所产生的基础货币扩张效应是对等的。从相当长的时期考察，彼此相互抵消之后，基础货币总量不变。当财政收支存在结余时，由于财政收入大于财政支出，基础货币供给的总量收缩效应，大于基础货币供给的总量扩张效应，基础货币供给总量会相应减少。但从我国实际情况看，一般年份都存在财政赤字，与财政收支平衡和财政收支结余相比，财政赤字对基础货币供给决定的影响要复杂得多。

财政赤字究竟会导致基础货币供给在总量上作何变动，应主要视赤字的弥补方式而定。如果财政采取向企业和居民发行债券的方式来弥补赤字，企业和居民购买政府债券时，从货币供给的总量张缩方向看，这意味着基础货币从国有商业银行账户向中国人民银行账户转移，产生收缩效应。而财政将发行债券所得来的货币用于款项拨付或转移支出后，又意味着基础货币从中国人民银行账户向国有商业银行账户转移，产生扩张效应。一般来说，通过政府财政的一收一张，总量收缩效应与总量扩张效应相互抵消，基础货币供给总量并未发生变化。但是，如果企业认购政府债券时挪用再生产过程的资金，则会导致国有商业银行相互扩大对企业的贷款规模，从而也间接地会对货币供给产生扩张。

5. 国际收支与货币供给。由对外经济贸易所引起的国际收支，必然影响国内货币供给和货币流通状况，这种影响又因所实行的汇率制度的不同而有所差异。

在固定汇率制度下，外汇收支对货币供给的影响表现在两个层次上：商业银行活动与中央银行活动。商业银行购入外汇时，外汇资产增加，由购买外汇而支付的本国货币相应地形成银行存款负债增加，扩大了货币的供应量；反之，当商业银行卖出外汇时，外汇资产减少，由于客户要动用本币存款购买外汇，银行存款负债减少，货币供给量相应缩减。所以，在一国外汇收支顺差时，商业银行购入外汇大于售出，外汇库存净增长，货币供给量也表现为净增加；反之，则货币供给量净缩减。

在固定汇率制度下，中央银行有义务防止汇率变动超过允许的幅度。如外汇供给过大，相对于本币，外汇汇率趋降，中央银行必出面干预——在市场上收购外汇。其结果是商业银行把部分外汇卖给中央银行，并相应增加在中央银行的存款准备金，从而加强派生能力，有可能扩大货币供给量。可见，在固定汇率制度下，一国外汇收支有顺差，则构成增加货币供给的压力。当然,如果外汇收支是逆差,则会相应缩减货币供应量。

在浮动汇率制度下,政府不承担维持汇率的义务,汇率主要由市场供求关系的变动来调节。在市场外汇供求对比的调节下,外汇收支逆差国的货币汇率会下降,外汇收支顺差国的货币汇率会上升。而市场汇率的变动,则会导致外汇收支顺差或逆差反方向变化的后果,并使原来出现的外汇收支逆差和顺差有可能是一种短暂的现象。从理论上说,在浮动汇率制下,不致因外汇收支逆差或顺差的长期存在而导致货币供给量的长期扩张或收缩。不过,说政府没有维持汇率的义务不等于说它不能干预汇市。当政府为了实现某种政策目标而在公开市场上收购或抛售外汇时,自然也会引起货币供应量的扩张或收缩。

我国自1994年以来,实行有管理的浮动汇率制。在管理浮动汇率制下,中央银行可以对外汇市场进行干预,以使市场汇率朝有利于自己的方向变动。现阶段,我国实行结售汇制,如果出现外汇收支逆差,外汇净售出,本币回笼,则相应减少货币供应量。随着国际收支规模的急速扩大,我国基础货币的投放已在相当大的程度上决定于涉外因素,即外汇占款的比重。

(二)中国货币供给的内生性与外生性

1. 内生性与外生性的含义。在考察货币供给与中央银行的关系时,经济学家一般用"货币供给是外生变量还是内生变量"来判断。

外生变量和内生变量是典型的计量经济学语言。外生变量又称政策性变量,是指在经济机制中受外部因素影响,而由非经济体系内部因素所决定的变量。这种变量通常能够由政策控制,并以之作为政府实现其政策目标的变量。如果说"货币供给是外生变量",其含义是:货币供给这个变量并不是由实际经济因素,如收入、储蓄、投资、消费等因素所决定的,而是由中央银行的货币政策决定的。内生变量又叫非政策性变量,是指在经济体系内部由诸多纯粹经济因素影响而自行变化的变量。这种变量通常不为政策所左右,如市场经济中的价格、利率、汇率等变量。如果说"货币供给是内生变量",则是说:货币供给的变动,中央银行是决定不了的,起决定作用的是经济体系中实际变量以及微观主体的经济行为等因素。

我国目前的货币供给既有市场经济的共性,又具有转型经济的特点,使货币供给外生性与内生性并存。从总体上看,目前中央银行对货币供应量仍然有着很强的控制力,但与此同时,随着改革开放的不断深入,货币供应量的内生性也在不断增强。

2. 中国货币供给的内生性与外生性问题。货币供给是内生变量还是外生变量,在中国是直接从货币供给能否由中央银行有效控制这一角度提出的。

认为货币供给可由中央银行有效控制的观点,其依据有:①经济体系中的全部货币都是从银行流出的,从本源上说,都是由中央银行资产负债决定的,只要控制住每年新增贷款的数量,货币供应的总闸门就可以把牢;②中国的中央银行不是没有控制货币供给增长的有效手段,而是没有利用好这个手段,如果不论来自各方的压力多么强大,中央银行始终不渝地按照稳定通货、稳定物价的政策严格掌控,那么,货币供给就不会增长过快。无疑,这是较为明确的货币供给外生论观点。

而在中国现行体制下,货币供给往往是被动地适应货币需求,中央银行很难实施各种给定的货币调节方案。这就是中国货币供给的"倒逼机制"的论点。

首先,是企业部门的利益。企业,特别是大中型国有企业的利益主要表现为:从国有银行取得贷款,维持和扩大生产运营,以实现预期任务和营利目标。本来,按照市场经济的一般原则,银行在发放贷款时首先要选择贷款对象,对那些经济效益好、信誉佳的企业发放或优先安排贷款;对效益差甚至亏损或信誉不好的企业限制乃至停止发放贷款。但实际上在难以全面执行破产法的情况下,企业不论效益、信誉状况如何,都必须给予其贷款。

其次,是地方政府的压力。为满足发展本地区经济、扩大生产规模、增加就业的需要,地方政府会给银行施加强大的压力,要求银行贷款。虽然银行在资金、行政乃至人事上自成系统,但经营、生活于一个地区内,也不能不考虑维护地方的利益。

还有,职工个人的利益也在货币供给倒逼机制中产生作用。按企业收入分配的一般原则,职工工资收入应该是一个可以由企业经营状况决定的变量:企业经营状况好些,职工工资性收入可以增长得快些;企业经营状况差时,职工工资收入就应该停止增长甚至下降。但事实上存在着追求职工收入尽可能最大化的倾向。而且企业即使经营不善甚至亏损,也要保证工资和奖金的发放。这是具有刚性的个人利益通过国有企业对国有银行的资金依赖迫使货币供给增长的典型机制。

企业、地方政府和个人对各自利益的追求形成了一种合力——偏好经济增长和收入增长的合力,该合力直接影响货币供给的增长速度。而对于这种合力,中央银行本身难以左右。很明显,这种机制说明,货币供给的变动事实上是内生的。

自20世纪末以来,这些情况均已发生或必将发生实质性的变化,倒逼机制不过是历史上一个特定阶段的事例,在新的条件下,如何分析货币供给的内生问题,需要进一步的探讨。

第三节　货币均衡

一、货币均衡的含义及实现机制

货币均衡是各国政府调节经济、实现宏观控制追求的主要目标,是需要依托运行的系统机制。

(一)货币均衡的含义

均衡一词来源于力学,是指相反力量的对比处于相持的均势。经济学引入均衡的概念,一般是将其用于描述和分析市场供求的对比状态,以发现其运行的态势和规律,进而研究调控的方法和措施。这里提出的货币均衡与非均衡概念,则是用来说明货币供给与货币需求之间的关系。

均衡是人们普遍追求的目标。货币均衡是指货币供给与货币需求之间的一种对比关系,是从供求总体研究货币运行状态变动的规律。一般而言,货币供求相等,就称之为均衡;货币供求不相等,就称之为失衡。

(二)货币均衡的实现机制

1. 实现机制。所谓货币供求相等,用公式表示为:

$$M_S = M_d \quad (5-19)$$

式中:M_S——名义货币供给量;

M_d——实际货币需要量。

必须指出,这里的"="并非纯数学概念。事实上,绝对的货币供给量与货币需要量相等是不可能的。货币均衡的实际意义应是:货币供给量与货币需求量大体相适应,各自变动着的货币供给和货币需求,只要在客观存在的一定弹性区间内,都属于均衡之列。

研究某一时点上的静态均衡当然是必要的，但是静态均衡只是动态均衡中的一个特例，所以，均衡往往是在不断运动过程中达成的一个动态过程，即它并不要求在某一时点上货币供给与货币需求完全相适应，它承认短期内货币供求间的不一致状态，但长期内货币供求之间大体上应是相互适应的。

2. 货币失衡。货币均衡是指货币供给与货币需求基本相适应的货币流通状态。货币失衡是同货币均衡相对应的概念，是指在货币流通过程中，货币供给偏离货币需求，从而使二者之间不相适应的货币流通状态。其基本存在条件可以表示为：$M_d \neq M_S$。货币失衡大致可划分为 3 种类型：①货币供给量小于货币需求量，即 $M_S < M_d$；②货币供给量大于货币需求量，即 $M_S > M_d$；③货币供求的结构性失衡，即货币供给与货币需求在总量上大体保持均衡状态，却由于货币的供给结构同与之相对应的货币需求结构不相适应，造成货币市场上货币短缺与局部货币供给过剩并存，商品市场上部分商品和生产要素供过于求，另一部分商品和生产要素则求过于供。

货币均衡是一个动态的概念，是一个由均衡到失衡，再由失衡回复到均衡的不断运动的过程。货币均衡的实现具有相对性，货币供求的失衡是一种常见的现象。

二、实现货币均衡的条件

货币均衡是货币供应量与货币需求量的均衡，只要 $M_d = M_S$，就是货币均衡。但实际上货币均衡并非如此简单，虽然货币供给的实际数额可以通过统计进行观察和掌握，但不同学派的货币需求观点不尽相同，目前也未能找到一个统一的、理想的精确计量货币需求数量的方法。因此，货币是否均衡，仅从货币供求的数量上无法判断清楚。同时，各国经济运行体制不同，经济以及货币均衡的可控制和影响要素不同，即经济环境不同，货币均衡的条件也有所变化。

（一）货币均衡的标志

由于货币均衡表现为社会总供求均衡，所以，经济均衡的标志就是货币均衡的标志。

1. 货币均衡最主要的标志是物价水平。在纸币流通条件下，如果流通中货币供应量超过货币需求量，必然引起单位纸币所代表的价值减少和物价水平的上涨。因此,通常以物价水平变动作为间接衡量货币供求均衡与否的标志之一。由于一般物价水平取决于社会总供给与社会总需求的对比关系,而货币均衡又是社会总供求是否均衡的重要前提条件,所以,可以利用一般物价水平的变动状况,判断货币是否均衡。目前,大多数国家把物价上涨率视做通货膨胀率,如果物价基本稳定,就说明货币均衡,反之,则说明货币失衡。

2. 货币供求均衡的另一个主要标志是利率。在一个完全竞争的市场经济中,货币供求的对比变化,对于利率水平的高低有决定作用;反之,利率的升降反映了货币供给量与货币需求量之间的变化。利率过高,说明货币供给量相对于货币需求量偏少;利率过低,说明货币供给量相对于货币需求量偏多。

3. 货币供应量增长速度与经济增长速度之比也是重要参考因素。一般来说,随着生产总值和商品销售额的增长,货币供应量也应相应增长,两者之间应该有一个大致稳定的比例关系。如果货币供应量增长速度过快,大大超过经济增长速度,就可能意味着货币供应存在偏多的问题;反之,如果货币供应量增长速度过慢,大大低于经济增长速度,就可能意味着货币供应存在偏少的问题。

4. 金融资产价格的变动趋势可用来观察货币供求均衡的状况。如果证券市场上的金融资产价格在一段时期内持续上涨幅度过大,有可能是过多的货币供应流入证券市场,导致证券市场出现供求失衡,价格剧烈波动。在金融资产日趋多样化及金融市场迅速发展的状况下,金融市场的供求均衡状况,实际上是货币供求均衡状况的一种反映。

5. 汇率也是考察货币供求均衡的一个参考指标。在浮动汇率制度下,汇率变动与货币供求之间有紧密的联系。在直接标价法下,外汇汇率上升意味着本币贬值,刺激本国产品净出口增加,表现在外汇市场上,是对本币需求的增加,货币需求大于货币供给;汇率下降,情况与此相反。最后,通过汇率的自动调节使外汇市场达到新的均衡。

总之,衡量货币是否均衡需要综合考察,仅凭借单一的信号判断均衡是否存在,很容易陷入片面性。

(二)货币均衡的实现条件

1. 市场经济条件下货币均衡的实现条件:

(1)市场经济条件下货币均衡的实现有赖于 3 个条件,即健全的利率机制、发达的金融市场以及有效的中央银行调控机制。

(2)在完全市场经济条件下,货币均衡最主要的实现机制是利率机制。除利率机制之外,还有:①中央银行的调控手段;②国家财政收支状况;③生产部门结构是否合理;④国际收支是否基本平衡等4个因素。

(3)在市场经济条件下,利率不仅是货币供求是否均衡的重要信号,而且对货币供求具有明显的调节功能。因此,货币均衡便可以通过利率机制的作用而实现。

2. 货币均衡的形成过程。就货币供给而言,当市场利率升高时,一方面,社会公众因持币机会成本加大而减少现金提取,这样就使现金比率缩小,货币乘数加大,货币供给增加;另一方面,银行因贷款收益增加而减少超额准备金来扩大贷款规模,这样就使超额准备金率下降,货币乘数变大,货币供给增加。所以,利率与货币供给量之间存在着同方向变动关系。就货币需求来说,当市场利率升高时,人们的持币机会成本加大,必然导致人们对金融生息资产需求的增加和对货币需求的减少。所以,利率同货币需求之间存在反方向变动关系。当货币市场上出现均衡利率水平时,货币供给与货币需求相等,货币均衡状态便得以实现。当市场均衡利率变化时,货币供给与货币需求也会随之变化,最终在新的均衡货币量上实现新的货币均衡。

三、对中国货币均衡的分析

(一)中国货币均衡理论与实践的发展

货币均衡是指市场总供给与总需求的均衡。这一概念,我国是在20世纪80年代中期以后才使用的。但其基本内涵,在我国经济理论探索及实践中却始终存在。

1. 反通货膨胀的“平衡”观。在建国之初的1950年春,我国曾在不到一个月的短暂时间制止了当时被世界所公认的程度最为严重的恶性通货膨胀。当时具体的政策行动口号是:力争财政收支平衡、现金收支平衡和物资调拨平衡。力争财政收支平衡与力争现金收支平衡,这两者的实质都是要把货币供给控制在最低限度;而力争物资调拨平衡则是在给定的条件下使用有限的物资形成最大的市场供给。所以,当时指导思想的理论核心,用我们现在的用语来表达,就是极其明确地争取实现市场总需求的均衡。而恶性通货膨胀的直接病源也正是市场供给均衡遭到长期的严重破坏。这是一场重大的经济战役，其所以能取得胜利，有多方面的因素，可从政治上、社会的诸方面深入剖析，但经济上采取的力争平衡的对策无疑起到了关键作用。

建国之后，我国进入计划经济体制时期。在这种体制条件下的“平衡”，无疑是人们所赞同的，但平衡之下却隐蔽着不平衡。我国典型的集中计划经济体制是1953～1979年这段时间。在这期间的货币供给反映了计划体制下的典型特征。

简单地以货币供给的增长速度快于经济整体的增长速度作为论断货币供求非均衡的决定性根据是不充分的，因为复杂的实际生活，有时也提供货币供给增速较快而相对于货币需求并不过多的事例。人们对于计划经济条件下货币供给始终过多的判断，与其说是依据统计数字，毋宁说是根据对市场供给的实际感受：①消费商品数量少，质量拉不开档次，花色品种单调。大多数的必要消费品，或计划供应，或限量供应，有钱也不是可以任意购买的。②在产品生产领域，不采取市场销售方式，而是按计划分配。按计划分配的产品也有价格，也要支付货款。可是相对于上级下达的生产、运输等任务，计划分配的原材料、零配件，或数量、质量，往往满足不了需要。无论是消费品还是生产品，用西方经济学的术语，都是“卖方市场”。所谓“卖方市场”，即在交换中，买主总是处于有求于卖主的境地。而在市场经济中，买主是上帝。③在市场经济中，货币供给过多，会由物价反映出来。而集中计划经济体制下的价格绝大多数是官定的，钱多物少，也不准许提价。对此终归有所反映：在可以自由购买的集市，价格会上涨；计划分配的物资也存在变相的上涨价格；同时，还有黑市等等。以上状况被称为隐蔽的通货膨胀。

我国改革开放后直至20世纪90年代中，又不断承受着通货膨胀的压力。平衡、均衡的问题再次为人们特别关注。

应该说，在中国，平衡观是深入人心的。需要注意的是，深入人心的这种平衡观，其形成的背景是长期的通货膨胀，是恶性通货膨胀、隐蔽通货膨胀和公开通货膨胀的再度出现。因而，在我国，平衡的追求与反通货膨胀总是连在一起的。长期处于通货膨胀压力之下，极易忽视需要反紧缩的另一个可能方面。直到20世纪末，这另一面才摆在我们的面前。

2. 市场总供需均衡是“三平”理论追求的目标。虽然我国从1953年开始很快形成了集中计划经济体制，但商品货币关系依然存在，价格规律依然起作用,市场供给仍有充足不充足的问题,物价也不时有或强或弱的上涨压力。所以,对市场总供需的综合问题,在计划经济体制下虽然摒弃市场总供需的均衡这种用语,但问题仍是客观存在的,在政策制定和理论探索中实际上很受重视。最典型的理论总结就是"三平"理论。它是20世纪50年代中期开始提出的。

所谓"三平",是指在安排经济发展计划时,必须保证财政收支平衡、信贷收支平衡和物资供求平衡。

财政收支平衡的含义是:财政收入和财政支出平衡,并且收大于支,略有结余。在"三平"之中,财政收支平衡被认为是"关键"。用我们现在的用语来解释,意思是说:①财政收支平衡了,就不会引出过多的货币供给;②财政的结余,作为信贷资金来源,有利于减轻扩大信贷并从而扩大货币供给的压力。

信贷收支平衡的含义一直比较模糊。信贷资金的来源和资金运用双方永远是相等的,因而不像财政收支那样有一个差额,可以直接看出是否平衡。由于信贷的扩张和收缩调节着货币供给量,因而,信贷收支平衡的实质是要求货币供求平衡。在"三平"理论中,信贷收支平衡被认定为其"综合反映"的作用,而货币供求的对比状况也正是对经济生活的综合反映。

物资供求平衡在"三平"中被论断为"基础"。所谓物资供求平衡,是指当时被称为市场的平衡——消费品和部分农业生产资料的供求平衡。在今天来看,理论上既应包括作为商品的消费资料的供求平衡,也应包括当时不被看做商品的生产资料的供求平衡。物资的供应主要是由农业、轻工业和重工业等部门的生产状况决定的;物资的需求则是由一定时期的现实购买力所体现的。所以,物资供求平衡也就是我们如今所说的市场总供给与总需求的平衡。

"三平"理论所要论证的是"平衡",即总供给与总需求的平衡,是被看做国民经济正常运转的理想条件,这无疑是正确的。应该说在20世纪60年代中期以前,以这种理论指导宏观决策确实起过积极的作用。以后,"三平"加上外汇收支平衡,扩展为"四平"理论。但这一理论在决策中时而受到尊重,时而处于被忽视的地位。

当中国逐步走向市场经济体制之际,"三平"这一理论,往往由于它是在计划经济体制下提出和发展的理论而遭受漠视。其实,这一理论的实质不过是在不同环境下,用不同语言论证了市场均衡这个一般命题。一种理论观点,不论是在怎样的条件下提出、论证的,如果它揭示了经济过程中的客观必然性,那就有其存在的生命力。

(二)开放条件下的中国货币均衡问题——对外收支与货币均衡

货物贸易、服务项目收支,无论是出口创汇收入还是进口用汇,在国际收支总额中均占有绝对的比重。对外贸易的收支是外汇的收支,而外汇收支又与本币的收支密切联系在一起。所以,贸易、服务项目收支的调整与转换,需要借助外汇与本币两种货币形态。就我国的情况来说:从出口看,组织出口的商品的生产和收购必须先垫支人民币资金,即使旅游服务,也要用一笔人民币资金建旅游设施和储备商品。只有垫付了人民币,然后才谈得上收入外汇。出口单位收入的外汇要到银行结汇。经过结汇,外汇资金又转化为人民币资金。所以,出口的过程表现为人民币资金—外汇资金—人民币资金的不断转化。

从进口用汇看,进口单位首先要用人民币资金向银行购买外汇,用以支付进口价款和费用,即人民币资金转换为外汇资金;商品进口后在国内销售,又回复到人民币资金形态。这里同样经历着人民币资金与外汇资金的不断转换过程。

从外汇资金与人民币资金转化的全过程可以看到:

1. 出口单位收入外汇,到银行结汇,收回原垫支的人民币资金,就出口企业来说,可以算是完成了一次人民币资金周转。可是对外贸易的经济过程并未完结——还有进口。只有当银行购入的外汇再被用于进口,一直到进口品销售出去再次转化为人民币资金后,才可以说人民币资金在外贸的过程中真正完成了一次完全的周转。

2. 在人民币资金与外汇资金相互转化之中所需的人民币资金,或是来自企业本身,或是银行贷款,或是财政投资。因此,外汇收支不仅涉及企业资金周转,还关系到银行贷款收支和财政收支。当前,企业大多处于对银行高负债运行的状况,分析外汇和人民币两种资金的转化,实际上在很大程度上是要具体分析外汇收支与银行信贷的联系。

3. 由于外汇收入和支出是不间断的过程,为此,垫支的人民币资金也相应形成一个经常性的存量。随着商品、服务进出口的增长,要垫用的人民币资金不断扩大，相应地，贷款也要不断增大。与此同时，还有银行外汇占用数量的增长，这就不能不与货币的供需密切联系在一起。

思考与练习

一、基本概念

货币需求　费雪方程式　剑桥方程式　流动性偏好　货币需求的公共权力动机　货币需求函数的稳定性　货币供给　货币内生性　货币外生性　货币均衡

二、练习题

1. 简述凯恩斯学派关于货币需求动机的观点。
2. 简述货币数量学说对货币需求分析方法的贡献。
3. 简述货币学派货币供给理论的政策主张。
4. 分析中国货币供给的内生性问题。
5. 分析货币数量的变化对经济的影响。
6. 简述货币均衡的实现条件。

6

第六章

通货膨胀与通货紧缩

本章学习重点

- 通货膨胀的含义
- 通货膨胀的类型
- 通货膨胀的度量
- 弗里德曼的现代货币数量说
- 通货膨胀的治理方法
- 通货紧缩的原理
- 通货紧缩对经济的影响
- 通货紧缩的治理

第一节　通货膨胀

一、通货膨胀概述

通货膨胀现象对企业经营、对人们的生活、对社会产生着重大影响,早已成为经济学家研究的重要内容。通货膨胀是宏观经济运行的结果,也成为政府经济调控的手段。

（一）通货膨胀的含义

哈耶克（F. A. Hayek）认为：通货膨胀的原意是指货币数量的过度增长，这种增长合乎规律地导致物价的上涨。弗里德曼认为：物价的普遍上涨就叫做通货膨胀。萨缪尔森（P. A. Samuelson）则加上时期概念，他说通货膨胀的意思是：物价与生产要素的价格普遍上升的时期，面包、汽车、理发的价格上升，工资、租金等等也都上升。罗宾逊对通货膨胀的解释是：由于国际经济活动中工资报酬率的日益增长而引起的物价直升变动。

还有其他种种的界定，例如：①通货膨胀指的是需求过度的一种表现，在这种状态下，过多的货币追逐过少的商品。②通货膨胀是货币总存量、货币总收入或单位货币存量增长过快的现象。③通货膨胀是在如下条件下的物价水平上涨现象：无法准确预期；能引发进一步的上涨过程；没有增长产业和提高就业效应；其上涨速度超出安全水准；由货币供应的不断支持来支撑；具有不可逆性。④通货膨胀指货币客观价值的下跌，其度量标准是：黄金价格、汇率，在金价或汇率由官方规定的条件下对黄金外汇的过度需求，等等。

这些有关通货膨胀的定义，不是强调它的成因，就是注重它的结果，或者涉及通货膨胀过程的一些特征。对成因或结果的偏重，实际上涉及更深层次的两个问题：①谁应对通货膨胀这一不受欢迎的现象负责？②如何消除通货膨胀？对这两个问题的意见分歧，争论很多。

一个大家普遍能够接受的定义是：通货膨胀是商品和劳务的货币价值总水平持续明显上涨的过程。对于这个定义，还有必要增加几点说明：①通货膨胀不是指一次性的或短期的价格总水平的上升，而是一个持续的过程。同样，也不能把经济周期性的萧条，价格下跌以后出现周期性复苏阶段的价格上升贴上通货膨胀的标签。只有当价格持续地上涨成为趋势不可逆转时，才可称为通货膨胀。②通货膨胀不是指个别商品价格的上涨，而是指价格总水平（即所有商品和劳务价格的加权平均）的上涨。③通货膨胀是价格总水平明显上升，而轻微的价格水平上升，比如说0.5%，就很难说是通货膨胀。不过，能够冠以“通货膨胀”的价格总水平增长率的标准到底是多少，取决于人们对通货膨胀的敏感程度，是一个主观性的概念。

（二）通货膨胀的度量

既然通货膨胀是物价总水平的持续明显上涨，通货膨胀的程度也就可以用物价上涨的幅度来衡量。世界上多数国家一般采用以下一种或一种以上的物价指数。

1. 生产者物价指数 PPI。生产者物价指数(Producer Price Index——PPI),又称批发物价指数,它是反映不同时期批发市场上多种商品价格平均变动程度的经济指标。它是包括生产资料和消费品在内的全部商品批发价格,但劳务价格不包括在内。这一指数对商业循环较为敏感,能灵敏地反映生产成本变化的情况,但其变化对一般居民生活的影响不如消费物价指数那样直接。

2. 消费者物价指数 CPI。消费者物价指数(Consumer Price Index ——CPI),也称为零售物价指数或生活费用指数,它反映消费者为购买消费品而付出的价格变动情况。这种指数是由各国政府根据各国若干种主要食品、衣服和其他日用消费品的零售价格以及水、电、住房、交通、医疗、娱乐等服务费用而编制计算出来的。有些国家进一步根据不同收入阶层的消费支出结构的不同,编制不同的消费物价指数。

消费物价指数的优点是能及时反映消费品供给和需求的对比关系,资料容易搜集,公布次数较为频密(通常每月一次),能够迅速直接地反映影响居民生活的价格趋势。缺点是范围较窄,只包括社会最终产品中的居民消费品这一部分,不包括公共部门的消费、生产资料和资本产品以及进出口商品,从而不足以说明全面的情况。一部分消费品价格的提高,可能是由于品质的改善,消费物价指数不能准确地表明这一点,因而有夸大物价上涨幅度的可能。

3. 以国民生产总值 GNP(Gross National Products)折算的价格指数。它是按当年价格计算的国民生产总值与按不变价格计算的国民生产总值的比率。所谓按不变价格计算,如某国 1990 年的 GNP 按当年价格计算为 65 000亿元,按 1980 年的价格计算为 44 800 亿元,1980 年基期指数为 100,则 1990 年的 GNP 平减指数为 145($65\ 000 \div 44\ 800 \times 100 = 145$),表示与 1980 年相比 1990 年物价上涨了 45%。如果 1989 年的 GNP 平减指数为 138(也是以 1980 年为基期),则 1990 年与 1989 年相比,物价上涨了 5%($145 \div 138 - 1 = 5\%$)。

GNP 折算指数的优点是范围广泛,除了居民消费品外,还包括公共部门的消费,生产资料和资本产品以及进出口商品,因此能较准确地反映一般物价水平的趋向。缺点是资料较难收集,需要对不在市场上发生交易的商品和劳务进行换算,因此,公布次数不如消费指数频密。

以上两种指数,以消费物价指数和 GNP 平减指数使用最为普遍。但除上述缺点外,两者还遗漏了许多资产的价格,主要是实际资产存量和金融资产。在通货膨胀的加速期间,各类资产的价格上涨幅度往往超过消费物价的价格上涨幅度。艾奇安(A. A. Alchian)和克莱因(B. Klein)在他们合著的《论通货膨胀的正确测量》中,建议采用理想指数,这是一种包括所有资产:金融资产和非金融资产、有形资产和无形资产、耐用和非耐用资产、消费性和生产性资产、人力和非人力资产在内的指数。假定 W_A 是 A 期(即基期)的资产或财富总额, W_B 是 B 期的资产或财富总额,则理想的指数应为:

$$P_{AB} = \frac{W_B}{W_A} = \frac{\sum_{i=1}^{n} P_B(i)Q_B(i)}{\sum_{i=1}^{n} P_A(i)Q_A(i)}$$

式中:P_{AB}——B 期对 A 期的物价指数;

$P_B(i)$——B 期各项资产的价格;

$Q_B(i)$——B 期各项资产的数量;

$P_A(i)$——A 期各项资产的价格;

$Q_A(i)$——A 期各项资产的数量。

因为资产是所有现在与未来消费服务流量的来源,所以,在理论上,理想指数最能准确地反映通货膨胀对消费的侵蚀程度。例如,在通货膨胀过程中,一些实物资产和金融资产如房地产、绩优股、艺术品等价格,往往会更大幅度地上升。消费物价指数和 GNP 平减指数不包括这些资产,因此,对不拥有这些资产的消费者来说,通货膨胀就会被低估了。但是,理想指数只是一种理论上的设计,要将其付诸实行,资料的收集将遇到巨大的困难。

在经济理论中,除了用物价指数来衡量已经发生的通货膨胀的严重程度外,还有一种测量通货膨胀压力大小的方法,即测算"通货膨胀缺口"。通货膨胀缺口与以物价指数为衡量的通货膨胀率不同,前者只是用来估计通货膨胀发生的可能性,后者则用来度量现实的通货膨胀。

测算通货膨胀缺口的工作最初是由凯恩斯进行的,通货膨胀缺口等于有效总需求与可供私人消费的商品与劳务总量之间的差额,表现在市场上对商品和劳务的过度需求。当这种过度需求的压力加大而又没有其他方法可以缓和释放时,通货膨胀就可能现实地发生。

在英国,官方曾明确地把不可能通过举债或私人储蓄等方式予以弥补的财政赤字称"通货膨胀缺口"。20 世纪 40 年代初,英国财政大臣对通货膨胀缺口的定义为:在政府支持中,有一部分数额没有社会成员投放的真实人力或物资资源与之相应,这一数额即为通货膨胀缺口。

(三)通货膨胀的类型

在经济分析中,人们根据不同的标准,对通货膨胀进行分类。

1. 按通货膨胀的价格上涨速度划分,有爬行式、温和式、奔腾式和恶性通货膨胀 4 种。爬行式通货膨胀指价格总水平上涨的年率不超过 2% ~3% ,并且在经济生活中没有形成通货膨胀的预期。温和式通货膨胀,指价格总水平上涨比爬行式要高,但又不是很快,具体百分比没有一个统一的说法。奔腾式通货膨胀物价总水平上涨率在 2 位数以上,且发展速度很快。恶性通货膨胀或称超级通货膨胀,指物价上升特别猛烈,且呈加速趋势。此时,货币已完全丧失了价值贮藏功能,部分地丧失了交易媒介功能,成为"烫土豆",持有者都设法尽快消费出去。当局如不采取断然措施,货币制度将完全崩溃。

2. 按市场机制的作用划分,有公开型通货膨胀和隐蔽型通货膨胀。公开型通货膨胀指完全通过一般物价水平上涨形式反映出来的通货膨胀。在这种类型的通货膨胀过程中,物价总水平明显地、直接地上涨,通货膨胀率就等于物价上涨率。隐蔽型通货膨胀指物价水平的上涨并没有完全通过公开的物价指数上涨表现出来,物价水平未提高,但居民实际消费水准却下降的现象。其前提是,在经济中已经积累了难以消除的过度需求压力,但由于政府对商品价格或货币工资进行严格控制,过度需求不能通过物价上涨而吸收,商品供不应求的现象通过准价格形式表现出来:如黑市、排队、凭票证购买、有价无货以及一些产品在价格不变的情况下质量下降等等。

3. 按预期划分,有预期性通货膨胀和非预期性通货膨胀。预期性通货膨胀是指通货膨胀过程被经济主体预期到了,以及由于这种预期而采取各种补偿性行动而引发了物价上升。如在工资合同中规定价格的条款,在商品定价中加进未来原料及劳动力成本上升因素等。非预期性通货膨胀指未被经济主体预见的、不知不觉中出现的物价上升。

经济学家将通货膨胀分为预期性和非预期性两种,主要作用在于考察通货膨胀的效应。一般认为，只有非预期性通货膨胀才有真实效应，而预期性通货膨胀没有实在性的效果，因为经济主体已采取相应对策抵消其影响了。

4. 按通货膨胀的成因划分，有需求拉上型通货膨胀、成本推进型通货膨胀、供求混合型通货膨胀、货币供给型通货膨胀以及结构型通货膨胀（具体内容后述）。

5. 其他。除了上面的分类方法外：①按是否推行通货膨胀政策来划分，有自主型通货膨胀和被动型通货膨胀。由于当局主动推行膨胀性的政策而引发的通货膨胀为自主型通货膨胀，反之，则是被动型的。②按通货膨胀是否由于国际因素传递而引起来划分，有内生型通货膨胀和外生型通货膨胀。前者是由于国内因素所引起的，后者是由于对外经济联系，如国际贸易活动引起的，有时又称输入型通货膨胀。③按是否存在战争因素来划分，有战时通货膨胀及和平时通货膨胀。

二、形成通货膨胀的原因

通货膨胀的形成具有多样性，可通过对需求拉上型通货膨胀、成本推进型通货膨胀、供求混合型通货膨胀、结构型通货膨胀以及货币供给推动型通货膨胀等类别的分析来理解。

（一）需求拉上型通货膨胀

在西方经济学中，“需求拉上”论是产生最早、流传最广、影响力最大的通货膨胀理论。在 20 世纪 50 年代中期之前，“需求拉上”说几乎为所有经济学界所接受，此后，尽管各种新的理论层出不穷，但其仍不失原有的统治地位，只是知识理论结构和分析方法已与前大不相同了。

需求拉上型通货膨胀，一般定义为社会总需求超过社会总供给，从而导致物价上涨。这一理论有两种形态：一是凯恩斯学派的过度需求论；一是货币学派的数量说。凯恩斯所处的时代，通货膨胀这一经济现象不很普遍，对经济影响还不十分突出。在《就业、利息和货币通论》中，凯恩斯认为货币变动对物价的影响是间接的，影响物价的因素除货币量之外，还有成本单位和就业量等多种因素，货币数量的增加是否具有通货膨胀性，要视经济体系是否达到充分就业而定，具体说有以下几点：

1. 在达到充分就业分界点以前，货币量增加，就业量随有效需求增加而增加。“因为在该点以前，货币数量每增加一次，有效需求尚能增加，故其作用一部分在提高成本单位,一部分在增加产量。”这种双重效果的原因之一是存在闲置的劳动力和生产资源,供给有弹性,增加有效需求有刺激产量增加的作用,此时,货币数量的增加不具有充分的通货膨胀,而是一方面增加就业量和产量,另一方面也使物价逐渐上涨。这种情况,凯恩斯称之为“半通货膨胀”。

2. 当达到充分就业以后,由于各种资源已充分利用,供给无弹性,货币量增加后有效需求增加,但“已无增加产量之作用,仅使成本单位随有效需求同比例上升,此种情况,可称之为真正的通货膨胀”。

用图6－1表示,在充分就业的产量Y_f点之前,总供给曲线SS具有价格弹性,向上倾斜,表示在价格上升的同时,可以诱导产业的增加。在达到Y_f之后,SS曲线变为垂直线,短期内,物价上升已无法刺激产量增加,需求增加只能引起“真正的通货膨胀”。

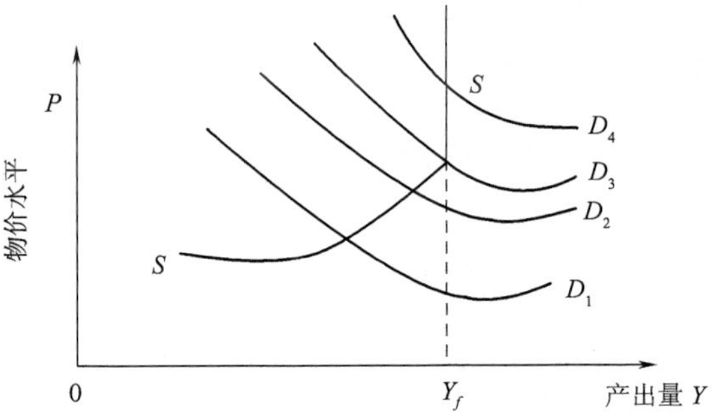

图6－1　需求拉上型通货膨胀

总需求量的增加并不一定是由于货币供应量的增加,凯恩斯在1940年出版的《如何筹集战费》的小册子中,又提出了“通货膨胀缺口”的概念,按其思路:

私人可支配收入＝私人总收入－直接税

有效总需求＝私人可支配收入－私人储蓄

可供私人消费的商品和劳务总量＝实际产业水平－政府支出

通货膨胀缺口＝有效总需求－可供私人消费的商品或劳务总量

所以,无论是私人储蓄倾向降低,消费倾向提高,或者政府增加支出都会产生通货膨胀压力。

在凯恩斯学派的模式里,直接将政府支出包括在有效需求之内。除消费需求外,总需求还包括投资需求和净出口。在总产出不变时,其中任何一项的自发增加都会产生通货膨胀缺口。

货币学派的理论在前面已有介绍。传统的货币数量说把货币数量看做是决定一般物价水平的唯一因素。假设经济总量处在充分就业水平,货币数量的增加必然引起一般物价水平作同比例的上升或下降。以弗里德曼为代表的新货币数量说对传统理论作了修改,但仍强调货币数量对通货膨胀的作用,认为“通货膨胀主要是一种货币现象,是货币量比产量增加更快造成的。货币量的作用为主,产量的作用为辅。许多现象可以使通货膨胀率发生暂时的波动,但只有当它们影响到货币增长率时,才产生持久影响”。如果货币数量增长率超过产量的增长率,势必造成通货膨胀。一旦人们对这种物价上涨产生预期之后,整个经济就会陷入工资—物价循环上升的过程,致使通货膨胀愈演愈烈。

与凯恩斯学派的需求拉上说相比,货币学派的需求拉上说更强调货币供给量的变化对总需求的影响,并强调货币供给的外生性。凯恩斯学派的有效需求变化与货币供给量的增减之间并没有固定的因果关系。就是说,货币供给量的增减可以引起总需求的增减,从而导致一般物价水平的升降;反过来,有效需求中的项目也可以自发地增加或减少,并通过一般物价水平的升降而使货币供给量或货币流通速度被动地服从和适应需求的变化。而根据货币学派的理论,货币量是一个独立的外生变量,其变动必先于物价变动而发生,货币量不可能是适应物价变动的内生因素,通货膨胀纯粹是一种货币现象并强调其预期的作用。

(二)成本推进型通货膨胀

成本推进论者认为,通货膨胀的根源不是在于需求的进度,而是在于产品成本的上升。成本推进型通货膨胀就是在总需求不变的情况下,由于生产要素价格(包括工资、租金及利率等)上涨,致使产品成本上升,从而导致物价总水平持续上涨的现象。成本推进论者认为,生产成本的上升既是通货膨胀的根源,也是失业增加的根源。而生产成本的上升主要是由于存在强大的、对市场价值具有操纵力量的团体。

1. 工资推进型。如当工会迫使厂商提高工资,并使工资的增长快于劳动生产率的增长时,生产成本就会提高,从而导致物价上涨。而物价上涨后,工会又要求提高工资,又会对物价上升产生压力,这称为工资推进型的通货膨胀。

2. 利润推进型。如当垄断企业凭借其垄断地位，通过提高价格来增加利润时也会导致物价的普遍上涨，称为利润推进型的通货膨胀。再如，当国际卡特尔（如石油输出国组织）提高其产品（如石油）价格时，也会导致国际卡特尔组织以外的国家的通货膨胀（这可称为进口成本推进型通货膨胀）。

成本推进型通货膨胀可用图 6－2 表示。

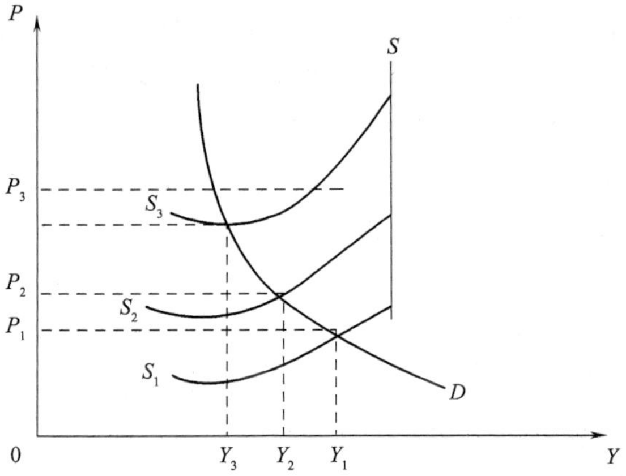

图 6－2　成本推进型通货膨胀

在图 6－2 中，纵轴 P 表示物价水平；横轴 Y 表示产出。随着要素价格的提高，生产成本也不断上升，总供给曲线也由 SS_1 上升至 SS_2，再上升至 SS_3。在总需求不变的条件下，物价水平也由 P_1 升至 P_2，再由 P_2 上升至 P_3，与此同时，产出也由 Y_1 降至 Y_2，再由 Y_2 降至 Y_3。

成本推进论者提出这一理论的目的是为了解决 20 世纪 50 年代以后存在的“滞胀”现象。但该理论却遭到了以弗里德曼为首的货币学派的尖锐批评，认为它根本不能正确地说明通货膨胀的真实原因。弗里德曼认为，成本推进论的根本错误在于将个别商品的价格同一般物价水平混为一谈，把相对价格和绝对价格混为一谈，垄断企业或国际卡特尔组织影响的只是各自产品的价格，即相对价格，而不是绝对价格。只要政府不对由成本上升所引起的物价上涨作出增加货币供给量的反应，则物价的上涨只是一次性的，普遍的、持续的物价上涨是不可能的。因为，当某种商品价格上升以后，人们用在该种商品上的支出可能增加，但是在货币收入一定的条件下，用在一种商品上的支出增加，必然使用在其他商品上的支出减少。因此，一种商品价格的上升恰为其他商品的下跌所抵消，一般物价水平不可能上涨。但是，政府对由成本上升所引起的一次性物价上涨作出增加货币供给量的反应，则会导致持续性的物价上涨。总之，弗里德曼认为，造成通货膨胀的根源就是货币供给量过度增加，而生产成本的上升充其量只是起了一种诱惑作用。

（三）供求混合型通货膨胀

供求混合论者将供求两方面的因素综合起来，认为通货膨胀是由需求拉上和成本推进共同起作用而引发的。他们认为，在现实的经济社会中，很难分清通货膨胀究竟是需求拉上造成的还是成本推进造成的，单纯将通货膨胀的原因划分为“需求拉上”或“成本推进”都是不准确的。通货膨胀既有来自需求方面的因素，又有来自供给方面的因素，即所谓“拉中有推，推中有拉”。例如，通货膨胀可能从过度需求开始，但由于需求过度所引起的物价上涨会促使工会要求提高工资，因而转化为成本（工资）推进的因素。另一方面，通货膨胀也可能从成本开始，如迫于工会的压力而提高工资等。但是，如果不存在需求和货币收入的增加，这种通货膨胀过程是不可能持续下去的。因为工资上升会使失业增加或产量减少，结果将会使“成本推进”的通货膨胀过程终止。可见，“成本推进”只有加上“需求拉上”才有可能产生一个持续性的通货膨胀。

（四）结构型通货膨胀

结构型通货膨胀论者认为，通货膨胀是在总需求和总供给大体处于平衡状态时，由于经济结构方面的因素所引起的物价持续上涨。结构型通货膨胀又分为以下几种：

1. 需求结构转移型通货膨胀。即在总需求不变的情况下，某个部门的一部分需求转移到其他部门，而劳动力及其他生产要素却不能及时转移。这时，需求增加了的部门的工资和产品价格上涨，而需求减少了的部门的产品价格却未必相应下降，结果导致物价总水平的上升。

2. 部门差异型通货膨胀。英国肯特大学的萨尔沃教授用部门间的差异来解释结构型通货膨胀。他认为，一般来说，产业部门生产率的增长快于服务业部门生产率的增长，但两大部门的货币工资增长速度却相同，而且，这种增长速度是由产业部门生产率的增长速度所决定的，结果，服务业的货币工资增长速度超过其生产率的增长速度。于是，劳动力便逐渐从产业部门转向服务业部门，导致产业部门的劳动力减少，产出也下降。产业部门的厂商为维持正常经营，只好通过提高工人的货币工资收入或福利等办法来吸引工人，从而使其产品成本上升。由于工资具有刚性，因此，服务业部门的货币工资不但不会因过多的劳动力的流入而下降，反而有可能继续以超过其生产率的增长速度增长，并进而导致产业部门的生产成本上升，由此导致一般物价水平的上涨。

3. 斯堪的纳维亚小国型通货膨胀。挪威经济学家奥德·奥克鲁斯特(Add Aukrust)将结构型通货膨胀同开放经济结合起来分析，创立了著名的"小国开放模式"。所谓"小国"，不是根据国土和人口因素而言的，而是指该国在世界市场上只是价格接受者，而不能决定商品的国际价格。"小国开放模式"所要研究的是处于开放经济中的"小国"，如何受世界通货膨胀的影响而引起国内通货膨胀的。该模式将一国经济分为两大部分：一是"开放经济部门"，即产品与世界市场有直接联系的部门，如制造加工业等；二是"非开放经济部门"，即产品与世界市场没有直接联系的部门，如服务业、建筑业等。由于小国在世界市场上是价格接受者，因此，当世界市场上的价格上涨时，其开放经济部门的产品价格会随之上涨。一旦开放部门的工资上涨后，非开放经济部门的工资也必然向开放经济部门看齐而提高工资，这样，就导致了"小国"全面的物价上涨，发生通货膨胀。

4. 落后经济的结构型通货膨胀。这种类型的通货膨胀主要发生在发展中国家。这种观点是拉丁美洲的结构主义经济学家提出的。他们认为，在发展中国家，由于落后的不合理的经济结构不适应经济发展的需要，尤其是农业、外贸和政府部门具有的制度性刚性，使物价水平随着经济发展一起上涨。他们认为：

(1)在农业部门，由于存在着过时的土地所有制，限制了农业投资的增长和农业生产技术的改进，使农业生产技术僵化，导致农业生产率及供给弹性低下，结果农业部门所生产的农产品不能满足工业化及经济发展的人口增长的需要，使农产品价格上涨，从而它又会带动整个物价水平上涨。

(2)从理论上来说，对农产品的过度需求可以通过进出口贸易来加以解决，即通过出口工业品来换取农产品。然而，发展中国家的外贸部门尤其是出口部门生产效率低下，进出口结构很不合理，出口以初级产品为主。但初级产品在国际市场上的需求价格弹性很低，贸易条件十分不利，再加上出口部门供给弹性不足，致使出口增长十分缓慢。此外，进口又以产成品及中间品为主,这些进口品是维持国内生产及经济增长所必不可少的,而且,为促进国内经济增长就必须大量增加进口。这样,出口收入的增长便赶不上进口支出的增加,结果势必导致国际收支的逆差。在这种情况下,本币的贬值就不可避免。而本币贬值以后,进口品的国内价格就会立即上升。在进口需求呈刚性的情况下,进口品的价格上涨就会推动国内生产成本和物价水平的上涨。

(3)在政府部门,由于发展中国家的人均收入水平较低,故税收体制以间接税为主,所得税所占的比重很低,而间接税税收收入的弹性很低,其税收的增长速度赶不上国民收入的增长速度。同时,由于面临着发展经济的任务,发展中国家的政府又必须不断扩大支出(特别是投资支出)以推动经济的增长,结果导致财政赤字越来越大,而这种结构性的财政赤字最终又必须以增发货币的形式来加以弥补,从而引发通货膨胀。

从以上对 4 种结构型通货膨胀的描述与分析中,我们可以发现,结构型通货膨胀论者认为有 4 大要素决定着一国通货膨胀的发展趋势。这 4 大要素是:①组成整个经济的两个部门有着不同劳动生产率的增长率;②各部门的货币工资以同一比率增长;③对不同部门的产品的需求有着不同的价格弹性和收入弹性,即对生产率水平较低部门的产品的需求有着较小的价格弹性和较大的收入弹性;④工资与物价存在着向下的刚性。

(五)货币供给推动型通货膨胀

供给学派的货币政策与货币学派理论大体相同,认为货币供给过多是导致通货膨胀的根本原因,也就是货币供给型通货膨胀。但是与货币学派的不同之处在于,它并不强调货币供应量的增长率必须一定保持在货币学派所认定的4% ~5%的固定年增长率上。这种意见既不同意过多地增加货币供给量,也反对过分紧缩货币,而主张货币政策与减税政策相配合并为之服务。它认为,当减税改善了工作和投资的营利状况后,经济将会因为商品和服务的迅速增长而要求更快地提供货币,这时如不及时增加货币供给,很可能会引起通货膨胀。通货膨胀并非一概都是由货币增加引起的,而货币增加也并非一定都会引起通货膨胀,能否引起通货膨胀,取决于货币供给增长的目的。如果货币供应量的增加是因为政府把货币当做还债的手段,那么就会产生通货膨胀;如果货币供应量的增长是由于实际产量的增长对货币需求十分强烈,则会降低利率,阻止正在形成的资金短缺,从而可以避免通货膨胀。

三、通货膨胀的经济效应

如果剔除恶性通货膨胀,通货膨胀与经济增长之间存在着怎样的相互关系?换一个提法,通货膨胀具有怎样的产出效应?从观点上说大体有三类,即促进论、促退论和中性论。

所谓促进论,就是认为通货膨胀具有正的产出效应。持这一观点的人认为,经济长期处于有效需求不足,实际经济增长率低于潜在经济增长率的状态时,政府可以实施通货膨胀政策,用增加赤字预算、扩张投资支出、提高货币供给增长率等手段来刺激有效需求,促进经济增长。

所谓促退论,是一种认为通货膨胀会损坏经济成长的理论。这种理论假说认为,持续的通货膨胀会经由降低效率的效应阻碍经济成长。具体说就是:①通货膨胀会降低借款成本,从而诱发过度的资金需求。而过度的资金需求会迫使金融机构加强信贷配额管理,从而削弱金融体制的运营效率。②较长时期的通货膨胀会增加生产性投资的风险或经营成本,从而资金流向生产性部门的比重下降,流向非生产性部门的比重增加。③通货膨胀持续一段时间后,在公众舆论的压力下,政府可能采取全面价格管制的办法,削弱经济的活力。

所谓中性论,是一种认为通货膨胀对产出、对经济成长既无正效应也无负效应的理论。这种理论认为,由于公众预期,在一定时间内他们会对物价上涨作出合理的行为调整,因此,通货膨胀各种效应的作用就会相互抵消。

这几种观点都是以极强的约束条件为各自的前提,脱离约束条件就不成立。

(一)通货膨胀与经济增长的关系

1. 与短期经济增长的关系。通货膨胀的经济效应,从短期来看应该说具有一定的刺激作用。这首先是因为在长期处于有效需求不足,实际经济增长低于潜在经济增长率的状态下,政府通过实施通货膨胀政策,增加赤字预算,扩大投资支出,有利于扩大有效需求,推动经济增长,实现充分就业。在名义利率上升滞后于物价上涨的条件下,实际利率的下降有利于促进投资增长,刺激生产扩张和经济恢复。在工资增长滞后于物价上涨的条件下,利润上升使投资环境得到一定的改善,促使投资需求增加,刺激企业扩大投资,促进经济增长。

2. 与长期经济增长的关系。世界各国经济发展的实践表明,从长期来看,持续的通货膨胀最终都会给一国经济发展带来负面的效应和影响。

在企业生产方面,从长期看,持续的通货膨胀会使实际经济增长率最终超过潜在的经济增长率,导致物价过快上涨,使企业产生投资和生产不如投机和囤积的决策,使生产领域的资金大量流向流通领域,降低了企业扩大生产、技术改造、提高管理水平和减少成本支出的动力,最终使生产逐渐萎缩,社会总供给减少,引起生产的迅速衰退,甚至诱发经济危机。

在流通领域,通货膨胀使市场价格信号扭曲失真,不断波动的价格总水平使正常的商品流通渠道和环节遭到破坏,使社会资源的配置关系发生紊乱,造成社会资源的极大浪费。另外,通货膨胀还使得流通领域商品供求严重失衡。在通货膨胀时期,人们为了防止将来的物价上涨造成购物时货币购买能力下降,不管这种商品在短期是否需要,纷纷采取抢购行为使商品供应更加短缺,从而严重破坏了流通秩序。

在国际收支方面,一般来说,通货膨胀会使一个国家的货币对内贬值,导致该国货币对外贬值,使国内商品价格上涨,出口商品价格下降,短期内有利于增加出口抑制进口,使国际收支状况有所改善,但从长期来看,由于进口成本的增加和其他国家的竞争性货币贬值,最终使国际收支状况并未得到根本改善。

持续的通货膨胀将导致物价上涨率超过利息率,存款出现负利率,使货币符号的价值储藏功能丧失,人们会挤提存款,扰乱正常的货币信用制度,甚至有可能引起银行的破产和倒闭,出现信用崩溃、金融危机。

(二)通货膨胀的收入分配效应

在通货膨胀情况下,由于货币贬值,名义货币收入的增加往往并不意味着实际收入的等量增加,有时甚至是实际收入不变乃至下降。如果人们忽视货币实际购买力的变化,而仅仅满足于货币名义的价值(如名义收入),则称之为货币幻想(Money Illusion)。

由于社会各阶层收入来源极不相同,因此,在物价总水平上涨时有些人的实际收入水平会下降,有些人的实际收入水平却反而会提高。这种由物价上涨造成的收入再分配,就是通货膨胀的收入分配效应(Distributional Effect of Income)。

通货膨胀引起国民收入非正常地再分配,会加剧分配不公。在物价持续上涨的时期，货币工资的提高相对于物价上涨，往往是滞后的。依赖固定收入的工薪阶层和退休人员由于名义工资的提高滞后于商品价格的提高，滞后时间越长，遭受通货膨胀损失相应地也就越大；而一些非固定收入者，如商人则可以利用投机从通货膨胀中获利。

通货膨胀使债权人的资产货币价值大幅下降，成为通货膨胀的受害者，而债务人的负债则因通货膨胀使其实际负担减轻，成为通货膨胀的受益者。此外，从利息和租金取得收入的人，在通货膨胀中受到的损害也会比较严重。对政府来说，通货膨胀实际上是政府向公众加征的税收，即所谓的“通货膨胀税”。但与此同时，只要存在着工资对于物价的调整滞后，企业的利润就会增加，那些从利润中分得收入的人都能得到好处。

（三）通货膨胀的资产结构调整效应

资产结构调整效应也称财富分配效应（Distributional Effect of Wealth）。

一个国家的财富或资产由两部分构成：实物资产和金融资产。许多家庭同时还有负债，如借有汽车抵押贷款、房屋抵押贷款和银行消费贷款，等等。因此，一个家庭的财产净值是它的资产价值与债务价值之差。

在通货膨胀环境下，实物资产的货币值大体随通货膨胀率的变动而相应升降。当然，较之通货膨胀率会有时高时低的情况。金融资产则比较复杂。在其中占相当大份额的股票，它的行市是可变的，在通货膨胀之下会呈上升趋势。但影响股市的因素极多，所以，股票绝不是通货膨胀中稳妥的保值资产形式。

至于货币债权债务的各种金融资产，其共同特征是有确定的货币金额，这样的名义货币金额并不会随通货膨胀是否存在而变化。显然，物价上涨，实际的货币额减少；物价下跌，实际的货币额增多。在这一领域中，防止通货膨胀损失的办法，通常是提高利息率或采用浮动利率。但在严重的通货膨胀情况下，这样的措施也往往难以弥补损失。

一般地说，小额存款人和债权持有人最易受通货膨胀的打击。至于大的债权人，不仅可以采取各种措施避免通货膨胀带来的损失，而且他们往往又是大的债务人，可以享有通货膨胀带来的巨大好处。

（四）恶性通货膨胀与社会经济危机

当物价总水平的持续上涨超过一定界限从而产生恶性通货膨胀时，就有可能引发社会经济危机。

恶性通货膨胀会使正常的生产经营难以进行。在物价飞涨时，产品销售收入往往不足以补进必要的原材料；同时，地区之间物价上涨幅度极不均衡也是必然现象，这就会造成原有的商路被破坏，流通秩序紊乱；迅速上涨的物价，使债务的实际价值下降，如果利息率的调整难以弥补由物价上涨所造成的货币债权损失，正常的信用关系也会极度萎缩。恶性通货膨胀是投机盛行的温床，而投机是经济机体的严重腐蚀剂。

恶性通货膨胀会引起突发性的商品抢购和挤兑银行的风潮，它所造成的收入再分配和人民生活水准的急剧下降则会导致阶级冲突的加剧，这一切的后果往往会带来政治的动荡。

最严重的恶性通货膨胀会危及货币流通自身，纸币流通制度不能维持，金银贵金属会重新成为流通、支付的手段，经济不发达地区则会迅速向经济的实物化倒退。

20 世纪 30 年代后半期到整个 40 年代，中国的恶性通货膨胀在世界上曾是一个突出的典型。据统计，上海从 1937 年 6 月到 1949 年 5 月，物价每月平均上涨 24.5%，每年平均上涨近 14 倍。在连年战争极度破坏了正常经济生活的背景下，恶性通货膨胀更促使经济畸形扭曲，陷入崩溃瓦解的境地。在恶性通货膨胀之下，人们难以从事正常的生产经营，支撑着市场的则是囤积居奇、倒卖投机。钞票的流通范围日益收缩，多年已不流通的银元，重新成为支付手段。在农村，基本退回到实物交易的状态。这段恶性通货膨胀给中国人民造成了几十年挥之不去的梦魇。

四、通货膨胀的治理

通货膨胀对社会安定产生重大影响及对政府压力过大时，政府往往采取各种缓解通货膨胀的治理政策。综观世界各国治理通货膨胀的实践，无外乎是在抑制需求、刺激供给以及调整经济结构和调整收入分配方面采取措施。

（一）抑制需求

由于通货膨胀的一个直接原因在于总需求大于总供给，因此，当经济运行中出现大的通货膨胀压力时，政府往往采取紧缩性的财政政策和货币政策以抑制过旺的总需求。这种双紧的政策通常很容易奏效，但是其缺点是容易造成失业率的上升。

运用货币政策来抑制通货膨胀主要是通过两种途径来实现：一是降低

货币供应量的增长率。正如弗里德曼所言:“通货膨胀无论何时何地都是一种货币现象”,只有控制货币供应量的增长率,使之与总产出的增长大体保持一致,才能抑制“太多的货币追逐太少的商品”这一现象的蔓延。二是提高利率。中央银行既可以通过减少货币供给而间接地使利率上升,也可以通过提高贴现贷款的利率而直接带动整个市场利率体系的上扬。在仍实行利率管制的国家,中央银行还可以直接提高金融机构的各项存、贷款利率,利率的上升会促使人们减少消费需要而把更多的收入用于储蓄;同时,伴随着利率的提高,投资的成本也不断地上升,这又会对投资需求起到抑制作用。

运用财政政策来治理通货膨胀主要是通过以下几种方式:①增加税收,使企业和个人的利润和收入减少,从而使其投资和消费支出减少;②削弱政府的财政支出,以消除财政赤字,平衡预算,从而消除通货膨胀的隐患;③减少政府转移支付,减少社会福利开支,从而起到抑制个人收入增加的作用。

(二)刺激供给

以拉弗(A. Laffer)等为首的供应学派认为,通货膨胀是与供给紧密地联系在一起的。通货膨胀与供给不足之间的关系表现为:通货膨胀的主要危害在于损伤经济的供给能力,而供给不足、需求相对过剩又是引起通货膨胀的主要原因。他们认为,虽然通货膨胀的直接原因是货币量过多,但从根本上说,需求膨胀、货币过多是相对商品供给过少而言的。供应学派认为,治理通货膨胀,摆脱滞胀困境,治本的方法在于着力增加生产和供给。增加生产意味着经济增长,这样可以避免单纯依靠紧缩总需求引起衰退的负面效应。增加供给就满足了过剩的需求,从而克服通货膨胀。要增加生产和供给,一个关键的措施就是减税,减税可以提高人们的储蓄和投资能力与积极性。同时配以其他政策措施:一是削减政府开支增长幅度,争取平衡预算,消灭财政赤字,并缓解对私人部门的挤出效应;二是限制货币增长率,稳定物价,排除对市场机制的干扰,保证人们储蓄与投资的实际效益,增强其信心与预期的乐观性。政府除为增加供给创造良好的环境和提供必要的条件外,不应对经济多加干预,而由市场机制对经济进行自动调节。只有这样,才能充分发挥减税刺激供给的积极作用。随着商品和劳务供给的增加,彻底消除通货膨胀。

供给学派强调了一向被忽视的供给方面的因素,认为治理通货膨胀,特别是滞胀，根本的出路在于增加供给，有其积极意义，但他们过分夸大了减税对增加供给的刺激作用。从实际情况看，效果并不明显。

改善劳动市场结构的人力资本政策也是针对供给方面治理通货膨胀的措施之一。主要包括：对劳动者进行再就业的训练；提供有关劳动力市场的信息，减少对就业和转业的限制，指导和协助失业人员寻找工作；优先发展劳动密集型和技术熟练要求程度较低的部门以及扩大就业，由政府直接雇用私人企业不愿意雇用的非熟练工人，使他们从对社会有益的事业中得到训练和培养，提高就业能力。

(三)调整经济结构——产业政策

考虑到通货膨胀的结构性，一些经济学家建议应使各产业部门之间保持一定的比例，从而避免某些产品供求因结构性失调而推动物价上涨，特别是某些关键性产品，如食品、原材料，这一点尤其重要。

政府可实行微观财政、货币政策，影响需求和供给的结构，以缓和结构失调而引起的物价上涨。微观财政政策包括税收结构政策和公共支出结构政策。税收结构政策不是指变动税收总量，而是指在保证一定税收总量的前提下，调解各种税率和执行范围等。同样，公共支出结构政策指在一定的财政支出总量前提下，调解政府支出的项目和各种项目的数额。在当代西方国家，各执政党为了政治上的需要，把建立国家福利制度作为其争取选民的一种手段，财政支出的这种结构性变化，不仅失去了刺激生产、扩大就业的作用，而且使得失业者不急于寻找工作，扩大了失业队伍。降低财政支出中转移支付的比重，增加公共工程等投资性支出，可以扩大就业，增加产出，降低通货膨胀率。微观货币政策包括利息率结构和信贷结构。这是指在通过各种利息率差的调整，以及通过各种信贷数额和条件的变动来影响存款和贷款的结构总额，提高资金使用效率，鼓励资金流向生产性部门，遏制消费资金的扩张。

前面提到的理性预期学派对通货膨胀的看法有必要说明一下。理性预期学派认为人们能够对未来作无偏估计，不会犯系统性的错误，政府扩大总需求的措施只会引起物价上涨，对产出和就业毫无帮助。但反过来，政府可以利用它无痛苦地将通货膨胀率迅速降下来。如政府宣布，为清除通货膨胀将采取紧缩的货币和财政政策，人们预期价格将下降，要求增加工资的欲望和物价上涨相应下降，在产出几乎毫无下降的情况下，通货膨胀率则顺利地降了下来。在这里，政府政策的可信性至关重要。如果人们不相信政府会真心采取紧缩措施，仍要求较高的工资增长率，衰退就不可避免。

理性预期学派将经济波动归咎于信息不全，过分夸大预期的作用，认为通货膨胀可能会毫无代价地被清除，这是很不现实的。但是，预期在通货膨胀的形成和治理过程中可能发挥的作用，确实有必要进行深入研究。

（四）调节收入分配——收入指数化政策

收入指数化政策是由弗里德曼提出的一种适应性的反通货膨胀政策，就是把工资、利息、各种证券的收益以及其他收益部分地或全部地与物价指数相联系，使各种收入随物价指数的升降而升降，从而避免或减少通货膨胀所带来的损失，并减弱由通货膨胀带来的分配不均问题。很明显，收入指数化政策只可以缓解通货膨胀造成的不公平的收入再分配，并不能对通货膨胀起多大的抑制作用。

五、对中国通货膨胀的分析

中国在不同历史时期也出现过通货膨胀，对改革开放前通货膨胀的原因，理论界基本形成共识，但是，对改革开放后通货膨胀的形成却有多种看法。

（一）中国通货膨胀的历史

在改革开放以前，我国曾有过三次通货膨胀。第一次是中华人民共和国成立初期的通货膨胀，主要与战争状态下财政支出过大有关。第二次是“大跃进”时期的通货膨胀，发生在 1960～1962 年，主要原因是财政信贷双膨胀以及天灾人祸并行，生产遭到破坏，商品供应严重不足。第三次发生在 1974～1976 年，正值“十年动乱”时期，主要表现为隐性的通货膨胀，原因是国民经济主要比例关系失调，生产遭到严重破坏。

改革开放以来，我国又发生了几次较大的通货膨胀。第一次发生在 1980～1982 年，在“十年动乱”造成的国民经济比例失调和通货膨胀尚未消除的情况下，又大量引进外资，扩大基建规模，以至于 1979～1980 年两年财政支出分别出现巨额赤字，货币发行剧增，导致物价大幅上涨。第二次发生在 1984～1985 年，1984 年下半年，信贷资金增长过猛，固定资产投资规模膨胀，外汇储备下降，结果导致物价上涨；1985 年，一些城市物价上涨率达到了两位数，1985 年第四季度物价逐渐平稳。第三次发生在 1986～1989 年，为解决企业流动资金紧张问题，再度放松银根导致了新一轮通货膨胀且愈演愈烈。1988 年 12 月，通货膨胀率高达 26.7%，接下来是 3 年治理整顿，通货膨胀得到抑制，但经济增长缓慢甚至停滞。1992 年，邓小平视察南方讲话后，中央银行银根放松。1993～1994 年，中国经历了改革开放以来第四次通货膨胀，通货膨胀率高达 21.4%。1993 年，政府开始采取措施治理通货膨胀。1996 年初，社会在付出较小反通货膨胀成本的前提下，顺利实现"软着陆"。

（二）中国通货膨胀产生的原因

经济体制改革以后直至 1997 年下半年以前，物价持续上涨的事实推动了对中国通货膨胀形成原因的探讨，并提出了一些较有特色的假说。中国的需求拉上说是从需求拉上的角度分析通货膨胀的成因。有两种较有代表性的思路：一种思路是把货币供给增长过快归因于财政赤字过大，财政赤字又是由基本建设投资过大引起的，这种思路的形成是与改革开放前财政分配居于国民收入分配的核心地位相联系的；另一种思路是将通货膨胀直接归结为信用膨胀的结果，这种思路的形成是以改革开放后信贷分配货币资金的比重急剧增大为背景的。两种思路的共同点是都注重货币因素在通货膨胀中的直接作用。

中国的成本推动为主说也有两种观点：一种观点是重点强调工资因素的关键作用；另一种观点则是强调应综合考虑原材料涨价对企业成本造成的成本超支压力和工资增长过快这两者的作用。

中国的结构性通货膨胀说论证了在供给和需求总量平衡的前提下，如果某些关键产品的结构总量出现失衡，同样会引发通货膨胀。尤其是初级产品的短线制约是结构性通货膨胀的重要促成因素。

还有相当一部分人倾向于从体制上寻找中国通货膨胀的终极原因。他们认为，由于不具备破产和兼并机制，产权关系不明晰，在资金上吃国家银行大锅饭的问题没有很好解决等，使得国有企业投资效益很差或者无效益，风险也由国家承担。这种国家与国有企业之间的关系必然导致有效供给的增加与有效需求的增加总是不成比例，而需求的过度累积最终必然推动物价上涨。

有人认为，中国通货膨胀的形成原因是十分复杂的，应进行综合分析。中国的学者关于通货膨胀形成原因的种种假说有一个共同点，就是紧密结合中国的实际,并且,大多注意到了体制这一大背景的变化对物价持续上涨的影响和作用。因而,各种治理对策无不强调:深入改革具有关键的意义。

第二节 通货紧缩

一、通货紧缩的含义

1997 年以来,大多数国家在经历了通货膨胀以后,普遍进入了通货紧缩时期,且持续时间较长。所以,比起通货膨胀来说,通货紧缩则是经济学界研究的现实课题。

(一)通货紧缩的概念

在 20 世纪二三十年代,通货紧缩(Deflation)是经济学研究的重要课题。例如,凯恩斯就曾经讲过:"只要金本位继续存在——意味着在任何地方的国际商品价格必然保持一致——就必然引起通货紧缩的竞争性活动。我们每个国家都力图使自己的价格下降速度比其他国家快,由此带来的结果是失业扩大,企业亏损达到难以忍受的地步。"显然,他使用通货紧缩所要表达的含义是指价格水平的下降。

第二次世界大战以后,由于很少发生通货紧缩,而是持续发生通货膨胀,20 世纪六七十年代,在西方经济学教科书中几乎连"通货紧缩"这个名词都很难看到,对"通货紧缩"这个名词几乎只字不提。甚至到了 20 世纪八九十年代,仍有不少流行的宏观经济学教科书对通货紧缩没有提及,而开辟专章讲授通货膨胀理论。80 年代出版的,在西方颇具权威的《新帕尔格雷夫经济学大辞典》和美国学者洛林沃尔德主编的《经济学百科全书》中也没有把"通货紧缩"列为条目。即使在下文引述的教科书中,对通货紧缩也只是在论述通货膨胀时顺便提及,没有作为重点加以分析。下面我们来看一下几本西方比较流行的经济学教科书中对通货紧缩的定义。

萨缪尔森和诺德豪斯在其《经济学》第十六版中是这样定义通货紧缩的:通货紧缩是指物价总水平的持续下跌。斯宾塞在《当代经济学》中对通货紧缩的定义是:所有商品和服务的一般价格水平的下降——或者说,单位货币购买力的上升。斯蒂格利斯、巴罗、布兰查德、戈登、雷诺兹等在其各自所著的《宏观经济学》中对通货紧缩的定义基本上都表述为一般物价水平持续下跌。

在西方流行的经济学辞典中，货币主义代表人物 D·莱德勒在《新帕尔格雷夫财政金融大辞典》中对“通货紧缩”的定义是：通货紧缩是一种价格下降和货币升值的过程，它是和通货膨胀相对的。托宾在《经济学百科全书》中对通货紧缩的解释是：“通货紧缩也是一种货币现象，它是每单位货币的商品价值和商品成本的上升（举个例子来说，从 1929～1933 年，价格平均每年下降 6.7%）。”此处他把通货紧缩表述为货币升值。由于货币升值与价格总水平下降这两种不同表述方法对应的是同一个过程，且其所举例子直接以价格下降作为证据，因此，托宾与 D·莱德勒对通货紧缩的定义是一致的。

从以上所提到西方经济学教科书和辞典中关于通货紧缩的定义来看，都是根据价格总水平的下降来定义通货紧缩的，大致反映了西方经济学界的主流观点。但也有少数经济学者如加拿大的 G. L·斯根认为：通货紧缩不只是价格下降，还包括货币数量减少和货币流通速度下降以及经济萧条。但这种观点未能写进经济学教科书和辞典中，无法代表主流观点。

综上所述，通货紧缩可以定义为：通货紧缩是指一般物价水平持续下跌、币值不断上升的一种货币现象。

既然通货紧缩是与通货膨胀相对应的一种货币新现象，因此，衡量通货膨胀的指标同样适用于通货紧缩。

几种典型的通货紧缩理论都与 1929～1933 年的资本主义经济大萧条有密不可分的关系，它们对于理解 1997 年以来世界部分国家包括中国在内出现通货紧缩的经济现象有所裨益。

（二）通货紧缩的表现形式

世纪之交，世界上不少人谈论通货紧缩。是否会发生世界性的通货紧缩，需要进一步观察、分析。在中国，从 20 世纪 30 年代后几年起，人们一直伴随着通货膨胀生活。头脑中记忆的只是通货膨胀和反通货膨胀这对矛盾。说到紧缩，则把它视为反通货膨胀的手段和措施，对其常常下意识地产生好感。至于陷入通货紧缩和力求摆脱通货紧缩是怎么一回事，即使从经济学中知道存在这样的问题，也缺乏切身的体会。

关于怎样的经济形势可以称之为通货紧缩，经济学家的认定标准存在分歧。归纳起来，不外乎有以下 3 种：①物价水平持续下降；②物价水平持续下降，并伴随有经济的负增长，或再加上货币供给的缩减；③物价水平持续下降，并伴随有经济的实际增长率低于潜在的可能增长率。

一提到通货紧缩，事实上所指的经济过程，大多是伴随经济负增长的物价水平持续下降。可是也有研究表明①，历史上也曾经有概括为通货紧缩的经济过程确实物价水平下降与经济增长并存。从1998～2001年的3年，中国在物价水平持续下滑的同时，GDP的增长率就分别为7.8%，8.0%，7.3%。

本章上面关于通货膨胀的界定可以概括为：这一范畴是用以指物价上涨的态势——不是偶然、一时的，而是成为经济走向、趋势的物价上涨。循着同一思路，通货紧缩也应该是对物价疲软乃至下跌的经济过程的概述——不是偶然的、一时的，而是成为经济走向、趋势的物价疲软乃至下跌。

二、形成通货紧缩的原因

对通货紧缩形成原因的研究多集中在经济周期因素、经济结构失衡因素、货币因素、技术进步因素、国际市场影响及心理预期因素等方面。

（一）经济周期因素

经济周期达到繁荣的高峰阶段，生产能力大量过剩，产品供过于求，可引起物价下跌，出现经济周期型通货紧缩。很多国家的通货紧缩是在严重的通货膨胀经过长时间的治理结束后开始出现的。在通货膨胀时期，扭曲的价格信号导致投资大量增加，高投资造成经济过热，出现生产能力过剩、产品供大于求，导致价格持续下降。

（二）经济结构失衡

通货紧缩不仅仅是社会总供给大于总需求的总量上的失衡，而且还是一种结构上的失衡，主要体现在供给结构不合理。如果一国的产业结构并未随社会供求总量的变化而及时升级调整，会使很多传统的旧产业供大于求，其产品出现过剩，而新的产业由于发展过慢、价格过高而抑制了人们的有效需求，从而出现一种结构上的生产过剩。我国的通货紧缩就是在摆脱原来短缺经济状态，进入产业结构调整的背景下产生的。

---

① A·加利·西林著，李扬等译：《通货紧缩》，经济管理出版社，1999年版。

另外，由于前期经济中的盲目扩张和投资，造成了不合理的供给和过多的无效供给，当积累到一定程度时必然会加剧供求之间的矛盾。一方面，许多商品无法实现其价值会迫使价格下跌；另一方面，大量货币收入不能转变为消费和投资，减少了有效需求，就会导致结构型通货紧缩。

（三）货币因素

长期以来，经济学界曾一度认为通货紧缩对经济的威胁小于通货膨胀对经济所构成的威胁。如弗里德曼认为："通货紧缩是世界上最容易避免的事情，只要印刷更多的钞票就可以了。"在这种思想的影响下，中央银行往往更多地关注通货膨胀的问题，而忽视了通货紧缩的问题。当通货膨胀问题得到解决以后，如果中央银行继续采取紧缩的货币政策，就可能产生物价的持续下跌，导致通货紧缩。

（四）技术进步因素

技术进步与创新提高了生产力水平，放松管制使生产成本下降，造成了生产能力过剩。在供给大于需求的情况下物价下跌不可避免。如果这种供给大于需求的情况不能得到及时调整而持续存在，则物价下跌的趋势也会相应持续下去，这样就会出现通货紧缩。

（五）国际市场的影响

国际市场的动荡会引起国际收支逆差或资本外流，形成外部冲击性的通货紧缩压力。一国实行盯住强币的汇率制度时，本币汇率高估，会减少出口，扩大进口，加剧国内企业经营困难，促使消费需求趋减，导致物价持续下跌，所以，本币汇率高估也会引起外部冲击性的通货紧缩。

（六）心理预期因素

当预期的实际利率进一步降低和经济走势不佳时，消费和投资会出现有效需求不足，导致物价下跌，形成需求拉下型通货紧缩。金融体系的效率低下或信贷扩张过快导致出现大量不良资产和坏账时，金融机构"惜贷"或"慎贷"引起信用紧缩，也会减少社会总需求，导致通货紧缩。

三、通货紧缩的经济效应

一般来讲，通货紧缩和通货膨胀一样，同样是极具破坏力的。物价的持续上涨对社会和经济产生什么影响，前面已作分析；而物价疲软趋势的存在,也将从以下几方面影响实体经济。

(一)通货紧缩对投资的影响

通货紧缩会使实际利率有所提高,社会投资的实际成本随之增加,从而产生减少投资的影响。同时,在价格趋降的情况下,投资项目预期的未来重置成本会趋于下降,就会推迟当期的投资。这对许多新开工项目所产生的制约较大。

另一方面,通货紧缩会使投资的预期收益下降。在通货紧缩情况下,理性投资者预期价格会进一步下降,公司的预期利润也将随之下降。这就会使投资倾向降低。

通货紧缩还经常伴随着证券市场的萎缩。公司利润的下降使股价趋于下跌,而证券市场的萎缩又反过来加重了公司筹资的困难。

(二)通货紧缩对消费的影响

物价下跌对消费需求有两种效应:一是价格效应。物价的下跌使消费者可以用较低的价格得到同等数量和质量的商品和服务,而将来价格还会下降的预期也会促使他们推迟消费。二是收益效应。就业预期和工资收入因经济增幅下降而趋于下降,收入减少将使消费者缩减消费支出。因此,在通货紧缩的情况下,价格效应倾向于使消费者缩减消费,而收入效应则使他们缩减支出。

(三)通货紧缩对收入再分配的影响

通货紧缩时期的财富分配效应与通货膨胀时期正好相反。在通货紧缩情况下,虽然名义利率很低,但由于物价呈现负增长,实际利率会比通货膨胀时期高出许多。高的实际利率有利于债权人,不利于债务人。

(四)通货紧缩对实际工资的影响

在通货紧缩情况下,如果工人名义工资收入的下调滞后于物价下跌,那么实际工资并不会下降;如果出现严重的经济衰退,往往削弱企业的偿付能力,也会迫使企业下调工资。然而,经济学家们倾向于认为工资具有刚性,在经济增长呈剧烈下降的情况下,工资的刚性有时还会阻止价格的进一步下降。

(五)通货紧缩与经济成长

在大多数情况下,物价疲软、下跌与经济成长乏力或负增长是结合在一起的。以上几条的分析可以说明这种结合的原因。然而,由于生产力的提高和技术的进步所产生的价格走低,并不会阻碍经济成长。因为生产力提高所带来的好处冲销了价格下跌所带来的各种消极效应。

四、通货紧缩的治理

由于在通货紧缩条件下,一般物价水平低于其合理的水平,因此,治理通货紧缩的直接目标是促使一般物价水平回到正常的水平。在治理通货紧缩这个问题上,各国经济学者主张不一,但是总的来看,他们都在以下4个方面达成了共识。

(一)财政政策的运用

实施积极的财政政策不仅意味着扩大财政支出,以增大财政支出的"乘数效应",扩大财政支出还可以发挥财政支出在社会总支出中的作用,弥补个人消费需求不足所造成的需求减缓,起到"稳定器"的作用。优化财政支出结构,能够使财政支出最大化地带动企业或私人部门的投资,以增加社会总需求。

(二)货币政策的运用

实施积极的货币政策就要求中央银行及时做好货币政策的微调,适时增加货币供应量,降低实际利率,密切关注金融机构的信贷行为,通过灵活的货币政策促使金融机构增加有效贷款投放量,以增加货币供给。

(三)收入政策的调整

如果消费需求不足主要是由于中下层居民的收入过低,那么,通过相关收入政策的调整,建立健全社会保障体系,适当改善国民收入的分配格局,提高中下层居民的收入水平和消费水平将有助于通货紧缩的治理。

(四)调整经济结构

近年来,我国银行存款的超常增长和贷款增长相对缓慢,是通货紧缩继续发展的重要原因。解决这一问题的主要办法:一是要确定新的消费热点,引导居民扩大消费需求;二是要确定正确的投资方向和投资重点,加大信贷支持力度。从目前来看,既要有重点地支持国家基础设施项目的建设和高新技术产业的发展,又要根据新的消费热点扩大消费信贷;既要继续增加对国有企业的贷款投入,以支持国有企业改革转制,又要加大对非国有经济的贷款扶持。

（五）改变预期

与通货膨胀一样，公众对通货紧缩发展前景的预期在很大程度上影响着政府各项反通货紧缩的效果。因此，政府有必要通过各种宣传手段，说服公众相信政府各项反通货紧缩政策的正确性和有效性，鼓励公众对未来经济发展趋势的信心。

五、对中国通货紧缩的分析

从理论上分析，通货紧缩和通货膨胀都是总供给和总需求严重不平衡引起的，归根到底都是一种货币现象，一种经济病态。过去，我们对通货膨胀的治理有一定经验，但对通货紧缩还是很陌生。通货紧缩这种由于社会有效需求严重不足而造成投资机会减少和边际收益下降，从而导致经济衰退的经济过程，其危害性绝对不能忽视。

中国经济金融理论界曾对中国是否出现了通货紧缩看法不一。究其原因，分歧的主要根源在于对通货紧缩的主要标准的理解。有的理论者认为，衡量的标准应是物价、货币供给量和经济负增长 3 个指标，而后两个指标在中国近几年都是增长的，所以中国无通货紧缩可言。对此，我们不能笼统地下结论，必须作实事求是的分析。

据统计，我国居民消费价格指数曾持续 17 个月负增长，商品零售价格指数持续 23 个月负增长，生产资料价格指数 30 多个月负增长（至 1999 年 8 月）。巴尔塞国际清算银行提出的通货紧缩标准是：一国消费品价格连续两年下降可视为通货紧缩。按此比例来衡量，我国出现过通货紧缩已无疑问。

（一）经济生活中确实还存在诸多问题

我国经济生活中确实存在许多问题，如物价指数滑落不止、国有大中型企业效益下降、投资拉动效应减弱、市场需求不足、消费缺乏热点、商品出现滞销、配套改革滞后，社会就业压力加大、金融形势严峻等等。分析上述现象，尽管其主要根源是长期以来经济体制的扩张机制造成经济结构不合理，但客观存在的种种现象足以说明通货紧缩的程度。而通货紧缩这种经济病态又往往导致经济杠杆运用的反常，如多次降低利率，通货膨胀反而下降，储蓄存款还是超常增长，股市仍然低迷，消费需求不断下降。又如，货币供给量增加，但金融机构存量增大，企业资金仍然叫紧，民间投资不旺等,这些反常现象均说明经济生活中有病态。

(二)物价仍是衡量中国通货紧缩的主要标准

随着改革开放政策的实施,市场化、货币化程度的不断提高,用物价的变动来反映国民经济变动及状况透明度的作用越来越大,经济发展和货币供应的真实状况(即不只是名义的,主要是实际的)在较大程度上通过经济发展的中心环节——价格表现出来。

(三)中国实际货币供给量的变化

就我国近几年货币供应量来看,从 1994 ~ 1998 年的资料分析,M_2增长率逐年下降,1994 年为 34.4%,1995 年为 29.5%,1996 年为 25.3%,1997 年为 17.3%,1998 年为 15.3%。另外,在现代经济中虚拟经济发展甚快,大量货币脱离实体经济,滞留在虚拟资本的循环中,使货币供求关系变得扑朔迷离。换一个角度来观察,采用货币余额年增长率来反映实体经济领域是比较合适的,据统计,1995 ~ 1998 年全部金融机构各项贷款余额年增长率分别为 24.1%,21.2%,16.7% 和 15.5%,逐年下降。2002 年末 ~ 2005 年末,全部金融机构各项贷款余额年增长率分别为 61.3%,11.4%,9.9%,所以,从最近的资料来看,也是如此。加上目前银行系统大量"存差"现象的存在,再考虑到因货币流量速度减慢,必然要求扩大社会货币容纳量等因素,近几年实际货币供给量并非增长。

货币问题是一个国民经济问题,必须联系国民经济的状况加以判断,简单地用绝对数或相对数比较容易得出片面的甚至是错误的结论,如果仅按照以上分析,应该说我国存在较为严重的通货紧缩现象。

其实在一个快速增长的良好的经济中,我们关注的不仅是通货紧缩,还有通货膨胀。特别是当国际油价飙升、房价高位运行、一些生产要素价格放开而价格上涨可能对国内经济产生重大影响与冲击时,通货膨胀常会随之而来。从 2005 年前三个季度国民经济的运行情况来看,GDP 增长 9.4%,固定资产投资增长 26.1%,社会消费品零售增长 13%,进出口增长 23.7%,城镇及农民人均收入分别同比增长 9.8% 和 11.5% 等,可以说,目前国内宏观经济形势基本上处在较好的运行轨道上。国际油价快速飙升、能源成本上涨会导致其他商品价格和工资上涨,而且,目前国际大宗商品价格上涨、国内工业品出厂价格指数高起,长期而言一定会加大通货膨胀压力。所以,可以说现在是一个通货膨胀和通货紧缩倾向并存的年代。

思考与练习

一、基本概念

通货膨胀　需求拉上型通货膨胀　成本推动型通货膨胀　结构型通货膨胀　供求混合型通货膨胀　通货紧缩

二、练习题

1. 如何理解通货膨胀?
2. 度量通货膨胀的方法有哪些？比较这些方法的特点。
3. 简述需求拉上型通货膨胀的形成过程。
4. 简述成本推动型通货膨胀的运行过程。
5. 分析通货膨胀对经济的影响。
6. 根据通货膨胀的类型,分析通货膨胀的治理对策。
7. 分析通货紧缩对经济的影响。

7

第七章

货币政策

本章学习重点

- 货币政策
- 货币政策的最终目标
- 货币政策诸目标之间的关系
- 我国货币政策中间目标的选择
- 货币政策工具
- 货币政策工具在我国经济宏观调控中的运用
- 货币政策传导机制的内容和过程

第一节　货币政策目标

一、货币政策的含义、特征及其作用

（一）货币政策的含义

货币政策也称金融政策，有广义与狭义之分。广义的货币政策是指政府、中央银行以及宏观经济部门所有与货币相关的各种规定及采取的一系列影响货币数量和货币收支的各项方针和措施的总和。而现代通常意义上的货币政策所涵盖的范围则限定在中央银行行为方面，即中央银行为实

现既定的目标运用各种工具调节货币供应量和利率水平,进而影响宏观经济运行的各种方针和措施,它一般包括三个方面的内容:一是政策目标;二是实现目标所运用的政策工具;三是预期达到的政策效果。由于在运用货币政策工具实现货币政策目标的过程中还涉及中间传递过程的环节,因此,货币政策实际上包括了最终目标、中间目标、货币政策传导机制、货币政策工具等多方面的内容。

（二）货币政策的特征

货币政策具有不同于其他经济政策的显著特征。它既有最终目标,也有中间目标;既以经济手段、指导性工具为主,又兼有行政干预、强制性工具;既有公开手段,又有隐蔽手段。因而,中央银行实施货币政策对宏观经济的调控力度较大、效果较好,且有回旋余地,较为灵活,是各国进行宏观调控的主要手段。

1. 货币政策是一项宏观经济政策。它是以总量调节为主的经济政策,通过对货币供应量、利率、汇率等宏观金融变量的调控,来对社会总需求产生影响,为实现宏观经济政策目标服务。

2. 货币政策是调节社会总需求的政策。货币政策是通过货币供给量的变化来调节社会总需求的,总供给的变化是作为总需求变化的结果而发生的。它是一种直接调节总需求、间接调节总供给的政策。

3. 货币政策是间接调节经济的政策。货币政策对经济的调节,主要是通过经济手段,利用市场机制作用,通过调节货币供应量以及其他金融变量来影响经济活动主体的行为,达到间接调节经济变量,影响经济活动达到调控的目的。

（三）货币政策的作用

在现代经济社会,市场经济运行始终与货币流通和资金运动紧密结合在一起,货币关系和信用关系覆盖整个社会,货币流通状况、货币供应与信用总量增长速度以及结构比例对各项经济活动和整体经济运行具有决定性影响。以调控货币流通、货币供应和信用规模为中心内容的货币政策对经济的作用是总体的和全方位的,突出表现为如下几点:

1. 通过调控货币供应总量保持社会总供求的平衡。货币政策可以直接调节社会需求总量。在现代市场经济中,社会总需求总是表现为货币的总需求,不管由何种复杂的原因所引起,社会总需求的大小都是直接与货币供给总量相联系的。没有货币供给总量的增加,社会总需求的增长是不可能实现的。由于货币政策对货币供给量的多少有决定性影响,因此,它可以调节社会总需求。当社会总需求膨胀导致市场供求失衡以致给经济运行带来困难时,可以通过控制货币供给总量的办法使经济恢复均衡。反之,当社会总需求过小、社会有效产品供给不能实现销售时,可通过增加货币供给总量的办法使经济继续发展。货币政策对社会总供给也有调节作用。货币供给的增长和贷款利率的降低可以减少投资成本,刺激投资增长和生产扩大,货币供给的减少和贷款利率的提高则使投资成本上升,结果会抑制投资和缩减生产。在实际的经济运行过程中,货币政策正是通过对社会总需求和社会总供给两方面的调节使经济保持均衡,并促进经济的增长。

2. 通过调控利率和货币总量保持物价总水平的稳定。在完全的信用货币流通条件下,通货膨胀和通货紧缩成为经济生活中一种经常发生的货币失衡现象。虽然通货膨胀或通货紧缩的具体成因复杂多样,但从总量上看,都表现为流通中的货币量与社会在不变价格下所能提供的商品量和劳务量不相适应。因此,对通货膨胀或通货紧缩的治理,首先必须从货币方面入手。中央银行可以利用货币政策这个工具直接调控货币供给量,使之与客观需要量相适应。还可以提高利率使货币购买力推迟,减少居民即期社会需求,同时也使银行贷款需求减少,或进行相反的操作。当然,物价总水平的稳定,需要方方面面的协调配合和综合治理,通过调控利率和货币总量来控制通货膨胀或通货紧缩,以保持物价总水平是最为直接有效的手段。

3. 调节国民收入中消费与储蓄的比重。货币政策通过对利率的调节能够影响人们的消费倾向和储蓄倾向。低利率鼓励消费,高利率有利于储蓄,而消费与储蓄的比例关系对经济运行和经济发展有重要的制约作用。储蓄是投资的前提,是发展的基础,没有储蓄,便谈不上发展。但消费比重太低,也会影响市场销售,反过来制约经济发展。货币政策根据社会总体发展情况和市场供求状况,可以运用利率手段发挥灵活调节消费与储蓄比重的作用。

4. 引导储蓄向投资转化并实现资源的合理配置。储蓄是投资的来源,但储蓄并不能自动转化为投资。储蓄向投资的转化依赖于一定的市场条件。货币政策可以通过利率的变化影响投资成本和投资边际效率,提高储蓄转化为投资的比重,并通过金融市场的有效运作实现资源的合理配置。

5. 促进国际收支平衡、保持汇率相对稳定。在经济全球化进程中,国家汇率的相对稳定是保持国民经济稳定健康发展的必要条件,而汇率的相对稳定又是与国际收支密切相关的。货币政策通过本币、外币政策的协调,控制本币供给、调节利率汇率、进行外币公开市场业务等,可以促进国际收支的平衡,对保持汇率稳定具有重要作用。

二、货币政策的目标

货币政策目标是货币政策的首要问题。没有明确的目标,货币政策就难以正确地制定和有效地实施。货币政策目标是指一国中央银行制定和实施货币政策,对国民经济进行金融调控最终要达到的目标,它是一国货币当局据以制定和执行货币政策的依据。货币政策目标通常分为最终目标和中间目标两类。

(一)货币政策的最终目标

1. 货币政策最终目标的发展演变。货币政策的最终目标是随着时间的推移和宏观经济环境的变化而逐渐丰富和发展起来的。在 20 世纪 30 年代以前的国际金本位制时期,黄金在各国的经济发展中起着自动调节经济的功能,加之当时的主流经济学也崇尚市场调节经济,不主张国家对经济实行宏观调控,因此,稳定币值成为当时各国货币政策的唯一目标,包括稳定货币的对内价值(货币购买力)和对外价值(汇率)两个方面。20 世纪 30 年代的经济大危机给西方各国经济带来毁灭性的打击,一时间,失业成为社会主要矛盾,市场经济的自发调节难以有效发挥作用,凯恩斯主义国家干预经济理论盛行。实践上的迫切需要和理论上指导思想的转变使充分就业成为中央银行货币政策的另一个重要目标。这样,货币政策目标就由原来的单一目标发展为双重目标,即稳定币值和实现充分就业。

20 世纪 50 年代以后,世界经济形势出现了新的变化,由于通货膨胀的普遍和持续性存在,使稳定币值的任务更重了,同时结合当时的实际情况,各国将稳定币值的目标定为将物价上涨控制在可接受水平内。另外,这一时期经济增长理论广泛流行,许多国家为保持自身的经济实力和经济、政治地位,把发展经济、促进经济增长作为本国货币政策的又一新增目标。

20世纪60年代以后，由于一些国家国际收支出现逆差，布雷顿森林体系确定的国际固定汇率制度陷入困境，而之后出现的两次美元危机，使国际收支失衡问题更加严重，平衡国际收支便成为西方各国一项新的货币政策目标。而在美元与黄金脱钩后，各国将稳定币值这一政策目标改为稳定物价。至此，西方国家货币政策目标由单一目标发展为四大目标：稳定物价、充分就业、经济增长和国际收支平衡。

2. 货币政策最终目标的内容。中央银行的货币政策目标就是中央银行通过调节货币和信用所要解决的经济问题，这些经济问题主要包括：稳定物价、充分就业、经济增长和国际收支平衡等，因此，它们就成为货币政策的最终目标。

（1）稳定物价。稳定物价就是中央银行通过货币政策的实施，使一般物价水平在短期内不发生显著的或急剧的波动，这里指的是一般商品和劳务的价格水平，而不是个别商品和劳务的价格水平。稳定物价并不是说把物价冻结在一个绝对不变的水平上，这是不可能的，也是不正常的，关键是把物价控制在一个可承受的范围内。因为在实际经济生活中，物价水平的变动，是价格机制自动发挥作用的表现，当社会对某种商品的需求增加时，该商品的价格就会上涨，促使这种商品的产量增加，以满足对这种商品需求的增加；反之，当社会对某种商品的需求减少时，该商品的价格就会下跌，抑制这种商品的生产。目前，通货膨胀和物价上涨是各国经济生活中最严重的问题。因此，稳定物价已成为各国货币政策的首要目标，各国都试图将物价波动限制在理想的幅度内，以便与其他经济目标相协调。

（2）充分就业。充分就业就是指在一般情况下，符合法定年龄、具有劳动能力并愿意参加工作者，都能在较合理的条件下找到适当的工作。充分就业并不意味着消除失业。由于技术更替而遭到淘汰以及自愿更换工作的过渡期间等许多原因会引起摩擦性的失业，这就会导致全社会的自然失业率的存在。另外，在市场经济发达国家，失业队伍是产业的后备军，是劳工市场供给要素流动的必备条件。根据近20多年西方主要国家的经验，失业率若控制在4%左右，即可视为充分就业。

（3）经济增长。经济增长是指一国人力和物质资源的增长，即生产商品和劳务能力的增长。经济增长的目的是为了增强国家实力，提高人民生活水平，因此，保持经济的增长就成为各国政府追求的最终目标。作为宏观经济政策组成部分的货币政策，自然要将它作为自己一项重要的调节目标。在一般情况下，货币政策是通过保持通货和物价的稳定，保持较高的投资率，为经济运行创造良好的货币环境来达到促进经济增长的目的。

(4)国际收支平衡。所谓国际收支平衡，是指一国对其他国家的全部货币收入和货币支出持平或略有顺差或逆差。国际收支平衡有利于一个国家国民经济的发展，特别是对于开放经济部门占总体经济比重较大的国家更是如此。国际收支的平衡依赖于实施良好的货币政策。因为，良好的货币政策能使国家在对外经济贸易方面保持外汇储备的适当流动性，从而保证对外经济活动的正常进行。另外，中央银行通过货币政策措施的具体实施，如稳定利率、调整汇率等，能解决和预防国际收支的失衡问题。因此，保持国际收支平衡通常也作为货币政策的目标之一。

在现代货币信用经济中，金融稳定是经济和社会稳定的重要条件，各国都努力保持金融稳定，避免出现货币危机、银行危机和金融危机。因此，金融稳定也被一些国家作为货币政策目标，通过适当的货币政策决策与操作，维持利率与汇率的相对稳定，防止银行倒闭，保持本国金融的稳健运行，并与各国中央银行和国际金融机构合作，共同维护国际金融的稳定。由于在不同的时期，经济运行中存在的主要问题是不同的，在实际执行货币政策时很难同时实现上述几项目标，一般只能有所侧重，选定一项或两项主要目标，再兼顾其他目标。

3. 货币政策各目标的关系。货币政策目标的多重性使得各目标之间的关系很复杂，它们之间既存在着相一致和相互补充的地方，又存在矛盾和冲突，并且，这种矛盾和冲突是它们之间关系的主要方面。

(1)一致性。一致性表现在有些目标之间是统一的，如充分就业与经济增长两者之间成正相关关系，即经济增长，就业增加，而经济下滑，失业增加；有些目标在一定条件下是可以相容的，如在总需求大于充分就业条件下的总供给时，物价上涨，国际收支赤字，这时紧缩总需求，就可以控制通货膨胀，还可以增加出口减少进口，保持国际收支平衡。

(2)矛盾性。矛盾性主要表现以下几个方面：

①物价稳定与充分就业的矛盾。两者之间通常存在着一种此高彼低的替代关系。如果失业过多，货币政策要实现充分就业的目标，就需要扩张信用和增加货币供应量，以刺激投资需求和消费需求，扩大生产规模，增

加就业人数。然而伴随而来的是一般物价水平的上涨,若超过一定限度就会造成通货膨胀,所以,必然会以牺牲稳定物价的货币政策目标为代价。同理,如果物价过高,货币政策要追求物价稳定的目标,就需要紧缩信用和减少货币供应量,抑制投资和消费需求,平抑通货膨胀,于是生产规模就会趋于缩小,就业人数就会趋于减少。这种减少一旦达到一定程度,又会导致失业率偏高,即以牺牲充分就业的货币政策为代价。因此,物价稳定与充分就业之间是相互矛盾的,很难做到两者兼得。

物价稳定与充分就业的矛盾可用菲利普斯曲线加以说明。澳大利亚籍的英国经济学家菲利普斯研究了 1861～1975 年英国的失业率和工资、物价变动之间的关系,并得出结论:在失业率和物价上涨率之间存在着此消彼长的关系。他把这种现象概括为一条曲线,人们称之为"菲利普斯曲线",如图 7－1 所示。

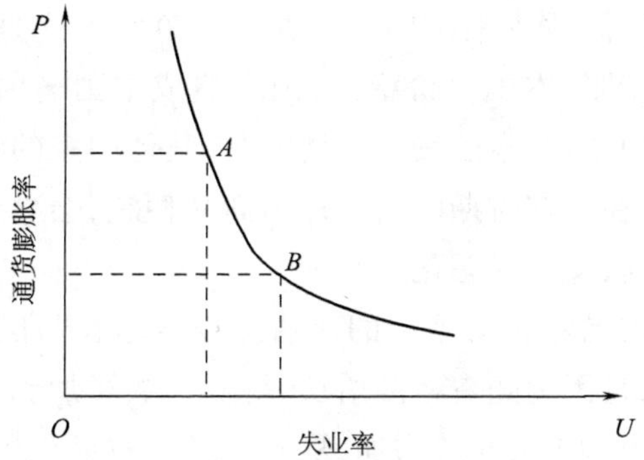

图 7－1　菲利普斯曲线

从图 7－1 中可以看出,要么是失业率低而物价上涨率高(如 A 点),要么是失业率高而物价上涨率低(如 B 点)。可能面临的选择只有:失业率较高的物价稳定;通货膨胀率较高的充分就业;在物价上涨率和失业率的两极之间进行权衡或相机抉择。所以,按照菲利普斯曲线,货币政策目标只能是分析当时的社会经济条件,以寻求物价上涨率和失业率之间某一适当的结合点。

②物价稳定与经济增长的矛盾。物价稳定是经济增长的前提,经济增长则是物价稳定的物质基础。两者既统一,又有矛盾,因为其中一个目标的实现,往往以牺牲另一个目标为条件。要刺激经济增长,就应促进信贷

和货币发行的扩张，结果会带来物价上涨和通货膨胀；为了防止通货膨胀和物价上涨，就需要采取信用收缩的措施，这必然会对经济增长产生不利的影响。对此种矛盾人们也存在不同的看法。有人认为，适度的物价上涨能够刺激投资和产出的增加，从而促进经济增长；经济增长又取决于新生产要素的投入和劳动生产率的提高，而在劳动生产率提高的情况下，产出的增加会伴随着单位产品生产成本的降低，因此，随着经济的增长，价格可能趋于下降或稳定。也就是说，稳定物价目标与经济增长目标并不矛盾。更进一步的见解是，物价稳定也完全能够维持经济增长。理由是，由于生产率是随着时间的前进而不断提高的，生产率的提高自然会伴随着经济的增长，而只有物价稳定才能使整个经济正常运转并维持其长期增长的势头。

③物价稳定与国际收支平衡的矛盾。从理论上讲，只有各国都维持基本相同的物价水平，并且在贸易形态和商品输出输入结构不变的条件下，物价稳定才能与国际收支平衡同时存在。但事实上这是不可能的。若其他国家发生通货膨胀，本国物价稳定，则会造成本国输出增加，输入减少，使国际收支发生顺差；若本国发生通货膨胀，其他国家的物价稳定，表明本国货币对内贬值，在一定时期内购买外国商品便宜，会导致本国输出减少，输入增加，使国际收支情况恶化。

④经济增长与国际收支平衡的矛盾。经济增长与国际收支平衡之间所以会产生矛盾，是因为随着经济增长、就业人数增加和收入水平提高，对进口商品的需求通常也会相应增加，从而使进口贸易比出口贸易增长得更快，其结果将是出现贸易逆差，导致国际收支情况恶化。为了平衡国际收支，消除贸易逆差，需要紧缩信用，减少货币供给，以抑制国内的有效需求，但是生产规模也会相应缩减，从而导致经济增长速度放慢。因此，经济增长与国际收支平衡两者之间也相互矛盾，存在着一定程度的替代性，难以同时兼得。

正因为货币政策这几大目标之间既有统一性，又更多地表现为矛盾性，所以，货币政策几乎不可能同时实现这几个目标，于是就出现了货币政策目标的选择问题。在制定货币政策时，要根据本国的具体情况，在一定时间内选择一个或两个目标作为货币政策的主要目标。随着经济形势的发展变化，货币政策目标的侧重点也应发生相应变化。

4. 中国货币政策目标的选择。自 1984 年中国人民银行专门行使中央银行职能以后至1995年3月《中华人民共和国中国人民银行法》(以下简称《中国人民银行法》)颁布之前,我国事实上一直奉行的是双重货币政策目标,即发展经济和稳定货币。在把银行信贷作为资源进行直接分配的计划经济体制下,这种做法比较有效,因为货币总量的控制与信贷投向分配都由计划安排,发展经济和稳定货币这两个目标就比较容易协调。但是改革以后10多年来的实践表明,在大多数情况下,货币政策的双重目标并没有能够同时实现,在支撑经济增长的同时,伴随着较为严重的货币贬值和通货膨胀。1984~1995年的12年中,全国零售物价总指数涨幅超过5%的年份就有9年。

《中国人民银行法》对"双重目标"进行了修正,确定货币政策目标是"保持货币币值的稳定,并以此促进经济增长"。2003年12月27日重新修订的《中国人民银行法》再次确认了这一目标。这个目标体现了两个要求:①不能把稳定币值与经济增长放在等同的位置上,从主次看稳定币值始终是主要的,从顺序来看稳定货币为先,中央银行应该以保持币值稳定来促进经济增长;②即使在短期内兼顾经济增长的要求,仍必须坚持稳定货币的基本立足点。

(二)货币政策的中间目标

1.中间目标的作用与基本要求。为什么在实施货币政策目标时还要选择货币政策的中间目标?因为货币政策目标实际上是一国长期的、涉及面很广的、非数量化的最终目标,不是中央银行所能独家直接控制的。为了实现最终目标,中央银行必须选择某些与最终目标关系密切、中央银行可以直接影响并在短期内可以度量的金融指标作为实现最终目标的中间性指标,通过对这些指标的控制和调节最终实现政策目标。所以,中央银行需要增设货币政策的中间目标,以充当货币政策作用传导的桥梁,成为与货币政策最终目标相关联的能有效测定货币政策效果的金融变量。因此,货币政策的中间目标就是指实现货币政策最终目标而选择的调节变量或调控指标。

中间目标的准确与否关系到最终目标能否实现,货币政策中间目标的选取要符合3个标准或兼备3个基本要求:

(1)可测性。中央银行选择的中间目标,应能对中央银行各种货币政策工具运用后的各种金融变量进行有效的反映,应能迅速收集有关的数据资料,以便进行定性和定量分析。

(2)可控性。中间目标能够在足够短的时间内接受货币政策的影响，并按政策设定的方向和力度发生变化，实现有效的、准确的控制和调节。

(3)相关性。中间目标必须与货币政策最终目标有极为密切的相关性，中央银行对中间目标进行控制和调节，能促使货币政策最终目标的实施。

2. 中间目标的种类。结合可测性、可控性和相关性这 3 个基本条件，各国中央银行在实践中选择的货币政策中间目标主要有以下几种：

(1)利率。利率作为市场价格的重要组成部分，其所代表的资金价格为社会总需求和总供给提供了重要的指导信号。利率是经济过程的内生变量，其变动是顺周期的，即经济景气期，利率随着投资需求的增加而上升；经济萧条期，利率随投资需求的减少而下降。同时，利率作为货币政策的外生变量，利率的变动与总需求之间是负相关的，二者呈反方向变动。这样，将利率作为货币政策的中间目标便有两方面的优势：一是利率的变动能敏感地反映信贷与货币供需之间的相对变化，可测性强；二是利率指标具有明显的可控性，中央银行可通过多种手段影响利率，进而影响信贷规模和货币供应量，达到金融宏观调控的预期目标。具体操作是根据经济金融环境和金融市场状况提出预期理想的利率基准水平，若偏离这一水平，中央银行就要进行调节。如现实利率水平低于预期理想水平，意味着货币供给大于货币需求，货币供给过多，中央银行可用缩减货币供给的方法以使利率升至预期理想水平；否则反之。

利率作为货币政策的中间目标也存在着一些缺陷，这主要源于利率是货币政策的外生变量，政策性效果与非政策性效果的综合影响，使得利率作为中间目标不尽理想。因为利率本身是由经济体系内部因素决定的内生变量，当经济繁荣时，利率会因信贷需求增加而上升；当经济停滞或衰退时，利率也会因信贷需求减少而下降。这种变动趋势与中央银行的期望是一致的，经济过热，应提高利率；经济疲软，应降低利率。利率作为内生变量和政策性变量在实践中很难区分，使中央银行较难判断自己的政策操作是否已经达到预期的目标。

(2)货币供应量。以货币供应量作为中间目标，就是通过政策工具来调节、监控货币供给量增长水平，以便货币供给增长与经济增长要求相适应。货币供应量与利率一样是经济发展的内生变量，与经济周期呈一致性变化。经济的繁荣往往伴随着信贷扩张，货币供应量随之增加，而经济萧条往往引起信贷减缩，货币供应量即会下降。同时，货币供应量作为政策性变量，其增减变动与货币政策的松紧和社会总需求呈正相关关系。这样，货币供应量作为货币政策的中间目标，不会产生内生变量与外生变量间的相互干扰，二者间是正相关关系，相互推动。

选取货币供应量作为中间目标，其优点在于该项指标与经济发展状况联系密切。社会总供给与社会总需求不管由何种因素引起失衡，都会通过货币供应量的过多或过少反映出来，并且这一指标与货币政策最终目标比较接近。因此，中央银行比较容易判断其政策效果。另外，货币供应量分为 M_0，M_1，M_2 等，这几项都反映在中央银行、商业银行和其他金融机构的资产负债表中，中央银行很容易取得资料并进行分析。M_0 是中央银行直接发行的，中央银行能直接掌握，同时，中央银行通过控制基础货币可以有效地控制货币供应量 M_1，M_2。这几项指标代表了一定时期不同层次的社会购买力，中央银行控制住这几项指标的水平，就控制住了社会总需求，从而能促进货币政策最终目标的实现。

货币供应量作为货币政策的中间目标也存在不尽完美之处，如决定货币供应量的现金漏损率的变动等，在实际操作中是难以把握的。同时，随着当代金融创新的活跃，中央银行对货币供应量的控制更为困难。

(3)基础货币。基础货币包括流通中的现金和商业银行等金融机构在中央银行的存款准备金，它是商业银行体系创造存款货币的基础，中央银行通过调整基础货币量，再通过乘数作用来改变商业银行创造的存款货币数量，从而引起全社会的货币供应总量的变化。基础货币作为中央银行的负债，直接反映在中央银行的资产负债表上，由中央银行直接控制，同时，基础货币量的改变会导致利率和货币供应量都发生变化，具有较强的操作性。

与货币供应量一样，以基础货币作为货币政策的中间目标的不足在于，中央银行通过其对市场所施加的影响会受制于影响货币乘数的诸多因素变动的影响。

(4)超额准备金。超额准备金是商业银行实际持有的准备金在除去法定准备金之后的余额。以超额准备金为中间目标，就是通过政策工具来调节、监控商业银行及其他各类金融机构的超额准备金水平。超额准备金可以反映银行体系扩大放款和投资的能力，是未来货币供应量和利率变动的预测工具。中央银行通过调节银行体系的超额准备金，来实现对货币信贷的调控。超额准备金的高低,反映了商业银行等金融机构的资金紧缺程度,如此项指标过高,说明金融机构资金宽松,从而证明已提供的货币供应量偏多,中央银行便应采取紧缩措施,通过调节使金融机构的超额准备金保持在理想的水平上,反之亦然。超额准备金作为货币政策的中间目标,其首要的优势在于它仅涉及银行系统,较易为中央银行所控制,同时能够比较敏感地反映信贷和货币供需变化。

以超额准备金作为中间目标的不利之处与利率一样,可能会误导中央银行。超额准备金既是经济发展的内生变量,又是经济政策的外生变量。作为内生变量,它的变动方向与经济周期的变动方向是相反的,经济扩张时期,投资的上升使信贷利率提高,商业银行体系的超额准备金减少;经济紧缩期,投资的下降使信贷利率降低,商业银行体系的超额准备金增加。作为货币政策的外生变量,超额准备金的变动方向与总需求的变动方向是一致的,中央银行紧缩银根时,超额准备金的数额减少,中央银行放松银根时,超额准备金的规模则会增加。这样,超额准备金作为中间目标会引起政策效果与非政策效果的相互干扰和抵消,使中央银行难以作出正确决策。再则,超额准备金的高低取决于商业银行等金融机构的意愿和财务状况,在进行货币政策操作的同时,需要金融监管予以配合。

3. 我国货币政策的中间目标。在1986年以前,我国在理论上和实践上均没有明确的货币政策中间目标。在1986~1993年这段时间,现金计划和贷款规模成为我国货币政策的中间目标。把贷款规模作为中间目标的理论依据是:货币都是通过贷款渠道供应的,只要控制住贷款,就能控制住货币供应。从中国人民银行1994年正式对外公布货币供应量指标开始,到1998年正式宣布取消信贷规模限制为止这一段时间,货币政策的中间目标为信贷规模和货币供应量。随着市场化金融体制运行机制的确立,货币政策实施的基础和环境都在发生根本性变化,贷款规模作为货币政策的中间目标逐渐失去了两个赖以生存的条件:一是资金配置由计划转向市场;二是国家银行的存款在全社会融资总量中的比重趋于下降,而其他银行和金融机构特别是金融市场的直接融资比重迅速提高。因此,中央银行指令性的贷款规模不宜再作为中间目标。1998年以来,中央银行主要以单一的货币供应量为货币政策中间目标。单纯以货币供应量作为货币政策的调控手段已经赶不上全球金融业发展的潮流,现行货币供应量指标的可控性、可测性和与国民经济的相关性均已出现明显问题,在这种环境下期待货币供应量中间目标的有效性是不切实际的。首先,货币供应量本身不好控制,除基础货币难以控制外,货币乘数难以捉摸更是当前我国各层次货币供应量指标可控性差的根本性原因。其次,货币流通速度下降,导致近年来我国的货币供应量指标与物价、就业增长等宏观目标的相关性日渐疏离。与此同时,1990 年以后,世界各国大都放弃了对货币供应量的监控,转向以利率作为货币政策的中间目标。2004 年以来,中国人民银行也逐渐由盯住货币数量转向盯住利率,使央行货币政策操作的科学性又上了一个台阶。

第二节　货币政策工具

货币政策工具又称货币政策手段,是指中央银行为实现货币政策目标所采取的措施和手段。按照性质和功能,可以将货币政策工具分成三类:一般性货币政策工具、选择性货币政策工具、其他货币政策工具。

一、一般性货币政策工具

一般性货币政策工具是指经常使用且能对整个经济运行发生影响的货币政策手段,主要包括:法定存款准备金率、再贴现业务和公开市场业务三种。这三大传统的货币政策工具也就是我们通常所说的"三大法宝"。其特点是:它们对金融活动的影响是普遍的、总体的,没有特殊的针对性和选择性,即一般性货币政策工具的实施对象是整体经济,而非个别部门或个别企业。

(一)法定存款准备金率

存款准备金是指金融机构为保证客户提取存款和资金清算需要而准备的在中央银行的存款,中央银行要求的存款准备金占其存款总额的比例就是存款准备金率。存款准备金及存款准备金率包括两部分:中央银行规定的存款准备金率被称为法定存款准备金率,超过法定准备金的准备金叫做超额准备金(国内习惯于称其为备付金),超额准备金与存款总额的比例是超额准备金率(国内常称之为备付率)。超额准备金的大小和超额准备金率的高低由商业银行根据具体情况自行掌握。在中央银行体制下,各国大都建立了存款准备金制度。确立这一制度的初衷是在一定程度上确保银行存款的流动性,以提高银行等金融机构的清偿能力,从而保证存款人利益以及银行本身的安全。在现代信用制度下，中央银行还可通过法定存款准备金率的调整来控制货币供给量。

根据商业银行派生存款的扩张倍数原理可知，当存款准备金率为零时，派生存款的扩张倍数是无穷大的，而提高存款准备金率则会引起派生存款的倍数减少。借助于存款准备金率与派生存款的倍数间的负相关关系，中央银行在需求过剩、信用膨胀时期可提高存款准备金率以紧缩银根，减少货币供给量；当需求不足、信用紧张时期，中央银行可通过降低存款准备金率以放松银根，加大货币供给量。

法定存款准备金率通过决定或改变货币乘数来影响货币供给，即使准备金率调整的幅度很小，也会引起货币供应量的巨大波动，因而其通常被认为是货币政策最猛烈的工具之一。与其他货币政策工具相比，法定存款准备金率的运用具有如下优点：①中央银行在货币政策的制定上具有主动权，实施起来方便灵活；②法定存款准备金率的变动对货币供应量发生作用的时滞短，可以较快见效；③由于对法定存款准备金率调整的执行是强制性的，所以对所有金融机构产生的影响是相同的。

法定存款准备金率在运用中的不足在于：①法定存款准备金率的调整对于货币供应量的影响具有倍数放大效应，导致调整带来的后果过于激烈，对整个经济和社会心理预期都会产生显著的影响，一般不宜作为常用的货币政策工具，因此中央银行有将其固定化的倾向；②存款准备金对各种类别的金融机构和不同种类的存款的影响不一致，因而货币政策实现的效果可能因这些复杂情况的存在而不易把握。

（二）再贴现业务

再贴现业务是指中央银行对商业银行持有的未到期票据提供的资金融通。因为中央银行提供的贴现规模和再贴现率的高低直接关系到货币供给的多少，所以，它是中央银行控制货币供给量的传统工具。

再贴现率是指中央银行对合格票据的贴现利率，即商业银行在向中央银行借款时所付的利率。商业银行向中央银行申请贴现的可以是它本身开出的票据，也可以是从顾客那里贴现进来的票据。再贴现业务一般包括两方面的内容：一是再贴现率的确定与调整；二是规定向中央银行申请再贴现的资格。前者主要着眼于短期，中央银行根据市场资金供求状况，调整再贴现率，能够影响商业银行借入资金的成本，进而影响商业银行对社会的信用量，从而调节货币供给的总量。同时，再贴现率的变动向市场反映了中央银行的政策意向，具有告示效应，提高意味着有紧缩意向；反之，则意味着有扩张意向。在传导机制上，若中央银行调高再贴现率，商业银行需要以比较高的代价才能从中央银行获得贷款，商业银行就会提高对客户的贴现率或提高放款利率，其结果就会使信用量收缩，市场货币供给量减少；如果中央银行采取相反的措施，则会导致市场货币供给量的增加。中央银行对再贴现资格条件的规定（包括对贴现票据的规定和对申请机构的规定）可以起到抑制或扶持的作用，并能改变资金流向，也是再贴现业务的一项主要内容，主要着眼于长期。再贴现政策作为一种政策工具，效果比较明显。

但是，再贴现业务也存在一定的局限性：①主动权并非只在中央银行，甚至市场的变化可能违背其政策意愿。因为商业银行是否再贴现或再贴现多少，取决于商业银行的行为，由商业银行自主判断、选择。如果商业银行可通过其他途径筹措资金而不依赖于再贴现，则中央银行就不能有效控制货币供应量。②再贴现率的调节作用是有限度的。在经济繁荣时期，提高再贴现率也不一定能够抑制商业银行的再贴现需求；在经济萧条时期，调低再贴现率，也不一定能够刺激商业银行的借款需求。③与法定存款准备金率比较而言，再贴现率易于调整，但随时调整会引起市场利率的经常波动，加大利率风险，并干扰市场机制的作用。

（三）公开市场业务

公开市场业务是指中央银行在金融市场上公开买卖有价证券，以此来调节市场货币量的政策行为。当中央银行认为应该增加市场货币供应量时，就在金融市场上买进有价证券（主要是政府债券），而将货币投放出去；反则反之。公开市场业务从其动机来看，可分为两类：一类是主动性的调节，中央银行通过公开市场业务达到影响基础货币和市场利率，进而调节货币供应量的目的；另一类是防卫性调节，用来抵消影响基础货币的其他因素变动所产生的影响。

同前两种货币政策工具相比，公开市场业务有明显的优越性：

1. 主动性强。中央银行的业务操作目标是调控货币量而不是营利，所以，它可以不计证券交易的价格，从容实现操作目的，即可以高于市场价格买进，低于市场价格卖出，业务总能做成，不像再贴现政策那样较为被动。

2. 灵活性高。中央银行可根据金融市场的变化，进行经常性、连续性的操作，买卖数量可多可少，如发现前面操作方向有误，可立即进行相反的操作,如发现力度不够,可随时加大买卖的数量。

3. 调控效果和缓,震动小。由于这项业务以交易行为出现,不是强制性的,加之中央银行可以灵活操作,所以,对经济社会和金融机构的影响比较平缓,不像调整法定存款准备金率那样震动很大。

4. 影响范围广。中央银行在金融市场上买卖证券,如果交易对方是商业银行等金融机构,可以直接改变它们的准备金数额,如果交易对方是公众,则直接改变公众的货币持有量,这两种情况都会使市场货币供给量发生变化。同时,中央银行的操作还会影响证券市场的供求和价格,进而对整个社会投资和产业发展产生影响。

公开市场业务的如上优势决定了它既是较理想的货币政策工具,也是信用较发达国家中央银行最常用的调控手段。

从实践来看,并不是所有的中央银行都可以通过公开市场业务取得对货币政策干预的良好效果,公开市场业务作用的发挥需要具备一定的条件:首先,中央银行必须具有强大的、足以干预和控制整个金融市场的金融实力;其次,要有一个规范的、完善的金融市场且市场必须是全国性的,证券种类必须齐全并达到一定规模。在此基础上,还需其他政策工具的配合才能达到预期效果。

二、选择性货币政策工具

一般性货币政策工具都是通过调节货币供应量这一总量指标来实现货币政策的最终目标。随着中央银行宏观调控作用重要性的增强,货币政策工具也趋向多样化,除上述调节货币总量的三大工具在操作内容和技术上更加完备之外,还增加了对个别领域、个别部门或特殊用途的信贷加以调节和影响的一系列措施。这些措施可以影响商业银行体系的资金运用方向以及不同信用方式的资金利率,因其一般都是有选择地使用,故称之为选择性货币政策工具,以便与传统的一般性政策工具相区别。这类工具的作用过程是间接的,要通过市场供求关系或资产组合的调整途径才能实现。具体方式主要有以下几种:

(一)消费信用控制

消费信用控制是指中央银行根据需求状况和货币流通状况,对不动产以外的各种耐用消费品的销售融资予以控制,以达到抑制过度消费需求或刺激消费量增长的目的。这种控制手段主要包括规定最低的首期付现比率和最高偿还期限。提高法定的首期付现比率,实际上就降低了最高放款额,从而抑制对此种用途的贷款需求;反之,则可提高这种需求。调整偿还期限,会改变贷款者每次分期付款所需的支付额,相应调整对这类放款的需求。

（二）证券市场信用控制

证券市场信用控制是指中央银行对有关证券交易的各种贷款和信用交易的保证金比率进行限制,并随时根据证券市场的状况加以调整。规定法定保证金比率,实际上也就是间接地规定最高放款额。通过调整这个比率,就能影响这类放款的规模。

（三）不动产信用控制

不动产信用控制指中央银行对金融机构在房地产方面放款的限制性措施,以抑制房地产投机和泡沫。如对房地产贷款规定最高限额、最长期限及首次付款和分摊还款的最低金额等。

（四）优惠利率

优惠利率是中央银行对国家重点发展的经济部门或产业,如出口工业、农业等,制定较低的贴现率或放款利率,作为鼓励这些部门增加投资、扩大生产的措施,促进重点产业的发展。

（五）进口保证金制度

进口保证金制度是指规定进口商在交付进口外汇前先预交进口商品总额一定比例的外汇存于中央银行,这样对进口商来讲相当于一定程度的提前付款,提高了进口成本,抑制了进口积极性,但中央银行通过该项措施可以减少外汇储备的流失,缓解国际收支不利的状况。

三、其他货币政策工具

除了以上两类货币政策工具外,中央银行还可以根据本国的具体情况和不同时期的具体要求,运用一些其他的货币政策工具。这类政策工具很多,其中,既有直接的信用控制,也有间接的信用控制等。

（一）直接信用控制

直接信用控制是指中央银行以行政命令的方式,直接对金融机构尤其是商业银行的信用活动进行干预和控制。其特点是依靠行政干预,具有强制性。直接信用控制主要有以下几种方式:

1. 贷款额度限制。中央银行根据市场资金供求状况及客观情况需要，以行政命令的方式直接规定各商业银行信贷的最高限额和最大增长幅度，强制性地控制商业银行的信贷规模。

2. 规定利率限额。规定利率限额是指中央银行为维护金融市场秩序，防止商业银行用抬高利率的办法竞相吸收存款，或为谋取高额利润而进行高风险贷款而采取的强制性措施。规定利率限额主要是规定贷款利率下限和存款利率上限。在自由化程度很高的美国，这一手段曾长期使用。目前，在信用制度不发达的发展中国家，中央银行对金融机构的存贷款利率仍有利率限额的规定。

3. 规定流动性比率。为限制商业银行的信用扩张和保护存款人的安全，中央银行对商业银行的全部资产中的流动性资产的比率要作出规定。一般说来，流动性比率与收益成反比。为保持中央银行规定的流动性比率，商业银行必须采取缩减长期放款、扩大短期放款和增加应付提现的流动性资产等措施。

直接信用控制的手段一般都是根据不同情况有选择地使用，并且，这类手段的运用需要金融监管来进行配合。

（二）间接信用控制

间接信用控制是指中央银行通过道义劝告、窗口指导等办法来间接影响商业银行等金融机构的信用创造。间接信用控制具有灵活性的特点，同时，它要以中央银行具有较高的威望和地位，以及拥有控制信用的足够法律权力和工具为前提。

1. 道义劝告。道义劝告是指中央银行利用其在金融体系中的特殊地位和威望，通过书面或口头方式，以说服和政策指导的方法通报金融形势，表明自己的立场，促使商业银行与中央银行配合，按照中央银行的意图行事，从而达到调控金融、监管商业银行的目的。例如，当证券市场投机盛行时，中央银行即会劝告商业银行紧缩对证券市场的放款。

2. 窗口指导。窗口指导是指中央银行依据经济景气度及金融市场的运行动向，以指示金融机构的方式来影响市场的一种行为手段。窗口指导作为辅助性货币政策工具，对于金融机构注意防止资本充足率下降、防范各类信贷及流动性风险、改进和健全内部考核制度、适度控制贷款总量、正确传导货币政策意图发挥了积极作用。在金融调控中，窗口指导正在发挥巨大的作用，很多重要信息都是通过窗口指导发布出去的。如 2004 年初，我国中央银行要求商业银行严格控制对钢铁、电解铝、水泥等过热行业贷款并建立预警制度,从而加快了本轮宏观调控的进程。

虽然道义劝告与窗口指导均无法律效力,但中央银行的政策目的与商业银行的经营发展总体上是一致的,且商业银行对中央银行有依赖性,所以,在实际中这种做法的作用还是很大的。在发达国家,道义劝告的作用也很明显。第二次世界大战后日本曾把窗口指导作为主要的货币政策工具来使用。

四、中国货币政策工具的选用

中央银行使用什么样的货币政策工具来实现其特定的货币政策目标,并无一成不变的固定模式,只能根据不同时期的经济、金融环境及客观条件而定。

中国人民银行从 1984 年开始执行中央银行职能后,所使用的货币政策工具有贷款计划、存款准备金、利率等,其中最主要的是贷款计划。

贷款计划主要包括两大项内容:一是确定全国贷款总规模,俗称"规模管理"或"规模控制";二是确定中国人民银行对金融机构的再贷款额度。贷款计划这一工具对于中央银行来说非常方便,但对于金融机构的经营来说,则缺少灵活性,1998 年我国取消了对金融机构的贷款规模管理。存款准备金制度自 1984 年开始实行。1984 年初规定,企业存款准备金率为 20%,储蓄存款准备金率为 40%,农村存款准备金率为 25%。1985 年将存款准备金率统一规定为 10%,1987 年第 4 季度提高到 12%,1988 年提高到 13%,1998 年调整为 8%,1999 年 11 月下调至 6%,2003 年 9 月上调为 7%。2004 年 4 月 25 日,央行决定提高存款准备金率 0.5 个百分点,即由 7% 提高到 7.5%,并着手实行差别存款准备金率制度,提高资本充足率低于一定水平的金融机构存款准备金率。2005 年 11 月 25 日,对部分金融机构执行 8% 差别存款准备金率。2006 年央行分别在 7 月 5 日、8 月 15 日和 11 月 15 日 3 次上调存款类金融机构存款准备金率,3 次累计上调 1.5 个百分点。存款准备金制度在增加中国人民银行资金实力、巩固其中央银行的地位、调节金融机构信贷规模等方面发挥了积极的作用。利率手段也是中国人民银行使用的政策工具之一。中国人民银行不但规定了对金融机构的存贷往来利率,也规定了金融机构对企业和个人的存贷款利率,还规定了金融市场上的资金往来利率。这一手段与贷款计划结合在一起,使中国人民银行的调控手段效果较明显。

但总的说来,在《中国人民银行法》颁布之前,我国货币政策工具以直接调控为主,带有较多的计划性、行政性色彩,对金融运作和资金效率的提高有不利的一面。

1995年3月《中国人民银行法》颁布后,我国货币政策工具逐步由直接调控为主向间接调控为主转化。过渡时期共存的货币政策工具有贷款规模、再贷款、利率、存款准备金、公开市场业务与再贴现等数种,其中直接调控工具的影响日趋淡化,间接调控工具的作用逐步强化。

公开市场业务操作在1994年前尚不具备基础与条件,1994年4月1日正式开始在上海银行间外汇市场通过买卖外汇进行公开市场操作,1995年通过中央银行融资券的买卖在本币市场开始尝试公开市场业务,1996年以国债为对象进行公开市场业务操作。目前公开市场业务已经成为中国人民银行日常货币政策操作的主要方式,操作策略及方式逐渐完善。

再贴现业务自1986年正式开办以来,由于票据市场发展滞后,在一个较长时期内票据贴现和再贴现的总量很小,其政策效果小得可以忽略不计。但在1994年以后,人民银行加大了开展再贴现业务的力度,出台了相应的法规,使全国再贴现业务得以长足发展,再贴现总量迅速增加,再贴现政策的效果逐步显现,未来发展前景看好。

在利率方面,1993年,中国共产党十四届三中全会《关于建立社会主义市场经济体制若干问题的决定》和《国务院关于金融体制改革的决定》提出了利率市场化改革的基本设想。近年来,我国利率市场化改革稳步推进。1996年以后,先后放开了银行间拆借市场利率、债券市场利率和银行间市场国债和政策性金融债的发行利率;放开了境内外币贷款和大额外币存款利率;试办人民币长期大额协议存款;逐步扩大人民币贷款利率的浮动区间。尤其是2004年,利率市场化迈出了重要步伐,1月1日再次扩大了金融机构贷款利率浮动区间;3月25日实行再贷款浮息制度;10月29日放开了商业银行贷款利率上限,城乡信用社贷款利率浮动上限扩大到基准利率的2.3倍,实行人民币存款利率下浮制度。在利率市场化改革进程中,中央银行利率体系建设逐步深化。一方面改革了再贴现利率的形成机制,建立了再贷款浮息制度,优化了金融机构存款准备金利率结构;另一方面,根据宏观调控需要,灵活调整金融机构存、贷款利率,努力协调本、外币利率政策,中央银行利率调控机制不断完善,调控能力不断增强。2005年,利率市场化改革稳步推进，金融机构加强了利率定价机制建设，按照风险与收益对称原则，建立了完善的科学定价制度。同时，中央银行加强了利率管理制度建设，逐步建立健全利率调控体系。

第三节 货币政策的传导机制

货币政策的作用过程，是指货币政策各种措施的实施，即通过经济体系内的各种经济变量，影响整个社会的经济活动。这是一个十分复杂的过程，包括货币政策的实施、货币政策工具、货币政策中间目标的选择和控制、货币政策的传导等。在这一过程中，要求中央银行及时进行监测和预警，并相应调整政策工具。另外，在理论分析和效果检验中，货币政策还包括传导机制、政策时滞和政策效果等项内容。

一、货币政策传导机制的主要环节

货币政策的传导机制是指中央银行为实现既定的货币政策最终目标，借助货币政策工具，通过中间目标的实现和传递进而引起经济活动变化的过程。具体而言，整个过程可分为四个步骤，即中央银行货币政策的制定、货币政策工具的运用、中间目标的预期实现和进一步实现最终目标。货币政策的传导过程如图 7－2 所示。

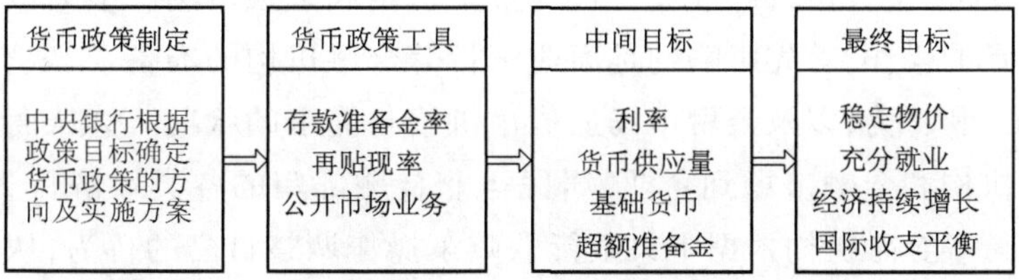

图 7－2 货币政策传导过程

如图 7－2 所示，货币政策的传导一般由四步组成：

第一步是准备阶段，即中央银行对货币政策的制定。在这一初始环节，中央银行首先根据当时国内的宏观经济状况和国际形势确定货币政策的最终目标，并制定相应的具体实施方案。同时，由于货币政策四大最终目标的矛盾性和冲突性决定了中央银行需要对它们相机进行取舍。一般在经济过热、通货膨胀时期，中央银行需采取紧缩性的货币政策，而在经济衰退、失业严重时期,中央银行应采取扩张性的货币政策。

第二步是对货币政策工具的选择与运用阶段。在确定了货币政策目标后,中央银行将利用各种货币政策工具来实现其目标。常用的货币政策工具包括:存款准备金率、再贴现率和公开市场业务。由于这三种货币政策工具的特点和实施利弊各有不同,因此,中央银行在实际操作中一般会有选择地重点利用某种工具,同时以其他货币政策工具为辅。除了货币政策工具自身的选择外,中央银行还涉及与其配套的财政政策的选择。货币政策与财政政策间存在着三种组合搭配方式,即扩张性的货币政策与扩张性的财政政策相搭配,紧缩性的货币政策与紧缩性的财政政策相搭配及采取二者一松一紧的搭配方式。货币政策实施时的具体情况决定了二者间的配合方式。

第三步是预期中间目标的实现。中间目标是货币政策传导机制中的关键环节,是衡量中央银行能否达到最终目标的重要指标。如前所述,利率、货币供应量、超额准备金和基础货币是最重要的中间目标。

第四步是最终目标的实现。通过货币政策工具的运用,在中间目标的实现过程中分阶段地检查货币政策实施的效果,通过逐渐地修正,使其不断地向最终目标靠近,从而尽可能最大限度地实现经济持续增长、物价稳定、充分就业和国际收支平衡的目标。

在市场经济发达的国家,货币政策传导途径一般有 3 个基本环节,其顺序是:①从中央银行到商业银行等金融机构和金融市场。中央银行货币政策工具的操作,首先影响的是商业银行等金融机构的准备金、融资成本、信用能力和行为,以及金融市场上货币供给与需求的状况。②从商业银行等金融机构和金融市场到企业、居民等非金融部门的各类经济行为主体。商业银行等金融机构根据中央银行的政策操作调整自己的行为,从而对企业和居民的消费、储蓄、投资等经济活动产生影响。③从非金融部门经济行为主体到社会各经济变量。包括总支出量、总产出量、物价、就业等。中央银行就是通过这 3 个环节或途径使用货币政策工具来实现其货币政策目标的。

在整个货币政策的传导过程中,金融市场发挥着极其重要的作用。首先,中央银行主要通过金融市场实施货币政策工具,商业银行等金融机构通过市场感应中央银行货币政策的调控意图。其次,企业、居民等非金融部门经济行为主体通过市场利率的变化,接受金融机构对资金供应的调节进而影响投资与消费行为。此外,社会各经济变量的变化也通过市场反馈信息,影响中央银行、各金融机构的行为,进而引起货币供给的变化。

二、影响货币政策效果的因素

(一)货币政策的时滞

任何政策从制定到取得主要的或全部的效果,必须经过一段时间,这段时间即称为时滞。货币政策时滞是指从货币政策制定到最终影响各经济变量,实现政策目标所经过的时间,也就是货币政策传导过程所需要的时间。

货币政策时滞可分为内部时滞和外部时滞。内部时滞是指中央银行从认识到制定实施货币政策的必要性,到研究政策措施和采取实际行动所经过的时间,也就是中央银行内部认识、讨论、决策的时间。在理论上,内部时滞可以分为两个阶段:①从客观需要中央银行采取行动到中央银行认识到这种必要性所经过的时间,称为认识时滞;②从中央银行认识到这种必要性到实际采取行动所经过的时间,称为行动时滞。内部时滞的长短取决于货币当局对经济形势发展变化的预见能力、反应灵敏度、制定政策的效率和行动的决心与速度等等。外部时滞是指从中央银行采取行动到对政策目标产生影响所经过的时间,也就是货币政策对经济起作用的时间。外部时滞的长短主要由客观的经济和金融条件所决定。可见,内部时滞和外部时滞的划分是以中央银行为界线的,中央银行可以通过提高效率来缩短内部时滞,对于外部时滞,中央银行则很难控制,所以,分析货币政策的外部时滞更加重要。一般来说,货币政策时滞更多的是指外部时滞。

研究表明,在市场经济国家,货币政策的外部时滞一般在半年到1年半左右。在我国,由于金融体制及传导机制有着不同的特点,货币政策的外部时滞较短,大约在2~3个月后作用最为显著。

货币政策时滞是影响货币政策效应的重要因素。如果货币政策可能产生的大部分影响较快地有所表现,那么,货币当局就可以根据期初的预测值来考察政策生效的状况,并对政策的取向和力度作必要的调整,从而使政策能够更好地实现预期的目标。

(二)合理预期因素的影响

当货币当局提出一项货币政策时,各种微观经济主体,立即会根据可能获得的各种信息预测政策的后果,从而很快地作出对策,而且极少有时滞问题。微观主体广泛实施的对策,可能会使货币当局的政策归于无效。

(三)货币流通速度的影响

在实际生活中,货币流通速度的变化幅度很难为政策制定者准确地预测和估算到。而货币流通速度和货币供给量之间呈紧密的负相关关系,一旦货币流通速度的变动幅度超出了货币当局的预期范围,实际的货币供给量增长率就大于或小于货币当局控制的数额,其结果是新增的货币供给量必将助长经济过热,而减少的货币供给量将缩减有效需求。

(四)其他因素的影响

除以上因素外,其他外来因素、体制因素、政治因素等也对货币政策效果有一定的影响,中央银行在政策制定的操作过程中应予以统一考虑。例如,客观经济条件的变化等。一项既定的货币政策出台后总要持续一段时期,在这一时期内,如果经济条件发生某些始料不及的变化,而货币政策又难以作出相应的调整时,就可能出现货币政策效果下降甚至失效的情况。政治因素对货币政策效果的影响也是巨大的。当政治压力足够大时,就会迫使中央银行对其货币政策进行调整。

三、我国货币政策的传导机制

我国目前货币政策的作用过程,同样包含 3 个环节:中央银行至金融机构;金融机构至企业、居民;企业、居民至国民经济各变量。但与西方发达国家的 3 个环节相比较,又有很大的差别,主要是因为在整个货币政策的作用过程中,金融市场的作用相对较弱。

由于我国目前仍以间接融资为主,通过金融市场进行的直接融资比重只有 10% 左右,这种金融结构使我国货币政策的传导过程显得相对直接和简单。中央银行货币政策措施在很大程度上直接作用于各金融机构;各金融机构则在既定的政策和经营规则约束下,向社会提供货币;客户按照一定的利率标准,衡量资金使用成本。在货币供应许可的情况下,获得资金进行生产与经营,进而影响国民经济各变量。这种传导过程,有其一定优点,即政策意图传导迅速、直接,中央银行对各金融机构经营活动能够有效约束,社会货币供给能严格控制。但是,它往往使政策要求、金融机构经营效果与社会需求的实际状况相脱节,最终并不利于实现政策目标。值得关注的是，随着我国金融市场的发展和加入世界贸易组织以后对外开放的扩大，经济主体对金融资产的选择、金融机构的成分变化和市场化运作程度的提高，已经使我国货币政策的传导机制变得复杂起来。

思考与练习

一、基本概念

货币政策　货币政策目标　菲利普斯曲线　基础货币　超额准备金　一般性货币政策工具　选择性货币政策工具　直接信用控制　间接信用控制　法定存款准备金率　再贴现业务　公开市场业务　道义劝告　窗口指导　货币政策传导机制　货币政策时滞

二、练习题

1. 与其他经济政策相比，货币政策有哪些特征？
2. 在现代经济社会中，货币政策的作用体现在哪些方面？
3. 货币政策的最终目标是什么？它们之间存在着怎样的关系？
4. 货币政策中间目标的选取要符合哪几项基本要求？各国在实践中选择的货币政策中间目标主要有哪几种？
5. 按照性质和功能，可将货币政策工具分成哪几类？
6. 一般性货币政策工具主要包括哪几种？各存在哪些利与弊？
7. 简述选择性货币政策工具的含义与具体方式。
8. 简述货币政策的传导过程。
9. 简述影响货币政策效果的因素。

8

第八章

国际金融

本章学习重点

- 国际收支平衡表的内容
- 国际储备的构成、作用和管理
- 外汇汇率变动的影响因素及汇率变动的经济效应
- 外汇交易方法及风险防范措施

第一节　国际收支与国际储备

一、国际收支

随着科学技术的发展和国际交通业、通讯业的发达，各国间的经济交往日益扩大，国际间商品交易、资本流通、金融市场和生产要素市场连为一体、相互影响，这些必然引起一国与他国之间的货币收支关系。为了更好地控制宏观经济活动，实现宏观经济目标，一国首先需要一种分析工具来了解和掌握本国对外技术经济交往的全貌。国际收支，正是一国掌握其对外经济交往全貌的分析工具。

（一）国际收支的概念

国际收支的概念可以分别从狭义与广义的角度上加以理解。

一个人、一个家庭、一个企业,每年每月都会有一个收支表,记载收入多少、支出多少,这是从微观角度看收支。一个国家,要从宏观角度看收支。各国之间在经济、政治、文化等各方面的交往,必然产生国家之间的债权债务关系,到期要进行结算,这就引起国家之间的货币收入与支付。一个国家在一定时期,一般是1年内的外汇收支,称为国际收支。这种以外汇现金统计的国际收支,就是通常所称的狭义的国际收支概念。

然而,二战以后,由于信用的发展,许多经济活动虽然已经发生,但没有付款,有的已经付款,但没有发生;而且,国际经济往来活动大大增加,不仅包括有外汇收支的国际借贷关系,也包括没有实际外汇收支的经济交易,如政府捐赠、补偿贸易、无偿援助等等。于是新的国际收支概念就产生了,这就是广义的国际收支概念,即一国的国际收支是一个国家在一定的时期内(通常为1年),因与其他国家或地区所发生的贸易、非贸易以及资本往来而引起的国际间的资金收支(包括货币收支以及用货币表示的资财转移)。

但要真正理解国际收支的概念,还必须把握以下几点:

1. 国际收支是一个流量概念。当人们提及国际收支时,总是需要指明是属于哪一特定时期,即报告期。报告期可以是1年,也可以是1个月或1个季度等,完全根据分析的需要和资料来源的可能来确定。各国通常以1年为报告期,也就是说,只有一定时期的国际收支,而没有一定时刻的国际收支。各项数字表示的只是发生额或变动额,而不是持有额。

2. 国际收支所反映的内容是经济交易。所谓经济交易,是指经济价值从一个经济单位向另一个经济单位的转移,它包括:①金融资产与商品劳务之间的交换;②商品、劳务与商品、劳务之间的交换;③金融资产与金融资产之间的交换;④无偿的、单向的商品和劳务转移;⑤无偿的、单向的金融资产转移。这一特点说明国际收支的概念不再以支付为基础,而是以交易为基础。

3. 国际收支所记载的是居民与非居民之间的交易。这里居民与法律意义上的公民含义不同。判断一项经济交易是否应包括在国际收支范畴,所依据的不是交易双方的国籍,而是双方是否有一方是该国居民。按照国际货币基金组织的说明,居民是指在某个国家(或地区)居住期限达1年以上者,否则为非居民。但一国的外交使节、驻外军事人员除外,尽管他们在另一国居住1年以上,仍为居住国的非居民。国际性机构,如联合国、世界银行,国际货币基金组织等是任何国家的非居民。居民与非居民包括:政府、个人、非营利团体和企业4类。国际收支的内容包括各种国际经济交易,只有居民和非居民之间的各种经济交易才是国际经济交易。

(二)国际收支平衡表

国际收支平衡表,是把一国的国际收支,即一定时期的经济交易,按照某种适合于经济分析的需要编制出来的报表或按项目分类统计的一览表,并用会计原则,按照会计核算的借贷平衡方式编制,经过调整,最终达到账面上收付平衡的统计报表。

国际收支平衡表的记录数字均为统计数字。每笔交易都会产生一定金额的一项借方记录和一项贷方记录。其记账法则是:①凡是引起本国外汇收入的项目,亦称正号项目,记入贷方;②凡是引起本国外汇支出的项目,亦称为负号项目,记入借方。

当收入大于支出而有盈余时,称为顺差;反之,则称为逆差,应在逆差数字前冠以"-"号。也有人称逆差为"赤字",而称顺差为"黑字"。

这样,商品、劳务的出口,从国外取得单方面转移以及资本流入都是贷方项目;商品、劳务的进口,向外国居民进行单方面转移以及资本流出都是借方项目。

根据国际货币基金组织的规定,国际收支平衡表一般分为经常项目、资本和金融项目、平衡项目3大项目,这里的"项目"也称为"账户"。

1. 经常项目。经常项目就是本国与外国进行经济交易而经常发生的会计项目,也是国际收支平衡表中最基本的和最重要的项目。经常项目一般包括:货物、服务、收益和单方面转移4个二级项目。

(1)货物。该项目记录商品的进口和出口。出口记入贷方,进口记入借方,其差额称为贸易差额,亦称为有形贸易差额。国际货币基金组织建议,进出口均按FOB价计算。

(2)服务。它是经常项目中的第二大项目。相对于商品的有形贸易来说,服务贸易是无形贸易。服务项目输出记入贷方,输入记入借方。服务项目包括:运输、旅游、通讯、建筑、金融与保险服务、计算机和信息服务、专有权使用费和特许费,以及其他商业服务。

(3)收益。它包括职工报酬和投资收入两部分:①职工报酬,即支付给非居民职工的报酬,包括,个人在非居民经济体中为该经济体居民工作所得到的现金或实物形式的工资、薪水和福利;②投资收入,它是指居民与非居民之间有关金融资产与负债的收入和支出，包括，有关直接投资、证券投资和其他投资所得的收入和支出。凡是引起报酬和投资收益的流入记为贷方；凡是引起报酬和投资收益流出记为借方。

（4）单方面转移。包括：侨汇、赔偿、无偿捐赠、政府向国际组织缴纳的行政费用等。从本国向外国的转移记入借方，而从外国向本国的单方面转移则记入贷方。

2. 资本和金融项目。资本和金融项目记录资本在一国与他国间的转移，资本流出记为借方，资本流入记为贷方。它包括资本项目和金融项目。

（1）资本项目。包括：资本转移，非生产、非金融资产的收买或放弃（各种无形资产，如专利、版权、商标、经销权以及租赁和其他可转让合同的交易）。

（2）金融项目。包括：直接投资、证券投资和其他投资。①直接投资，它表明直接投资者对在国外投资的企业拥有10%（含10%）以上的普通股或投票权，从而对该企业的管理拥有有效的发言权；②证券投资，它是指跨国界的股本证券和债务证券的投资；③其他投资，它是指直接投资和证券投资之外的金融交易，包括，贸易信贷、贷款、货币和存款等。

3. 平衡项目。平衡项目是一个为了平衡经常项目与资本和金融项目“缺口”而设置的调节性项目。它包括两个子项目：

（1）官方储备资产。官方储备亦称国际储备。这是一国货币当局直接掌握的并可随时动用的主要用于平衡国际收支与稳定汇率的系列金融资产，它包括：外汇、货币性黄金，在国际货币基金组织的储备头寸和国际货币基金组织分配给成员国而未调用的特别提款权。

（2）错误与遗漏。国际收支平衡表是按照会计学的复式簿记原理记账，因此，国际收支平衡表应是一份总净值为零的统计报表。但是，在实际生活中，一国的国际收支平衡表不是出现借方余额就是出现贷方余额。产生余额的原因，是统计资料有误差和遗漏。造成统计资料误差和遗漏的原因：一是资料无法完整统计；二是统计数字的重复计算和漏算；三是有的统计数字可能是估算出来的。

由于上述统计资料存在的问题，往往造成收支数字不平衡，不得不设立“错误与遗漏”项目，对这些不平衡的项目人为地加以平衡。所以，错误与遗漏是为了轧平由于经常项目、资本金融项目和官方储备资产项目的统计不可避免地发生错漏所造成国际收支平衡表中借贷总额不相等而设置的项目。如果经常项目、资本金融项目和官方储备项目 3 个项目的贷方出现余额,就要在错误与遗漏项目下的借方列出与余额相等的数字;反之,如果这 3 个项目的借方出现余额,则在错误与遗漏项目下的贷方列出与余额相等的数字。

至此,我们已经可以将国际收支平衡表的结构细划为表 8 - 1。

表 8 - 1　国际收支平衡表

1. 商品和服务的出口(增加记为 + 号) 商品出口 服务出口 运输、金融、保险、旅游和通讯等 投资收益:利润、利息和红利等 其他收入:商标、版权和专家报酬等
2. 商品和服务的进口(增加记为 - 号) 商品进口 服务进口 运输、金融、保险、旅游和通讯等 投资收益:利润、利息和红利等 其他收入:商标、版权和专家报酬等
3. 单方面转移(- 号代表净流出)
4. 经常项目(1,2,3 项之和)
5. 本国居民在海外的资产(增加为资本输出,记为 - 号) 资本转移 非生产、非金融资产收买 直接投资 间接投资 其他投资
6. 在本国的外国居民资产(增加为资本输入,记为 + 号) 资产转移 非生产、非金融资产收买 直接投资 间接投资 其他投资
7. 资本金融账户(5,6 项之和)
8. 官方储备的变动(4,7 项之和,增加记为 - 号)
9. 错误与遗漏(4,7,8 项之和,记录符号取决于 4,7,8 项之和,4,7,8 项之和是 + 号,则记为 - 号;反之,则相反)

由于对外经济活动一般都是有来有往,即双向性的,因此,上述每个项目都包含了资金在一国的流入或流出。如果货物出口和服务性收入大于货物进口和服务性支出,则称为经常项目顺差。一般来说,经常项目顺差表示一国的商品和服务在国际市场上有竞争能力,但也可能是因为汇率、关税或国内紧缩的经济政策等因素使进口受到抑制。如果货物出口和服务性收入小于货物进口和服务性支出,则称为经常项目逆差。若经常项目长期呈现逆差,当然不是好的状况。但在经济发展的一定阶段,出现短时期的经常项目逆差也未必不好。有些国家在经济起飞初期,进口大量技术设备装备本国工业,一段时期后工业基础得到发展,增强了出口创汇能力,经常项目逆差就会转变。关键要看进口的结构,是进口生产资料还是消费品,以及生产资料进口后能否很好消化并取得效益。

资本流入大于资本流出,则称为资本金融项目顺差。资本金融项目顺差是由于对外债务增加引起的,或外国投资增加引起的。对外债务增加今后要偿还并要加上利息,因此,对于这种情况,必须重视对外借债的使用效果。外国直接投资增加,如投资于能源、交通等基础设施及主要原材料工业,会增强一国经济发展的后劲,促进经济和贸易发展,如果外商投资企业产品大部分在国内销售,一方面将挤占国内市场,另一方面会增加外汇需求。资本流入小于资本流出,则称为资本金融项目逆差。资本金融项目逆差可能是对外投资增加,或大量偿还外债造成的。对外投资增加是债权增加,如果对外投资效益好,以后将有投资收益汇回,集中偿还外债和利息的负担也会相应减少。经常项目和资本金融项目之和是顺差,就会引起储备资产的增加;如果是逆差,就会引起储备资产的减少。我们平时常听到的国际收支发生了顺差或逆差,也就意味着一国的储备资产增加或减少了。

可见,一国的国际收支平衡表对政府决策人和经济学家极其有价值,因为,它可以为分析一国的国际经济地位以及世界各国的关系提供信息,可以表明一国的对外经济情况是否处于健康状态,也可以表明是否存在问题,以便政府采取措施加以解决。

(三)我国的国际收支概况与特点

1. 我国的国际收支概况。改革开放前,我国只有外汇收支而无国际收支。那时,对外汇实行由国家集中管理、统一经营的方针,一切外汇买卖都通过国家指定的银行(中国银行)来进行。外汇收支实行“以收定支、收支平衡、略有节余”的原则,外汇收支规模很小,也没有利用外资,基本无资本流动,加之我国没有参加任何国际金融组织,因此,在 1980 年以前,我国未曾进行过国际收支统计。1980 年,我国相继恢复了在国际货币基金组织和世界银行的合法席位。作为该组织的成员国,我国要定期向其提供有关资料,国际收支统计资料就是其中的一项。我国 1980 年开始试编国际收支平衡表,1981 年制定了国际收支统计制度,1984 年又对其进行了修订。这次修订确立了我国现行国际收支统计体系的模式及方法。它在项目设立、分类等方面均依照国际货币基金组织制定的《国际收支手册》第四版的原则,具有国际可比性。1985 年 9 月,国家外汇管理局首次公布了我国 1982 ~ 1984 年的国际收支概览表。从 1987 年开始,我国每年定期公布上一年的国际收支状况。我国自 1994 年开始正式实行国际收支统计申报制度,从此,我国的国际收支平衡表的统计和编制便走上了正轨,并逐年对外公布。2001 年以来按半年度公布。表 8 - 2 是我国 2005 年的国际收支平衡表。

表 8 - 2　2005 年中国国际收支平衡表①

BOP statements in 2005

单位:千美元

项　目	行次	差　额	贷　方	借　方
一、经常项目	1	160 818 311	903 581 787	742 763 476
A. 货物和服务	2	124 797 704	836 887 831	712 090 128
a. 货物	3	134 189 095	762 483 733	628 294 638
b. 服务	4	-9 391 392	74 404 098	83 795 490
1. 运输	5	-13 021 024	15 426 523	28 447 547
2. 旅游	6	7 536 930	29 296 000	21 759 070
3. 通讯服务	7	-118 173	485 231	603 404
4. 建筑服务	8	973 567	2 592 949	1 619 382
5. 保险服务	9	-6 650 142	549 418	7 199 559
6. 金融服务	10	-14 244	145 231	159 476
7. 计算机和信息服务	11	217 676	1 840 184	1 622 509
8. 专有权利使用费和特许费	12	-5 163 852	157 402	5 321 254
9. 咨询	13	-861 408	5 322 132	6 183 540

① 资料来源:http://www.safe.gov.cn

续表

项　　目	行次	差　额	贷　方	借　方
10. 广告、宣传	14	360 521	1 075 729	715 208
11. 电影、音像	15	－20 096	133 859	153 954
12. 其他商业服务	16	7 497 029	16 884 780	9 387 752
13. 别处未提及的政府服务	17	－128 175	494 661	622 836
B. 收益	18	10 635 139	38 959 100	28 323 961
1. 职工报酬	19	1 519 648	3 337 062	1 817 414
2. 投资收益	20	9 115 491	35 622 038	26 506 547
C. 经常转移	21	25 385 468	27 734 856	2 349 387
1. 各级政府	22	－176 234	48 848	225 082
2. 其他部门	23	25 561 702	27 686 008	2 124 305
二、资本和金融项目	24	62 963 916	418 956 199	355 992 283
A. 资本项目	25	4 101 792	4 155 147	53 355
B. 金融项目	26	58 862 124	414 801 052	355 938 929
1. 直接投资	27	67 821 043	86 071 263	18 250 220
1.1 我国在外直接投资	28	－11 305 688	564 857	11 870 546
1.2 外国在华直接投资	29	79 126 731	85 506 406	6 379 674
2. 证券投资	30	－4 932 837	21 997 437	26 930 274
2.1 资产	31	－26 156 889	74 453	26 231 342
2.1.1 股本证券	32	0	0	0
2.1.2 债务证券	33	－26 156 889	74 453	26 231 342
2.1.2.1（中）长期债券	34	－25 482 189	74 453	25 556 642
2.1.2.2 货币市场工具	35	－674 700	0	674 700
2.2 负债	36	21 224 052	21 922 984	698 932
2.2.1 股本证券	37	20 346 000	20 346 000	0
2.2.2 债务证券	38	878 052	1 576 984	698 932
2.2.2.1（中）长期债券	39	567 318	1 263 324	696 006

续表

项　　目	行次	差　额	贷　方	借　方
2.2.2.2 货币市场工具	40	310 734	313 660	2 926
3. 其他投资	41	-4 026 082	306 732 352	310 758 434
3.1 资产	42	-48 947 355	10 371 244	59 318 599
3.1.1 贸易信贷	43	-22 905 281	0	22 905 281
长期	44	-916 211	0	916 211
短期	45	-21 989 070	0	21 989 070
3.1.2 贷款	46	-12 993 134	833 559	13 826 693
长期	47	-1 505 000	0	1 505 000
短期	48	-11 488 134	833 559	12 321 693
3.1.3 货币和存款	49	-10 317 342	3 921 661	14 239 003
3.1.4 其他资产	50	-2 731 599	5 616 023	8 347 622
长期	51	0	0	0
短期	52	-2 731 599	5 616 023	8 347 622
3.2 负债	53	44 921 273	296 361 109	251 439 836
3.2.1 贸易信贷	54	25 411 524	25 411 524	0
长期	55	1 168 930	1 168 930	0
短期	56	24 242 594	24 242 594	0
3.2.2 贷款	57	2 924 034	228 013 342	225 089 309
长期	58	1 444 382	16 341 770	14 897 388
短期	59	1 479 651	211 671 572	210 191 921
3.2.3 货币和存款	60	13 365 542	38 303 708	24 938 167
3.2.4 其他负债	61	3 220 174	4 632 534	1 412 360
长期	62	461 454	596 062	134 608
短期	63	2 758 720	4 036 472	1 277 752
三、储备资产	64	-207 016 000	1 929 000	208 945 000
3.1 货币黄金	65	0	0	0
3.2 特别提款权	66	-5 000	0	5 000
3.3 在基金组织的储备头寸	67	1 929 000	1 929 000	0

续表

项　　目	行次	差　额	贷　方	借　方
3.4 外汇	68	-208 940 000	0	208 940 000
3.5 其他债权	69	0	0	0
四、净误差与遗漏	70	-16 766 227	0	16 766 227

注:①表中数字均按四舍五入原则显示。

② 2005 年国际收支平衡表中,外国在华直接投资流入(贷方)包括我国非金融部门和金融部门的外国在华直接投资流入。同时,根据国际货币基金组织《国际收支手册》(第五版)的原则,境内外母子和关联公司往来及贷款,以及境外机构购买建筑物亦属于直接投资统计范畴,本年也纳入统计。

2. 我国国际收支的特点。从我国公布的国际收支情况来看,改革开放以来我国国际收支的发展有以下几个特点:

(1)国际收支总量增长迅速,在国民经济中所占的比重不断增大。我国国际收支规模连年快速增长,1982～2004 年间,我国国际收支交易总规模年均增长 18%,由 540 亿美元升至 1.91 万亿美元,占 GDP 的比重由 19%升至 99%(根据修正后的 GDP 计算);2005 年,国际收支交易总规模进一步达到 2.42 万亿美元,比 2004 年同比增长 27%,占 GDP 的 109%,国际收支交易对中国宏观经济形势特征的影响力越来越大。

改革开放以来,随着我国经济的迅速发展,我国的对外贸易增长迅猛。1979 年我国的进出口总额仅为 293 亿美元,2005 年进出口总额已达 14 221 亿美元。"十五"期间我国外贸连上新台阶,实现历史性飞跃,确立了国际贸易大国的地位。2001～2005 年,我国对外贸易年均增长 24.6%,是改革开放以来外贸发展最快的时期,远高于同期世界贸易和我国经济的增长水平。2004 年,我国进出口总额突破万亿美元大关,达 11 546 亿美元,成为世界上第三个货物贸易额超过 1 万亿美元的国家,进出口、出口总额均排世界第三位。2005 年,我国进出口继续保持 20% 以上的增长速度,总值达 14 221.2亿美元。其中出口为 7 620 亿美元,进口为 6 601.2 亿美元,顺差 1 018.8亿美元,2005 年继续稳居全球第三位,见表 8－3。世界上所有国家和地区几乎都与我国建立了外贸关系。

对外贸易对国内经济的拉动作用进一步显现。2005 年,我国经济增长率为 9.9%。据测算,其中净出口拉动约 3.6 个百分点。服务贸易收支也增长迅速,1981 年,我国服务贸易收入仅为 30 多亿美元,2005 年,我国服务贸易收支总额达 1 582 亿美元,同比增长 18%。其中,服务贸易收入 744 亿美元,增长 19%;服务贸易支出 838 亿美元,增长 16%;收支逆差 94 亿美元,同比下降 3%。

表 8-3　20 年来我国商品进出口总额及增长情况

单位:亿美元

年份	进出口		出口		进口	
	总额	年均增长(%)	总额	年均增长(%)	总额	年均增长(%)
1981~1985	2 524.1	13.7	1 200.5	8.7	1 323.6	18.7
1986~1990	4 864.1	10.9	2 325.3	17.9	2 538.8	5.5
1991~1995	10 144.2	19.5	5 183.8	19.4	4 960.4	20.1
1996~2000	17 739.2	11.6	9 616.9	11.4	8 122.3	12.0
2001~2005	45 584.9	25.1	23 854.0	25.5	21 730.9	24.9

资料来源:作者根据我国历年海关统计年鉴资料整理而得。

我国利用外资也同样取得了巨大的增长。改革开放前,我国利用外资额几乎微不足道,而改革开放后至 2005 年我国已累计批准外商投资项目 552 942个,合同外资金额 12 856.78 亿美元,实际使用外资金额 6 224.26 亿美元。实际利用外资额在国民经济中所占的比重也在不断增加。1980 年,实际利用外资额与国民收入增加额之比为 5%。2001 年以来,实际利用外资额与国内生产总值增长额之比均为 70% 以上。

随着国际收支规模的扩大,我国国家外汇储备总量也有很大的增长,外汇储备额由 1978 年的 15.6 亿美元,猛增至 2004 年的 6 099.32 亿美元,2005 年底进一步增长至 8 188.72 亿美元,增长了 520 多倍,成为世界上外汇储备持有量仅次于日本的国家。从进口支付能力看,我国外汇储备相当于 14.9 个月进口额,堪称充裕;从债务偿付能力看,2005 年底,我国外汇储备与短期外债的比例为 524.44%,远高于国际公认的 100% 的警戒线;偿债率为 3.07%,远低于国际公认的 25% 的警戒线。

随着外资的大量流入,外汇储备总量的增加,我国外债增长也较快。1992 年,我国外债余额为 692.87 亿美元,到 2005 年底,外债余额已达 2 810.5亿美元。中长期外债余额为 1 249.1 亿美元,占 44.4%;短期外债余额为 1 561.4 亿美元,占 55.6%。2005 年,首次短期外债余额超出中长期外债余额。

我国国际收支状况的变化，反映了我国经济对外依存度在不断地加深，说明改革开放已使我国对外经济发展取得了长足的进步，由封闭的、内向型的发展模式转变为开放的、外向型的发展模式，从而加快了社会经济发展的步伐。

(2)国际收支差额多次大幅度波动。改革开放以后，由于受国内经济体制改革尤其是外贸、外汇体制改革和国民经济波动的影响，国际收支差额出现了较大的波动。

首先是1979～1980年期间发生了较大的逆差。因为对经济建设速度要求过高，短期内上马20多个重大项目，集中引进一大批石化、冶金等成套设备，两年间我国贸易逆差30多亿美元，国家外汇库存下降20多亿美元，经过调整进出口和向国际货币基金组织借款，从1981年起扭转了逆差状况。接着，从1982～1984年9月，我国取得了大量的顺差，3年间外汇储备增长了100多亿美元，并提前归还了国际货币基金组织贷款。这是第一次波动。

1984年9月以后至1986年，由于国内经济建设过热，连续两年又出现了共计200多亿美元的贸易逆差(1985年131.3亿美元，1986年91.4亿美元)，国家外汇库存急剧下降，到1986年底只剩有20多亿美元，几乎耗光了前几年积累起来的全部外汇储备。1987～1988年，国际收支开始好转，两年顺差达60多亿美元。这是第二次波动。

1989年的逆差幅度较小，次年就转为顺差，1990～1991年两年顺差累计达250多亿美元。这是第三次波动。

1992年又发生了20多亿美元的逆差，但1993年以后便转为持续乃至大幅度的顺差。这是第四次波动。直到目前，仍处于第四次波动的波峰上。

(3)持续的经常项目、资本和金融项目“双顺差”格局。与大多数仍然苦于资本和外汇“两缺口”的发展中国家相比，中国较早地脱离了上述“两缺口”的羁绊。从20世纪90年代至今，我国的国际收支除了1993年经常项目上出现逆差和1998年资本与金融项目出现逆差外，其余各年份均为经常项目、资本项目双顺差的格局。2005年的“双顺差”格局总体上进一步加剧，经常项目顺差1 608亿美元，资本和金融项目顺差630亿美元。

(4)我国国际收支指标解释：

①经常账户：包括货物、服务、收益及经常性转移。

②货物:指通过我国海关进出口的货物,以海关进出口统计资料为基础,并根据国际收支统计口径的要求,出口、进口都以商品所有权变化为原则进行调整,并按离岸价格统计。

③服务:包括运输、旅游、通讯、建筑、保险、国际金融服务、计算机和信息服务、专有权利使用费和特许费、各种商业服务、个人文化娱乐服务以及政府服务。

④收益:包括职工报酬和投资收益(直接投资、证券投资和其他投资的收益和支出,直接投资的收益再投资,也包括在此账户内)。

⑤经常转移:包括所有非资本转移的单方面转让,如侨汇、个人汇款、无偿捐赠、赔偿等。

⑥资本和金融账户:包括资本账户和金融账户。

⑦资本账户:包括移民转移、债务减免等资本性转移。

⑧金融账户:包括直接投资、证券投资和其他投资。

⑨直接投资:包括外国在我国(或我国港澳台地区在祖国大陆)和我国在外国(或祖国大陆在港澳台地区)以独资、合资、合作及合作勘探开发方式进行的投资。

⑩证券投资:包括外国购买(或我国买回)我国(包括地方政府和企业)以及我国港澳台地区购买(或祖国大陆,包括地方政府和企业买回)祖国大陆(包括地方政府和企业)发行的股票、债券等有价证券。

⑪其他投资:包括外国提供给我国和我国提供给外国的贸易信贷、贷款、货币和存款以及其他资产负债。

⑫储备资产变动:反映我国在黄金储备、外汇储备、在国际货币基金组织的储备头寸、特别提款权、使用基金信贷等方面在本年末与上年末余额之间的变动额。储备资产增加用负号表示。

⑬净误差与遗漏:国际收支平衡表采用复式记账法,由于统计资料来源和时点不同等原因,造成借贷不相等。如果借方总额大于贷方总额,其差额记入此项目的贷方;反之,记入借方。

二、国际储备

所谓国际储备,是指一国货币当局为弥补国际收支逆差,维持本国货币汇率的稳定以及应付各种紧急支付而持有的,为世界各国所普遍接受的资产。

（一）国际储备的构成

国际储备从哪里来？或者说一国的国际储备应该储备什么？根据国际货币基金组织对国际储备构成的规定，一国的国际储备应主要包括：黄金储备、外汇储备、会员国在国际货币基金组织的储备头寸，以及会员国所持有的特别提款权。

1. 黄金储备。黄金储备是指一国货币当局所持有的货币性黄金。金银天然不是货币，但货币天然是金银。在典型的国际金本位制度下，黄金是最重要的国际储备形式。按照国际货币基金组织的建议，货币黄金的纯度为995/1 000。除货币当局外，其他经济实体所拥有的黄金一般视为非货币黄金，即非货币黄金不能算为黄金储备。但是，并不是一国货币当局所持有的全部黄金都可充当国际储备资产，因为某些国家往往规定以黄金作为国内货币发行的准备。因此，充当国际储备资产的黄金储备只是货币当局持有的，全部黄金储备中扣除充当国内货币发行准备后的剩余部分。

黄金之所以成为国际储备构成中的重要组成部分，是因为它具有其他任何形式储备资产所不具备的特点：一是黄金本身是价值实体，是一种最可靠的保值手段；二是黄金储备完全属于一国的主权所拥有的国家财富，不受任何国家权力的支配和干预。但是，黄金储备与外汇储备比较，其流动性较差，一般在国际支付时需将黄金变为外汇后再支付。黄金储备不能升值，它没有利息，所以，黄金储备的多少由一国的黄金政策决定。但在国际局势动荡特别是有战争爆发危险或战争爆发中，黄金储备是一国国际储备中最坚实的部分。

2. 外汇储备。外汇储备是一国货币当局持有的对外流动性资产，其主要形式为国外银行存款与外国政府债券。IMF（国际货币基金组织）对外汇储备的解释为：它是货币行政当局以银行存款、财政部库存、长短期政府证券等形式所保有的、在国际收支逆差时可以使用的债权。

在第二次世界大战后，外汇储备在国际货币基金组织会员国国际储备总额中占有越来越大的比重。在 1950 年，它仅占 27.5%，到 1994 年末已上升到 90.6%。

外汇储备由各种能充当储备货币（Reserve Currency）的资产构成。一种货币能充当储备货币，必须具备 3 个基本特征：①必须是可兑换货币，即不受任何限制而随时可与其他货币进行兑换的货币；②必须为各国普遍接受，能随时转换成其他国家的购买力，或偿付国际债务；③价值相对稳定。

在第一次世界大战前,英镑是最主要的储备货币。在20世纪30年代,美元崛起,与英镑共享主要储备货币的地位。第二次世界大战后,由于美元是唯一在一定条件下可兑换为黄金的货币,处于“等同”黄金的地位,而成为各国外汇储备中最主要的储备货币。从20世纪60年代开始,由于美元频频发生危机,其储备货币地位逐渐下降,马克、日元的储备货币地位不断上升,从而形成储备货币多元化的局面。1999年1月1日,欧元问世,各国纷纷看好欧元。欧元与日元、美元在国际外汇储备中形成三足鼎立的态势。

3. 在国际货币基金组织的储备头寸。在IMF的储备头寸亦称普通提款权,它是指会员国在IMF的普通资金账户中可自由提取和使用的资产。一国的IMF的储备头寸包括3部分:①会员国向IMF认缴份额中25%的黄金或可兑换货币。按照IMF的规定,会员国可自由提用这部分资金,无需经特殊批准,故此它是一国的国际储备资产。②IMF为满足会员国借款需要而使用的本国货币。按照IMF的规定,会员国认缴份额的75%可用本国货币缴纳。IMF向其他会员国提供本国货币的贷款,会产生该会员国对IMF的债权。一国对IMF的债权,该国可无条件地提取并用于支付国际收支逆差。③IMF向成员国借款的净额,也构成该国对IMF的债权。

普通提款权在IMF会员国国际储备资产总额中所占比重较小。到1994年年底,会员国的普通提款权总额为317.26亿特别提款权,仅占会员国国际储备资产总额的3.8%。

4. 特别提款权。SDRs(特别提款权):是IMF于1969年9月正式创造的无形货币。它作为会员国的账面资产,是会员国原有普通提款权以外的提款权利,故称特别提款权。这种无形货币与其他储备资产相比,有着显著的区别:①它是一种凭信用发行的资产,其本身不具有内在价值,是IMF人为创造的、纯粹账面上的资产;②特别提款权不像黄金和外汇那样通过贸易或非贸易交往取得,也不像储备头寸那样以所缴纳的份额作为基础,而是由IMF按份额比例不定期地、无偿地分配给各会员国可使用资产的权利,接受者无需付出什么代价;③特别提款权只能在IMF及各国政府之间发挥作用(向成员国换取可自由兑换货币,支付国际收支逆差或偿还国际债务),任何私人企业不得持有和运用,不能直接用于贸易或非贸易的支付,因此,对其用途具有严格的限定。

IMF 从 1970 年开始向会员国分配(即所谓“发行”)SDRs,其分配的办法是:按照会员国向 IMF 缴付的份额,依照正比例关系进行无偿分配。到 1998 年底,会员国共持有 214.33 亿单位的特别提款权,占会员国国际储备总额的 1.87%。特别提款权刚创立时其价值是用黄金来表示的,即 1 个特别提款权含金量为 0.888 671 克,与贬值前美元等值,1 个特别提款权等于 1 美元。随着美元两次贬值,特别提款权与美元的比价相应调整为 1.085 71美元和 1.206 36 美元。实行浮动汇率制后,IMF 决定自 1974 年 1 月 1 日起,特别提款权定值与黄金脱钩,改用“一篮子”16 种货币作为定值标准。但由于这种定值方法在技术上比较复杂,IMF 决定,从 1980 年 9 月 18 日起改用 5 种货币定值,即美元、原联邦德国马克、日元、法国法郎和英镑,它们的计算权数每 5 年进行一次调整,到 1996 年,IMF 已对 5 种货币在特别提款权中所占的权数进行了 3 次调整。调整的具体情况见表 8 -4。

表 8 -4

货币名称	1980 年的权数	第一次调整后的权数(1986 年 1 月 1 日生效)	第二次调整后的权数(1991 年 1 月 1 日生效)	第三次调整后的权数(1996 年 1 月 1 日生效)
美元	42%($ 0.54)	42%($ 0.452)	40%($ 0.572)	39%($ 0.582)
原联邦德国马克	19%(DM 0.46)	19%(DM 0.527)	21%(DM 0.453)	21%(DM 0.446)
日元	13%(J¥34)	15%(J¥33.4)	17%(J¥31.8)	18%(J¥27.20)
法国法郎	13%(FF 0.74)	12%(FF 1.02)	11%(FF 0.8)	11%(FF 0.813)
英镑	13%(£ 0.071)	12%(£ 0.089 3)	11%(£ 0.081 2)	11%(£ 0.105)

欧元启动后,2001 年,国际货币基金组织对特别提款权的定值标准进行了第四次调整,由 5 种货币改为 4 种货币,即美元、欧元、日元和英镑。2006 年 1 月 1 日,国际货币基金组织又对特别提款权的定值标准进行了第五次调整,调整的具体情况见表 8 -5。

表 8-5

货币名称	第四次调整后的权数(2001 年 1 月 1 日生效)	第五次调整后的权数(2006 年 1 月 1 日生效)
美元	45%($ 0.577)	44%($ 0.632)
欧元	29%(€0.426)	34%(€0.410)
日元	15%(J¥21.0)	11%(J¥18.4)
英镑	11%(£ 0.098 4)	11%(£ 0.090 3)

(二)国际储备的作用

国际储备是体现一个国家经济实力的重要标志之一。各国保持国际储备可能有各种各样的目的,但就国际储备的基本作用来讲,主要有以下 4 个功能:弥补国际收支差额、干预外汇市场、借债和偿债的信用保证、增强综合国力。

1. 维持国际支付能力,弥补国际收支差额。当国际收支出现逆差时,可以动用国际储备予以弥补,虽然这只是一种临时性的措施,但是它为准备用其他调节措施争取了时间。国际储备的这种功能被称为国际收支的"缓冲器"。

2. 干预外汇市场,维持本国货币汇率的稳定。当外汇市场上外汇供大于求时,一国货币当局,如中央银行,在外汇市场上购买外汇以阻止本币汇率的过度上升;当外汇市场外汇供不应求时,又可以卖出外汇,以防止本币汇率的过度下跌。国际储备,是一国政府干预外汇市场、稳定本国汇率的一个主要手段。

3. 为国家对外借债和偿还外债提供信用保证。国际储备状况是反映一国的对外金融实力和评价一国偿债能力和资信的重要标志。一国拥有充足的国际储备,政府才有足够的实力采取灵活的汇率政策,争取国际竞争的优势。国际储备不仅可以保证对外支付的需要,保持本国货币的坚挺,维护本国货币在国际市场上的信誉,还可以提高国家的信用级别,有利于该国通过各种渠道借入国际资金和顺利及时地安排债务偿还。同时,一国的国际储备状况还可表明一国的还本付息能力,国际储备是债务国到期还本付息的最可靠保证。如果一国要争取外国政府贷款、国际金融机构信贷或在国际资本市场上进行融资,其良好的债信和稳定的偿债能力是十分重要的前提条件,而一国能支配的储备资产的数量便是其基本保证。

4. 增强综合国力,抵御风险。国际上在评价一国的综合国力时,通常把国际储备作为一项重要指标。国际储备的增加也就是一国对外清偿能力和综合国力的增强。同时,在经济、政治和社会发展的过程中,会出现不确定的因素,会有各种风险,保持一定的国际储备对于应付各种风险和突发事件是十分必要的。很多人都记得在 1997 年那场惊心动魄的东南亚金融危机中,我国香港特别行政区成功地击退了国际投机资本对港币的阻击,如果当时没有足够的外汇储备,恐怕难以成为那场金融危机中"唯一岿然不动的巨人"。由此可见,一国的国际储备无异于该国金融经济中的"国防军"。

(三)国际储备的管理

国际储备管理,是指一国政府及货币当局根据一定时期内本国的国际收支状况和经济发展的要求,对国际储备的规模、结构及储备资产的运用等进行计划、调整、控制,以实现储备资产规模适度化、结构最优化、使用高效化的整个过程。国际储备管理是国民经济管理的一个十分重要的组成部分。

国际储备管理包括量的管理和质的管理两个方面。所谓量的管理,是指对国际储备规模的选择与调整;质的管理则是指对国际储备运营的管理,主要是其结构的确定和调整。因而,前者通常被称为国际储备的规模管理,后者则被称为国际储备的结构管理。

1. 国际储备的规模管理。所谓国际储备的规模管理,是指对国际储备规模进行确定和调整,以保持足够的、适量的国际储备水平。

如果一个国家的国际储备规模过小,则①对外支付能力就会降低,缺乏足够的资金购买国外先进的设备和技术;②对外政治往来能力下降,国际地位降低;③本币具有贬值的压力。国际储备尤其是外汇储备过少,意味着对外币的需求加大,而对本币需求减少,导致外汇汇率上升,本币汇率下降。

如果一个国家的国际储备规模过大,则①加大机会成本。虽然过多的国际储备具有较强的平衡国际收支的能力和抑制外汇市场波动的能力,但国际储备是财富和购买力的代表,它可以用来进行生产活动,加速经济的发展,所以,获取和持有国际储备是要支付机会成本的。②加大国内通货膨胀的压力。国际储备,尤其是外汇储备数额的多少,与本国货币的投放量有着密切的关系,外汇储备很大,意味着本币投放量很大,如果这部分外汇储备所代表的购买力没有实现，那么，它所对应的本币投放就缺乏必要的物资保证，因而会加大流通中的本币量，引起国内通货膨胀。③加大本币升值的压力。外汇储备过多，意味着对外币需求减少，而对本币需求加大，会导致外汇汇率下降，本币汇率上升。④过多的国际储备，也是一种资源浪费。

所以，过多的国际储备同样也会影响一国的经济发展。因此，一个国家的国际储备不能太少，也不能过多，最好的办法是把国际储备维持在一个合理的水平上，这一合理的国际储备水平被称为国际储备的适度规模。那么，何谓最适度的储备规模？一个国家的国际储备多少为合适？

测算适度国际储备规模有不同的途径或方法。其中最为简便、使用最广的当数储备额／进口额比例分析法。提出这一比例分析法的代表人物为美国耶鲁大学教授罗伯特·特里芬。特里芬认为，一国的国际储备规模应与它的年进口贸易额保持一定的比例关系，该比例以40%为标准，以20%为最低限度。目前，国际上一般认为应保持3～4个月的进口额作为该国的储备额。因为黄金及其他储备资产数量极其有限，故而当今也把这一比例视为外汇储备的参考标准。利用比例分析法衡量储备的适度规模简单易行，并且进口额与储备额二者之间确实存在一种稳定关系，许多国家均采用这种方法来测算储备的适度性。然而，比例分析法过于简单，还存在不少缺陷。首先，国际储备是一个包括许多变量的函数，进口只是影响国际储备众多因素中的一个，变量太少，不能全面反映影响储备的综合因素；其次，将储备持有额和储备需求量等同起来，不能准确反映所必需持有的储备额。总之，比例分析法只能作为衡量储备需求水平的粗略指标，一国在测算储备适度化水平时，还必须结合其他因素综合考虑，如国民经济发展规模和速度、经济开放程度、对外贸易发展状况、利用外资和国际融资能力、货币的国际地位以及国家调控能力，等等。

2. 国际储备的结构管理。一国的储备资产除了水平适度外，还必须结构合理。各类储备资产的结构如何安排，即各种资产之间如何做到最佳构成，外汇储备中不同的币种结构如何确定，如何进行恰当的资产组合和资金调度以分散和避免风险，这些构成了国际储备结构管理的主要内容。

国际储备由黄金储备、外汇储备、国际货币基金组织成员国在基金组织的储备头寸和特别提款权四个部分构成。这四个部分各自的流动性、安全性和营利性是不同的，它们之间的不同组合，即它们各自在国际储备总额中所占的比重不同，会导致整个国际储备总体体现出不同的流动性、安全性和营利性。同时，不同的国家在不同时期由于其不同的经济发展目标，对国际储备流动性、安全性和营利性这三个方面的要求也是不同的。因此，除了在总额和规模上必须对国际储备加以管理和控制外，还必须针对不同储备资产各自的安全性、流动性和营利性，根据扬长避短的原则不断地调整四种不同形式的储备资产的数量组合，按一定比例搭配，实现结构的最优化，使其发挥最大的效能。

由于特别提款权和在国际货币基金组织的储备头寸的多少取决于各成员国向基金组织缴纳的份额，其数量受基金组织的控制，不能随意变更。由于黄金不生息、需支付保管费及价格变动频繁等原因，各国的黄金储备趋少，因此，国际储备结构管理的重点则是外汇储备结构管理。

对外汇储备结构管理主要是对储备货币的币种选择，即确定各种不同储备货币的比例关系。各国在确定不同货币的比例时，一是要考虑储备货币发行国的经济、金融形势和国际收支状况，预测其货币汇率的发展趋势，从而确定其储备货币的比例；二是要考虑本国在对外支付中所需要的币种结构；三是要考虑不同货币的预期收益率。一般来说，选择汇率走势较强的“硬货币”作为储备货币比较安全，但其利率通常较低；“软货币”作为储备货币可获得较高的利率，但汇率风险较大。因此，在选择不同的储备货币时，要综合考虑这三个方面，以确定最优的搭配比例。

（四）我国的国际储备管理

1. 我国国际储备的特点。自1980年4月17日我国恢复了在IMF的合法席位以后，我国的国际储备也由黄金储备、外汇储备、在IMF的储备头寸和特别提款权四部分构成。如表8-6。

表8-6　2005年中国国际储备构成

黄金储备	外汇储备	在IMF的储备头寸	特别提款权
1 929 （万盎司）	8 188.72 （亿美元）	9.730 2 （亿SDRs）	8.753 8 （亿SDRs）

由于我国在IMF中所缴份额到2001年为63.692亿SDRs，仅占IMF总份额的3%，所以，我国的特别提款权和储备头寸的数额十分有限，占我国

国际储备总额的比例极小。而且,如上所述,一国对国际储备的管理,是无法主动从特别提款权和储备头寸来着手的,而外汇储备和黄金储备(因国家收购或抛售黄金的缘故)变动的可能性更大一些。不过,我国从1981～2000年,20年间黄金储备始终没有发生变动,2001年和2002年连续两年增加黄金储备,目前为1 929万盎司,折合为600吨,但外汇储备的变动却相当大,见表8－7。

表8－7　我国的黄金外汇储备资产

(1981～2005年)

年　份	黄金储备(万盎司)	外汇储备(亿美元)	国家外汇库存(亿美元)	中国银行外汇结存(亿美元)
1981	1 267	47.73	27.08	20.65
1982	1 267	111.25	69.86	41.39
1983	1 267	143.42	89.01	54.41
1984	1 267	144.20	82.20	62.00
1985	1 267	119.13	26.44	92.69
1986	1 267	105.14	20.72	84.42
1987	1 267	152.36	29.23	123.13
1988	1 267	175.48	33.72	141.76
1989	1 267	170.22	55.50	114.72
1990	1 267	285.94	110.93	175.01
1991	1 267	426.65	217.12	209.53
1992	1 267	194.43	—	—
1993	1 267	211.99	—	—
1994	1 267	516.20	—	—
1995	1 267	735.97	—	—
1996	1 267	1 050.29	—	—
1997	1 267	1 398.90	—	—
1998	1 267	1 449.59	—	—
1999	1 267	1 546.75	—	—
2000	1 267	1 655.7	—	—
2001	1 608	2 121.65	—	—
2002	1 929	2 864.07—	—	
2003	1 929	4 032.51	—	—
2004	1 929	6 099.32	—	—
2005	1 929	8 188.72	—	—

从表 8－7 提供的资料,我们分析如下：

首先,我国一直实行稳定性的黄金储备政策。1981 年以后,我国的黄金储备一直维持在 1 267 万盎司的水平上。直到 2001 年,黄金储备上升到 1 608 万盎司,2002 年上升至 1 929 万盎司,目前仍保持在这个水平上。

其次,外汇储备迅猛增长,其规模发展经过了一个曲折的过程。1981 年,我国国家外汇库存仅有 27 亿美元,到 1983 年增至 89 亿美元。当时误认为国家外汇库存过多,主张增加进口,结果一发而不可收,外汇库存急剧减少,到 1986 年下降到 21 亿美元,此后才逐渐恢复。

1992 年以前,我国外汇储备由国家外汇库存和中国银行外汇结存两部分组成。随着社会主义市场经济体制的进一步确定,中国银行向国有商业银行的目标迈进,自 1992 年开始,中国银行的外汇结存不再列入国家外汇储备。

1994 年,我国实行了外汇体制和人民币汇率制度改革,国民经济宏观调控取得了极大的成功,经济高速增长,通货膨胀率逐步降低,有力地促进了对外贸易和利用外资的发展。几年来,我国国际收支连年顺差,外国资本大量流入,至 2005 年底,外汇储备达到 8 188.72 亿美元,成为仅次于日本的外汇储备大国。

2. 我国外汇储备规模的确定。关于我国的外汇储备规模的多少为适度,实际上是近几年来理论界所争论异常激烈的问题。笔者认为,确定我国外汇储备的合理规模要综合考虑以下因素：

(1)进口规模。以外汇储备与同年的进口总额的比重即储备率来作为主要依据。按国际上的一般做法,要求有相当于本国 3～4 个月进口付汇量的外汇储备。表 8－8 为 1982～2005 年我国外汇储备率的变动。

表 8－8　我国外汇储备率的变动

年　份	进口总额（亿美元）	外汇储备总额（亿美元）	储备率（%）
1982	168.76	69.86	41.40
1983	187.17	89.01	47.60
1984	238.91	82.20	34.40
1985	282.31	26.44	9.40
1986	348.96	20.72	5.90
1987	363.95	29.23	8.00

续表

年　份	进口总额（亿美元）	外汇储备总额（亿美元）	储备率（%）
1988	463.69	33.72	7.30
1989	488.40	55.50	11.40
1990	423.54	110.93	26.20
1991	501.76	217.12	43.30
1992	643.85	194.43	30.20
1993	863.13	211.99	24.60
1994	952.71	516.20	54.20
1995	1 100.60	735.97	66.90
1996	1 315.42	1 050.29	79.80
1997	1 364.48	1 398.90	102.50
1998	1 369.16	1 449.60	105.90
1999	1 585.10	1 546.75	97.60
2000	2 146.60	1 655.70	77.10
2001	2 436.10	2 121.65	87.10
2002	2 952.16	2 864.07	97.02
2003	4 128.44	4 032.51	97.68
2004	5 613.8	6 099.32	108.65
2005	6 601.28	8 188.72	124.05

资料来源：根据相关年份的《外贸统计》与《中国金融统计》资料整理而得。

以抵付 3 ~4 个月进口额的储备水平为标准来衡量中国外汇储备的规模是否适度，从表 8 –8 中发现可以分为 4 个时期：①1982 ~1984 年为基本达标阶段；②1985 ~1989 年为低于标准阶段；③1990 ~1993 年为基本达标阶段；④1994 年至今则为超出标准阶段。2005 年，当年进口总额为 6 601.2 亿美元，月均进口量约为 550 亿美元，这就要求有 2 200 亿 ~2 500 亿美元左右的外汇储备来抵付 4 个月进口额。但实际上，这一指标仅仅是特里芬教授在 20 世纪 50 年代提出的，那时的国际经济情况远比现在简单，而当今世界，资本移动数量的巨大和频繁，商品和劳务进出口种类的繁多，都会对一国的国际收支产生巨大的影响，所以，仅仅用进口规模来衡量对外汇储备的需求量是很不够的，还应考虑下述一些因素。

（2）外商直接投资规模。截止到 2005 年底，我国实际利用外商直接投资额达 6 224.26 亿美元。如果按年平均 10% ~15% 的投资回报率计算，外方投资者每年汇出的利润约为 620 亿 ~930 亿美元。近几年外国对华直接投资不少是投向不创汇的基础设施和基础产业，将陆续进入利润返还期，返还利润的外汇要从外汇储备中购买。

（3）外债规模。尽管近年来我国外债余额增速减缓，但目前外债余额仍然较高，2005 年 9 月底，我国外债余额已达 2 810.5 亿美元。由于我国正处于还债高峰期，如果按年平均 10% ~15% 的偿债率计算，每年偿债金额约为 280 亿 ~420 亿美元。

（4）国家宏观调控和应付突发事件。中国加入世界贸易组织后会加快中国的对外开放，进一步推动人民币尽快成为完全可自由兑换货币，外汇管制将放松，金融风险加大；另外，为维持我国香港的国际金融中心地位的繁荣与稳定等都需要中央政府有足够的外汇储备。

总之，根据中国的国情，可建立如下一种测算体系：

国家外汇储备 = 4 个月进口用汇量 +（10% ~15%）外资企业汇出利润率 +（10% ~15%）偿债率 + 其他不确定因素

按这个指标测算，我国外汇储备规模的适度水平 2004 年之前总体上是比较适宜的，但 2004 年之后，由于出口增长、外商投资速度的加快以及人民币升值的预期，大量热钱的流入，我国外汇储备的确增长过快。

3. 我国外汇储备结构的管理。我国外汇储备结构管理的主要原则是：①多元化的货币储备，以分散汇率变动风险；②掌握储备货币的比例。一是根据支付进口商品所需要的货币币种和数量，确定该货币在储备中的比例；二是根据对外负债过程中遵循借、用、收、还货币一致的原则，确定不同货币在储备中的比例；三是根据外汇汇率的变化，随时调整储备货币的比例。其目的是：优化外汇储备的货币结构和资产结构，拓宽外汇储备投资领域；把储备运用与国家整体发展战略、改革开放和宏观调控结合起来；完善风险管理，积极提高储备资产的收益水平。

第二节 外汇与外汇汇率

一、外汇

（一）什么是外汇

“外汇”一词可以说已是家喻户晓、无人不知，但若细究起来，什么是外汇，它的准确含义是什么？对这个问题许多人还不能作出确切的回答。

外汇,概括地说,就是"国际汇兑"的简称,有动态和静态之分。动态的外汇,是指人们将一种货币兑换成另一种货币,以清偿国际间债权债务的金融活动。在这一意义上,外汇的概念等同于国际结算。

静态的外汇,又有广义与狭义之分。各国外汇管制法令所称的外汇是指广义的外汇。例如,我国外汇管理部门给外汇所下的定义,是指外币以及外币所表示的可以用做国际清偿的支付手段和资产。它包括 5 大类:①外国货币(包括纸币、铸币);②外币支付凭证(包括票据、银行存款凭证、邮政储蓄凭证等);③外币有价证券(包括政府债券、公司债券、股票等);④特别提款权;⑤其他外币资产。可见,外汇的概念等同于外币资产。

狭义外汇即通常所说的外汇,是指以外币所表示的用于国际结算的支付手段。只有各国普遍接受的支付手段才能用于国际结算。因此,以外币表示的有价证券和黄金不能视为外汇,因为它们不能用于国际结算,而只有把它们变为可以在国外的银行存款时才能用于国际结算。严格来说,外币现钞也不能算做外汇,因为它们一旦流入他国,便立即失去法定货币的身份与作用,外币持有者须将这些外币向其所在国银行兑换成该国货币才能使用。可见,狭义的外汇概念不包括外币和外币信用凭证,只有在国外的银行存款,以及可以索取这些存款的外币票据与外币凭证,如汇票、支票、本票和电汇凭证等,才可以直接用于国际结算,才是狭义的外汇。

在理解外汇这个概念时应注意:①外汇必须是以外币表示的国外资产,要具有国际性;②外汇必须是在国外能得到偿付的货币债权(空头支票、拒付的汇票不能视为外汇),要具有可偿性;③外汇必须是可以兑换成其他支付手段的外币资产(不能兑换成其他国家的货币,不能视为外汇),要具有可兑换性。

(二)外汇的分类

从不同角度,根据不同的分类标准,可以对外汇进行不同的分类。

1. 按兑换限制程度的不同划分。按货币兑换的限制程度不同,外汇可分为自由兑换、有限自由兑换、不可兑换 3 种类型。

(1)自由兑换外汇。自由兑换外汇是指不需要外汇管理当局批准可以自由兑换成其他国家的货币,或者是可以向第三者办理支付的外国货币及支付手段。如美元、英镑、日元等货币以及用这些货币表示的汇票、支票、股票、债券等支付凭证和信用凭证,均为自由兑换外汇。当今世界上,在外汇交易上大约有 50 多个国家或地区的货币被认为是可自由兑换货币,但在国际结算中,只有10多种是常用的自由兑换货币。

(2)有限自由兑换外汇。有限自由兑换外汇是指未经货币发行国批准,不能自由兑换成其他货币或对第三者进行支付的外汇。根据国际货币基金组织协定的规定,对国际性经常往来的付款和资金转移有一定限制的货币均属于有限制性的自由兑换货币。此类货币通常存在一个以上的汇率,外汇交易也常受限制。

(3)不可兑换外汇。不可兑换外汇是指对国际间经常往来的付款或资金转移施加严格限制的货币,即一国货币不能成为清偿国际间债权债务的手段,出了国门就成了废纸一张。因此,这类货币在国际上就没有什么地位。不可兑换外汇的特点是仅限于国内流通。过去曾经实行高度计划管理经济体制的国家以及一些较落后国家的货币多是不可兑换货币。随着这些国家不同程度的体制改革和对外开放,其货币不可兑换的状况已经有了很大改观,目前属于这样的货币已是极少数了。

2. 按交割期限的不同划分。按交割期限的不同,外汇可分为即期外汇和远期外汇两种。

(1)即期外汇,又称现汇或外汇现货,是指国际贸易或外汇买卖中即期进行收付的外汇,是在买卖成交后立即交割,或在第一或第二个营业日内完成交割的外汇。交割是指买卖双方进行钱货两清。外汇交割是指一方付出本币,一方付出外币。

(2)远期外汇,又称期汇或远期汇兑。它是指在国际贸易和外汇买卖中,有时买卖双方先订立买卖合同,规定买卖外汇的数量、汇率、期限等,在约定到期日,依照合同规定的汇率进行交割的外汇。远期外汇的期限一般为1~6个月,也可长达1年。

3. 按照来源和用途的不同划分。按照来源和用途的不同,外汇可分为贸易外汇和非贸易外汇两种。

(1)贸易外汇。贸易外汇是指由商品的进口和出口而发生的支出和收入的外汇。贸易外汇包括对外贸易中因收付贸易货款、交易佣金、运输费和保险费等发生的那部分外汇。我国的贸易外汇,主要包括:中国生产商品的出口收汇、以进养出专项收汇、中小型补偿贸易外汇、中外合资企业收入及各种来料加工、装配业务的工缴费外汇收入等。贸易外汇是一国外汇收支的重要项目,在国际收支平衡中占有极其重要的地位。

(2)非贸易外汇。非贸易外汇是指由非贸易业务往来而发生收入和支出的外汇。非贸易外汇包括:侨汇、旅游外汇、劳务外汇、私人外汇、驻外机构经费以及交通、民航、邮电、铁路、银行、保险、港口等部门对外业务收支的外汇。随着经济国际化的发展,非贸易外汇收入在一些国家的外汇收入中也占有较大的比重。

二、外汇汇率

(一)什么是汇率

在国际经济交往中,对于每一个具体参与者来讲,债权与债务必须通过货币兑换、外汇买卖才能进行国际结算和企业会计登录。这就产生了外汇汇率问题。

外汇既然是一种资产,就可以和其他商品一样进行买卖,但商品买卖是以货币购买商品,而货币买卖却是以货币购买货币。这种用一国货币来表示另一国货币的价格,就称为汇价。从另一个角度来说,汇率也就是这两种货币之间相互交换时的比率。例如:"1 美元折合 8.27 元人民币",就是美元与人民币之间的汇率,即美元的人民币价格。

(二)汇率的标价方法

通过银行用本国货币按汇率购买外汇,或将外汇按汇率兑换成本国货币,就叫做外汇买卖。汇率是外汇买卖的折算标准。一个国家的外汇汇率是以外国货币表示本国货币的价格,还是用本币表示外币的价格,这称之为外汇汇率的标价方法。由于采用的货币标准不一样,外汇汇率就出现了不同的标价方法。

1. 直接标价法。直接标价是以一定单位的外币为基准,来表示外币与本币之间的价格。也就是说,用一单位外国货币值多少本国货币的方式,来表示外币价格的高低。例如,2006 年 2 月 14 日,我国国家外汇管理局公布的人民币对美元的官方汇率为 100 美元 = 804.75 元人民币,这就是直接标价法。

这种标价法的特点是:外币数额固定不变,折合本币的数额根据外国货币与本国货币币值对比的变化而变化。如果一定数额的外币折合本币数量增加,即外币升值、本币贬值;反之,如果一定数额的外币折合本币数量减少,即外币贬值、本币升值。目前,世界上绝大多数国家都采用直接标价法。

2. 间接标价法。间接标价法是以一定单位的本币为基准，来表示本币与外币之间的价格。也就是说，用一单位本国货币值多少外国货币的方式。例如，2006 年 2 月 14 日，伦敦外汇市场公布 1 英镑 = 1. 7 420 美元，就是间接标价法。

这种标价方法的特点是：以本币为计价标准，固定不变，折合外币的数额根据本币与外币币值对比的变化而变化。如果一定数量的本币折合外币的数目增加，即本币升值，外币贬值；反之，如果一定数量的本币折合外币数量减少，则为本币贬值，外币升值。

实行间接标价法的国家最早是英国及英属殖民地国家。由于英国是资本主义发展最早的国家，英镑曾经是世界贸易计价结算的中心货币，因此，长期以来伦敦外汇市场上英镑采用间接标价法。第二次世界大战以后，美国经济实力迅速扩大，美元逐渐成为国际结算、国际储备的主要货币。为了便于计价结算，从 1978 年 9 月 11 日开始，纽约外汇市场也改用间接标价法，以美元为标准公布美元与其他货币之间的汇价。但是，对英镑、爱尔兰镑、澳元、新西兰元及欧元用直接标价法。

直接标价法和间接标价法都是针对本国货币与外国货币之间的关系而言的。对于某个国家或某个外汇市场来说，本币以外其他各种货币之间的比价无法用直接或间接标价法来判断。实际上，非本币货币之间的汇价往往是以一种国际上的主要货币或关键货币（Key Currency）为标准的。第二次世界大战后，由于美元是世界货币体系中的中心货币，为此，又出现了另外一种标价方式，即“美元标价法”。

3. 美元标价法。美元标价法是以 1 个单位的美元为标准，折合成一定数额的其他国家货币来表示汇率的方法。比如 2006 年 2 月 14 日，国际外汇市场上：USD1 = GBP0. 574 1，USD1 = JP ￥117. 250，USD1 = HKD7. 760 4，…。

在这种标价法下，唯有美元是基准货币，作为计价标准；其他国家的货币是标价货币，作为计算单位。所以，美元标价法是美元的数额固定不变，其他国家货币的数额随汇率的高低而变化。

（三）汇率的种类

汇率是外汇理论与政策以及外汇业务中的一个中心内容，它虽然被概括地定义为两种货币之间的价格之比，但在实际应用中，汇率可以从不同角度划分为不同的种类，或者说，汇率在不同的场合具有不同的表现形式。

1. 按银行业务操作情况，可把汇率分为买入汇率、卖出汇率、中间汇率、现钞买入价。

（1）买入汇率。银行买入外汇所依据的汇率叫买入汇率，也称买价。

（2）卖出汇率。银行卖出外汇所依据的汇率叫卖出汇率，也称卖价。

由此可见，买入、卖出是站在银行的角度说的买和卖，而不是站在客户的角度说的买和卖。在外汇市场上挂牌的外汇牌价一般列有买入汇率与卖出汇率。在直接标价法下，较低的价格为买入价，较高的价格为卖出价。例如：2006 年 2 月 14 日，中国人民银行公布的外汇牌价 USD100 = RMB（803.140 0 ~ 806.360 0），前者（803.140 0）是银行从客户手中买入 100 美元时向客户付出的人民币数额；后者（806.360 0）是银行卖出 100 美元时向客户收取的人民币数额，其差价为 3.22 元人民币。而在间接标价法下则相反，价格较低的是卖出价，价格较高的是买入价。例如，某月某日，伦敦外汇市场上英镑兑美元的汇率为 GBP1 = USD（1.621 9 ~ 1.623 9），前者（1.621 9）是银行收取英镑即卖出美元的价格，为卖出价，即卖出1.621 9美元向客户收取 1 英镑；后者（1.623 9）是银行付出英镑买入美元的价格，为买入价，即买入 1.623 9 美元付出 1 英镑。

（3）中间汇率。买入汇率与卖出汇率的平均汇率为中间汇率，即

$$中间汇率 = (买入汇率 + 卖出汇率) \div 2$$

中间汇率常用于对汇率的分析，报刊报道汇率也用中间汇率，它主要用于：①说明外汇市场汇率的一般走势；②企业内部本币与外币核算时的计算标准。

（4）现钞买入价。前述的买入汇率、卖出汇率是指银行购买或出卖外币支付凭证的价格。在银行外汇牌价表中，除列有买入与卖出汇率外，一般还经常公布现钞买入价。现钞买入价即银行购买外币钞票的价格。

我国与其他国家一样，所规定的现钞买入价比银行购买汇票等支付凭证的价格低。银行购入外币汇票以后，通过航邮划账，可很快地存入外国银行，开始生息，调拨动用；而银行收现钞，要经过一定时间，积累到一定数额后，才能将其运送并存入外国银行调拨使用。在此以前，买入钞票的银行要承受一定的利息损失；将现钞运送并存入外国银行的过程中，还有运费、保险费等支出，银行要将这些损失及费用开支转嫁给出卖现钞的顾客，所以银行买入现钞所出的价格低于买入各种形式的国际结算凭证的价格。而银行卖出外国现钞时，则根据一般的（即一般支付凭证的）卖出汇率，不

再单列。见表 8 -9。

表 8 -9　中国工商银行人民币即期外汇牌价

(2006 年 2 月 14 日　星期二)

单位:人民币/100 外币

币种	汇买、汇卖中间价	现汇买入价	现钞买入价	卖出价	基准价
美元(USD)	804.80	803.19	796.75	806.41	804.80
港币(HKD)	103.70	103.49	102.66	103.91	103.70
日元(JP ¥)	6.849 4	6.822 0	6.602 8	6.876 8	6.845 0
欧元(EUR)	957.31	953.48	922.85	961.14	957.38
英镑(GBP)	1 401.24	1 395.64	1 350.80	1 406.84	—
瑞士法郎(CHF)	615.20	612.74	593.05	617.66	—
加拿大元(CAD)	695.89	693.11	670.84	698.67	—
澳大利亚元(AUD)	592.49	590.12	571.16	594.86	—
新加坡元(SGD)	494.17	492.19	476.38	496.15	—
丹麦克朗(DKK)	128.24	127.73	123.62	128.75	—
挪威克朗(NOK)	118.07	117.60	113.82	118.54	—
瑞典克朗(SEK)	102.43	102.02	98.74	102.84	—
澳门元(MOP)	100.52	100.32	99.51	100.72	—
新西兰元(NZD)	541.79	539.62	522.29	543.96	—
韩元(KRW)	0.8241	—	0.7812	0.8670	—

注:此汇率为中国工商银行初始报价,成交价以各地分行实际交易汇率为准。

资料来源:http://www.jcbc.com.cn

2. 按汇率的计算方法,可把汇率分为基本汇率和套算汇率。

(1)基本汇率,一国如果选择一种在国际经济交往中最常使用的、可自由兑换的关键货币,制定出本国货币与该种货币之间的汇率,这种汇率就是基本汇率。由于美元是国际上使用最为广泛的货币,所以,很多国家都是选定美元作为关键货币,制定出美元兑本币的汇率,作为基本汇率。

(2)套算汇率。本国货币与其他国家货币之间的汇率,通过基本汇率套算出来,这种汇率就是套算汇率。套算汇率的计算,可分为 3 种:

按中间汇率(适用于按一般电讯行市计算交叉汇率)。设即期汇率 1

美元 =8.27 人民币;1 美元 =110 日元。日元兑人民币的汇率为:

$$JP¥1 = \frac{8.27}{110} = RMB0.0751$$

交叉相除法(适用于中心货币相同的两种汇率的计算)。设即期汇率行市:1 美元 =1.227 8/1.231 8 瑞士法郎;1 美元 =110.50/110.60 日元。瑞士法郎兑日元的交叉汇率为:

$$银行买进\ CHF1 = \frac{110.50}{1.2318} = JP¥89.71$$

$$银行卖出\ CHF1 = \frac{110.60}{1.2278} = JP¥89.92$$

同边相乘法(适用于中心货币不同的两种汇率的计算)。设即期汇率行市:1 美元 = 1.227 8/1.231 8 瑞士法郎;1 英镑 = 1.800 9/1.804 9 美元。英镑兑瑞士法郎的交叉汇率为:

$$银行买进\ GBP1 = 1.2278 \times 1.8009 = CHF2.2111$$

$$银行卖出\ GBP1 = 1.2318 \times 1.8049 = CHF2.2232$$

3.按外汇买卖交割期限,把汇率分为即期汇率和远期汇率。

(1)即期汇率。即期汇率也称现汇汇率,是指外汇买卖双方成交后,在当日或两个营业日之内进行外汇交割所采用的汇率,它是外汇市场上使用最多的汇率。即期外汇交易通过电话、电报、电传及计算机网络等方式进行,因此,即期汇率也就是电汇汇率。

(2)远期汇率。远期汇率也称期汇汇率、预约汇率,是指外汇买卖成交后,在约定的到期日进行外汇交割所使用的汇率。一般为 1 ~6 个月或 12 个月进行交割。远期汇率的变动受利率变化和外汇市场供求状况变化的影响。

远期汇率是在即期汇率的基础上产生的。远期汇率相对即期汇率来说,总会存在一个差额,这个差额用升水、贴水和平价表示。升水表示远期汇率高于即期汇率,或者说远期外汇比即期外汇贵。贴水表示远期汇率低于即期汇率,或者说远期外汇比即期外汇便宜。平价表示远期汇率等于即期汇率。

由于汇率的标价方法不同,计算远期汇率的原则也不相同。

在直接标价法下:

$$远期汇率 = 即期汇率\begin{cases} +升水 \\ -贴水 \end{cases}$$

在间接标价法下：

$$远期汇率 = 即期汇率\begin{cases} -升水 \\ +贴水 \end{cases}$$

4. 按国际货币体系的演变或国际汇率制度，可把汇率分为固定汇率、浮动汇率、盯住汇率、联系汇率。

（1）固定汇率。固定汇率是指两国货币比价基本固定，只能在规定的幅度内波动。当实际汇率波动超过规定的幅度，中央银行有义务进行干预，使汇率波幅维持在规定的上下限内。由于在这种制度下汇率一般不轻易变动，具有相对稳定性，故称为固定汇率。固定汇率主要是在布雷顿森林体系下实行的汇率制度。

（2）浮动汇率。浮动汇率制度是在固定汇率制度破产以后，主要西方国家从 1973 年开始普遍实行的一种汇率制度。在浮动汇率制度下，政府对汇率不加以固定，也不规定上下波动的界限，听任外汇市场根据外汇的供求情况，自行决定本国货币对外国货币的汇率。外国货币供过于求时，外国货币的价格就下跌，外币的汇率就下浮；外国货币求过于供时，外国货币价格就上涨，外币汇率就上浮。目前，世界上大多数国家都采用浮动汇率制，只不过多数都是有管理的浮动。

（3）盯住汇率。盯住汇率是指一国货币与某种外币保持固定比价关系，随该外币的浮动而浮动。如泰国在 1997 年爆发金融危机之前，采用 1 美元 =25 泰铢；中国在 1997 年至 2005 年 7 月 21 日之前，始终保持在 1 美元 =8.277 0 人民币，就是盯住美元的盯住汇率制。

（4）联系汇率。联系汇率是一种特殊的盯住汇率制，但又不同于一般的盯住汇率制，最具有典型意义的是港元联系汇率制。1983 年 10 月 17 日，港英政府以 1 美元兑换 7.8 港元的比价实行联系汇率制。其主要特点是：由外汇基金管理局规定现钞发行和现钞回笼的官方汇率，并利用市场竞争机制，使市场汇率接近官方指定汇率。其运作方式是：外汇基金管理局向货币发行银行（汇丰、渣打、中银）发出负债证明书，发行银行再以负债证明书为后盾向社会发行纸币。发行银行取得负债证明书后，按 USD1 = HKD7.80 的汇率向外汇基金管理局上缴美元存款。任何银行向发行银行取得港币时，可按 USD1 = HKD7.80 的汇率上缴相应数额的美元，而任何银行也可按此汇率向发行银行换取美元。可见，香港的货币发行同港元联系汇率直接挂钩。1997 年 7 月 1 日香港回归祖国后，仍继续采用这种汇率制度。

三、汇率的决定与调整

汇率的决定应是两种货币的价值之比,即汇率决定的基础是各自货币所具有或所代表的实际价值。那么,两国货币之间的这种兑换比率是如何确定的呢?它背后的决定因素是什么?为什么一国货币同别国货币之间的兑换比率是某一个特定的数值而不是其他的数值?

由于汇率与各国的货币制度有密切关系,货币制度不同,汇率决定与调整的规律也不同。因此,汇率决定的基础也就不同。

(一)金本位制度下的汇率决定与调整

金本位制始于1816年,首先由英国开始实行,后推广至德、法、美、日等主要西方国家。到20世纪初,除少数国家,如中国及一些亚洲国家仍实行银本位制外,世界许多国家普遍实行了金本位制,金本位制已发展成为世界性的货币制度。在金本位制度下,黄金可以自由铸造货币,可以自由流通,也可以用于国际货款结算。黄金作为一般等价物,充当着世界货币,具有价值尺度、流通手段、贮藏手段和支付手段的功能。在这种制度下,两个实行金本位制国家的货币含金量之比称为铸币平价(Mint Par 或 Specia Par)。铸币平价是决定汇率的基础。例如,1英镑的含金量为123.274 47格令(Grain)。成色为22开(Karat)金(格令是金衡制的一种计量单位,15.432 32格令 = 1克,纯金为24开),折成纯金(123.274 47 ×22 ÷24)为113.001 6格令。而1美元的含金量为25.8格令,成色为90%,折成纯金(25.8 ×90%)为23.22格令。英镑和美元的铸币平价是:

$$\frac{113.001\ 6}{23.22}=4.866\ 5$$

这说明,1英镑的含金量是1美元含金量的4.866 5倍,从而形成了英镑对美元的汇率为1英镑 = 4.866 5美元。

铸币平价虽然是决定汇率的基础,但并不是实际的汇率。正如商品的价值决定商品的价格,但商品价格经常受市场供求影响,围绕商品价值上下波动一样,货币汇率也受市场供求影响,围绕铸币平价上下波动,有时高于铸币平价,有时低于铸币平价。然而,汇率的这种自发波动不会漫无边际,而是以铸币平价为轴心,以黄金输送点为其最大波幅。

那么,什么是黄金输送点呢?它又是怎样构成对汇率波动范围的限制呢？黄金输送点，就是指汇率的上涨或下跌超过一定界限时，将引起黄金的输出或输入，从而起到自动调节汇率的作用。

黄金输送点 = 铸币平价 ±1 个单位黄金运送费用

假定英国和美国之间运送一个单位黄金的各项费用（运费、保险费、装卸费）和利息，约为所运送黄金的价值的 5‰～7‰，按平均数 6‰计算，在英国和美国之间运送 1 英镑黄金的费用约为 0.03 美元，就此可以计算出黄金输送点的上限（黄金输出点）和下限（黄金输入点）。

黄金输送点
- （上限）USD4.866 5 + 0.03 = USD4.896 5（黄金输出点）
- GBP1 = USD4.866 5 ±1 个单位黄金运送费用
- （下限）USD4.866 5 − 0.03 = USD4.836 5（黄金输入点）

从黄金输送点我们得知，如果英镑汇率上涨超过 4.896 5 美元，则美国进口商就宁愿直接运送黄金到英国来清偿债务，而不愿意在市场上购买英镑。这样，对英镑的需求就会减少，从而促使英镑汇率跌到 4.896 5 美元以下。同样，如果英镑汇率下跌到 4.836 5 美元以下，那么，美国出口商就不愿按此低汇率将英镑换成美元，而宁愿用英镑在英国购进黄金，再运回本国。这样，对英镑的供给就会减少，从而促使英镑汇率回升到 4.836 5 美元以上。

例如：一家美国进口公司从英国进口价值 1 000 000 英镑的毛织品。付款的时候，市场汇率上涨到 GBP1 = USD4.900 0。这时，向英国汇出 1 000 000英镑，就得付出 4 900 000 美元。如果改为运送黄金，只需付出 4 896 500美元（按黄金输出点 USD4.896 5 计算）。因此，其宁愿输出相当于 1 000 000 英镑的黄金，可以节省 3 500 美元。即通过汇款需支付 4 900 000美元，输出黄金只需支付 4 896 500 美元，节省 3 500（4 900 000 − 4 896 500 = 3 500）美元。

反之，假如一家美国出口商向英国出口价值 1 000 000 英镑的商品。英国进口商付款时，市场汇率下跌到 GBP1 = USD4.820 0。这时，美国出口商如收进 1 000 000 英镑，只能兑换为 4 820 000 美元。若要求英商输入黄金，在美国可以兑换为 4 836 500 美元（按黄金输入点 USD4.836 5 计算）。因此，其输入黄金，就可多收 16 500（4 836 500 − 4 820 000 = 16 500）美元。

随着黄金输出量或输入量的增加，将减轻外汇市场供给或需求的压力，缩小汇率上下波动的幅度，并使其逐渐恢复或接近铸币平价。这样就起到了自动调节汇率的作用。

总之,在国际金本位制度下,由于黄金可以自由输出入,当汇率变动对一国不利时,它就不用外汇,而改用输出入黄金的办法来办理国际结算,使汇率的波动不会超过黄金输送点。因此,相对地说,在金本位制度下,汇率波动幅度较小,基本上是固定的。

虽然国际金本位制具有相当的稳定性,从而把各国之间的经济联系往来纳入了稳定发展的轨道,但这种货币制度的稳定性不是绝对的,一些潜在的不稳定因素破坏着这种货币制度稳定的基础,最核心的问题就是黄金供应与需求的尖锐矛盾使真正的金本位制难以为继。引起这一矛盾的原因是多方面的,世界商品贸易活动的日益扩大,黄金多用途的开发,有限的黄金储备和开采技术落后造成的浪费,第一次世界大战前资本主义国家为战争做准备而大肆搜刮黄金,大量发行银行券等等,使金本位制的运行机制受到破坏。同时,英镑对国际金融的实际支配权、发达国家之间国际货币关系的矛盾、弱小国家对国际货币体系的不满,使金本位制的不足和缺陷逐渐暴露出来。第一次世界大战爆发后,由于黄金流通量普遍感到不足和为了应付国家巨额开支而大量发行纸币等原因,欧洲各国都禁止黄金出口和纸币自由兑换黄金,国际金本位制陷入困境。1929 ~ 1933 年世界经济大危机后,金本位制彻底崩溃,西方各国先后实行纸币流通,从而使决定汇率的因素变得异常复杂了。

(二)纸币流通制度下汇率的决定与调整

金本位制度崩溃后,资本主义国家普遍实行纸币流通制度。纸币本身没有价值,仅是流通中的价值符号。纸币之所以能够流通,是由一国政府通过法令规定纸币作为金属货币的代表而实现的。政府参照过去流通的金属货币的含金量,用法律规定纸币的含金量。两种货币法定的含金量之比,称之为"黄金平价"(Par Value or Gold Parity)。所以,在纸币流通制度下,两种货币的"黄金平价"之比,是决定该货币汇率的基础。

例如:第二次世界大战后,1 英镑的法定含金量为 3.581 34 克黄金,1 美元的法定含金量为 0.888 671 克黄金。即£ 1 = 3.581 34/0.888 671 = USD4.03,这就是英镑与美元当时的汇率确定标准。随着外汇市场供求的变化,英镑、美元之间的相对汇率必然变化,但《国际货币基金协定》要求,汇率波动幅度不能超过金平价 1:4.03 的 ±1%,即 1 英镑的价格不能高于 $4.03\times(1+1\%)=4.0703$ 美元,也不能低于 $4.03-4.03\times1\%=3.9897$

美元。如果1英镑兑换美元超过4.070 3或低于3.989 7,英、美两国政府的货币当局有义务采取各种手段,使英镑与美元间的汇率不得超过此限。

资本主义国家实行纸币流通制度以后,普遍存在着通货膨胀,致使币值长期动荡不定,国际收支危机日益加深。20世纪50年代初,美国发动侵朝战争,美元开始贬值。20世纪60年代,美国又发动了越南战争,它的国际收支危机进一步恶化。由于日本和原联邦德国的崛起,美元的国际地位越来越弱,当货币危机袭来时,它常是被抛售的对象。要想不让美元汇率下跌,美国就要拿出巨额的黄金储备或举借巨额的外债进行市场干预。在美国难以重负和国际收支不能改善的情况下,1971年12月不得不将美元法定贬值,贬值幅度为7.89%,黄金每盎司35美元提高为38美元。西方国家只得重新调整汇率,波动幅度也由原来的±1%扩大为±2.25%。

由于汇率波动幅度的扩大,仍不能解决因美元危机造成的德、日与美国日益加深的矛盾,他们只得投放大量本国货币收回在市场上抛售出来的美元。仅1973年2月1日至3月1日,不到30天的时间里,原联邦德国投放到流通中的货币就增加了250亿德国马克,造成本国通货膨胀加剧,从而增加了其出口成本,削弱了对外竞争力。这实际上是美国转嫁通货膨胀、削弱竞争对手的一种手段。德、日等国当然要激烈反对,西方各国也均表示不承担保护美元的义务,普遍放弃公布本国货币的黄金平价。与此同时,以美国为首的一些国家也极力推行黄金非货币化政策,主张各国货币无需与黄金挂钩,无需以一定量的黄金来表示本国货币单位。为此,1976年国际货币基金组织开始推行黄金非货币化,各国货币不再以法律规定其含金量。在这种情况下,决定汇率的基础又该是什么呢?普遍观点认为,汇率决定的基础是两种货币实际所代表的价值量,并受外汇市场供求状况和各国的政治、社会、经济条件的影响。

四、汇率变动的影响因素及对经济的影响

汇率既然是货币的一种价格,它的不断波动或变动就应该是极其自然的事,然而,究竟是哪些主要原因引起了一定时期内汇率的较大浮动或变动,汇率的波动又会对经济产生什么样的影响,则是人们需要认真关注的问题。

(一)汇率变动的影响因素

汇率的波动受很多因素的影响,大到一个国家兴盛衰败,小到一个国

家领导人的生老病死,甚至一条流言,都足以使汇率上下激荡。汇率的变动,并不是没有规律可寻,归结起来,主要受以下几大因素的影响:

1. 主要的经济因素:

(1)物价水平和通货膨胀。在纸币流通的条件下,两国货币之间的比率,从根本上来说,是由各自所代表的价值量决定的。物价是一国货币价值在商品市场上的体现,物价水平意味着该国货币价值绝对额的大小。通货膨胀则表示该国货币所代表的价值量的下降。因此,一国物价水平和通货膨胀率的高低是决定该国货币对外汇率的主导因素。如果一国相对于其他国家具有较高的通货膨胀率,以外币所表示的出口商品的价格就会提高,必然会削弱本国商品在国际市场上的竞争能力,引起出口的减少,同时,提高外国商品在本国市场上的竞争能力,造成进口增加。这会引起本国国际收支状况的恶化,对外汇的需求大于对外汇的供给,造成本国货币在外汇市场上的汇价下跌。同时,如果一国通货膨胀率较高,人们就会预期该国货币的汇率将趋于疲软,继而在外汇市场上抛出手中持有的该国货币,造成该国货币在外汇市场上的进一步下跌。总之,如果一国通货膨胀率高于别国,该国货币在外汇市场上就趋于贬值;反之,则会趋于升值。

例如:20 世纪 70 年代联邦德国马克汇率十分坚挺的一个重要原因,就在于联邦德国的物价指数低于其他国家。相反,美、法、意大利的通货膨胀率一直偏高,使这些国家汇率下跌。进入 20 世纪 80 年代,巴西通货膨胀率扶摇直上,1993 年高达 2 708%,汇价跌到 1 美元 = 2 750 克鲁塞罗。1989 年,波兰月平均通货膨胀率为 40%,1990 年 1 月汇率由 1 美元 = 6 500 兹罗提,公开贬值到 1 美元 = 9 500 兹罗提。

(2)国际收支状况。从外汇的最终供给和需求角度考虑,一国国际收支状况对汇率变动往往产生直接的影响。在一般情况下,一国国际收支逆差,就意味着在外汇市场上外汇供不应求、本币供过于求,结果是外汇汇率上升,本币汇率下降;反之,一国国际收支顺差则意味着外汇供过于求,本币供不应求,结果是外汇汇率下降,本币汇率上升。

(3)资本流动。资本在不同国家间大量流动会使汇率发生重大变动。资本的大量流入,会增加对流入国货币的需求,使流入国的外汇供应增加,外汇供应的相对充足和对流入国本币需求的增长,会使本币币值上升,外汇汇率下降;相反,一国资本大量流出,就会出现外汇短缺,对本币需求下降的情况,使本币币值下降,外汇汇率上升。

(4)经济增长差异。一国经济增长势头的高低对汇率的影响是多方面的。首先,一国经济增长率高,意味着该国国民收入增加,社会需求增加,可能由此导致进口支出的大幅度增长,从而带动外汇需求增加将拉动外汇汇率的上升。其次,一国经济增长率高,往往也意味着生产率的提高和生产成本的降低,由此提高本国产品的竞争能力,增加出口,增加外汇供给。同时,经济增长势头好,意味着投资利润高,由此会吸引国外资金流入,改善该国资本账户收支。这些因素都倾向于提高该国货币在外汇市场上的汇价。总起来说,高经济增长率在短期内不利于本国货币在外汇市场的汇价,但从长期来看,却强有力地支撑着本国货币的升值。

2. 主要政策因素:

(1)利率政策。利率政策是指一国采取的变动本国银行利率水平对本国经济加以调整的经济政策。一些国家为了使汇率朝着有利于本国经济发展的方面变动,往往利用利率政策加以调节,而利率的差异将引起资本在国际间移动,受利益动机的驱使,资本一般总是从利率较低的国家流向利率较高的国家。这样,如果一国的利率水平高于其他国家,就会吸引大量的资本流入,本国资本流出减少,导致外汇市场上抢购本国货币,本国货币就会趋于升值;反之,如果一国的利率水平相对于他国下降,则会引起外来资本和本国资本外流,恶化资本账户收支,降低本国货币的汇价。

可以说:"利率升,货币强;利率跌,货币弱。"如在 20 世纪 80 年代,国际货币市场上英镑、澳元、加元的利率相对比较高,而利率高在相当程度上弥补了其汇率的低落,每逢美元下跌时,人们总是抢购英镑、加元和澳元。1987 年 8 月,美元大幅下跌,人们争相购英镑,因英镑当时的利率高达 15.5 厘,致使英镑在很短的时间里由 1 英镑 = 1.65 美元升值到 1 英镑 = 1.90 美元。升幅达 20%。又如自 1995 年 4 月以来的美元兑日元的升值,其主要原因是美、日间的大幅利差的存在。日元长期低息在 2% 以下,中央银行的再贴现率在 0.5% 以下,低于美元利率,已达历史最低点,使日本的投资者不断向境外转移资本,扩大对美元的金融资产的投资,致使美元升值,而日元贬值。

(2)汇率政策。汇率政策是影响汇率的一个重大因素,它直接影响到汇率的变动。一个国家必须经常不断地检查外汇汇率是否适当,以便作出及时的调整,适应商品进出口、资本流出入和国民经济发展及结构调整的需要。例如,有的国家为鼓励资本输出,增强币信,提高本币在国际上的地位,而将本币定值偏高;有的国家为了扩大出口,限制进口,往往将本币对外币定值偏低。在国际金融市场上,一个国家金融主管部门负责人的政策性讲话,也会引起汇率的上下波动,甚至是剧烈的波动。

1998 年 10 月 6 日,日本大藏大臣宫泽喜一宣称:日本政府将不会容忍日元过度疲弱,正在考虑一些改善日元的特别政策。这无疑暗示日本政府拯救金融、振兴经济的方案可望迅速出台。这一消息像一针“强心剂”,给日益低迷的日元汇率找到了复苏的动力。而对国际外汇市场来说,宫泽喜一的讲话像是一枚“核弹”,诱发了一场大地震。7 日,1 美元由前一天兑换 130.70 日元比价一下子跌到了 118.80 日元,以至令美国纽约外汇市场的交易员都目瞪口呆。这天,日本贸易振兴协会理事长推波助澜,表示美元合理汇价应为 110 日元。执政的自民党也提出金融法案,为政府利用公共基金以整顿疲软不振的银行业打下基础。于是,大笔日元买盘出现。一些国际对冲基金带头大举抛售美元,使得美元汇率急剧下跌,8 日,跌到 1998 年来的最低点 1 美元 = 111.40 日元,短短 3 天,美元兑日元汇率下跌了 17.3%。3 天美元的惨跌,是自 1973 年浮动汇率制度普遍实行以来,国际外汇市场所没有过的震动。美国旧金山联邦储备银行行长佩里说:“我从来没有想到美元会跌得这么惨!”

(3)外汇干预政策。外汇干预政策是指一国政府或货币当局通过利用外汇平准基金介入外汇市场,直接进行外汇买卖来调节外汇供求,使汇率朝着有利于本国经济发展的方向变动。1997 年 5 月 14 日,泰铢兑美元下跌到 11 年来的最低水平——100 泰铢兑 3.815 美元,东南亚国家和地区的中央银行联合起来出面干预外汇市场。据报道,泰国、中国香港、新加坡与马来西亚中央银行吸购了数百亿美元的泰铢,至 5 月 15 日,泰铢兑美元回升了 2.5%,至 100 泰铢兑 3.91 7 美元。

3. 其他因素:

(1)投机因素。投机,顾名思义是投用机会,它的特征是逆潮流而动,逆多数人的看法、观点和行动而动。但是人们迷信权威亦有从众的心理,所以在环境正常的条件下,影响汇率变动的一个非常重要的因素是投机。在国际外汇市场上,目前有上万亿的所谓“游资”(Hot Money),被用来进行外汇投机交易。投机者如果预期某种货币将升值,就会大量购进该种货币,从而造成该种货币汇价的现实上升;反之,投机者若预期某种货币将贬值,就会大量抛售该种货币,从而造成该种货币汇价的即刻下跌。可以说,投机因素是外汇市场汇价短期波动的重要力量。国际金融炒家索罗斯诱发、加剧“英镑危机”和东南亚金融危机就是最突出的例子。当索罗斯发现英国、泰国经济上的弱点和金融上的缺陷后，敢冒投机家之大忌而与一国或地区的中央银行相对抗。当他从英国赚取近10亿美元后，他的话成了国际上金融投机分子的金科玉律，即使是谣言，也会在全世界不胫而走。1997年6月下旬他预言：不排除泰国铢贬值20个或者更多个百分点的可能性。全世界的投机家们认为，这是索罗斯向他们发出的攻击令，“卖掉铢，卖掉泰国股票！”泰国政府无能为力，7月2日只得放开泰铢同美元挂钩的汇率，任其币值自由跌落，一下子贬值1/3，并且在很短的时间波及到了整个东南亚。

(2)心理预期因素。在影响外汇汇率走势的各种因素中，最难以把握的就是心理因素。它是影响汇率短期走势的重要因素。从实际来看，有许多心理因素经常影响外汇市场的波动，盲目跟风就是其中一例。当人人都看好美元时，美元总是升到不合理的水平，但升势依然没办法遏止；当人人都看淡美元时，美元会被过度抛售，跌势也持续不遏。所以，有些时候在心理因素的影响下，市场有不少不合理现象是没法解释的。

心理因素只有在一定的市场条件下才会产生并起作用。外汇市场处于牛市时，行情上涨，一些微不足道的利多消息就会刺激看好心理，引起汇率上升；外汇市场处于熊市时，行情下跌，人心看淡，往往任何利好消息也无力挽回汇价疲软的趋势，而一些微小的利空消息就会使汇率急剧下降。1997年7月爆发的东南亚金融危机，很多西方经济学家认为，东南亚国家居民心理看淡本国货币是其本国货币贬值的原因之一。

(3)政治因素。政治因素对汇率走势的影响也至关重要。政治因素一般来得很突然，所以很难预测。它主要包括：政权更迭、政变或战争、政府官员丑闻或下台，以及罢工等。当一个国家或地区政权更迭时，或发生政变或爆发战争的时候，该国的货币就会呈现不稳定而下跌，局势动荡永远都是打击该国货币的重要原因。例如，菲律宾曾多次发生军人政变，菲律宾比索都因此而挫落。伊拉克入侵科威特之后，科威特国家的货币就在一夜之间变得一文不值了。日本政府高层官员多次涉及股票内幕交易丑闻而导致日本股市大跌，日元跌落；另外也曾因为内阁成员涉及桃色丑闻而打击日元汇价。英国前任财政大臣罗逊宣布辞职时，令英镑汇价急跌。美国前总统里根因面部皮肤癌而动手术期间，引发市场抛售美元，美元汇率下跌。1998 年,美国前总统克林顿丑闻不断,使美元几次起落。可见,每一个国家政府构架呈现不稳定时,都会打击该国的货币。

上述各种因素的关系错综复杂,有时各种因素会同时发生作用;有时个别因素起作用;有时各因素的作用又相互抵消;有时某一因素起主导作用,突然又被另一因素所代替。但是,在一定时期内(如 1 年)国际收支是决定汇率基本走势的主导因素;通货膨胀与财政状况、利率水平和汇率政策起着助长或削弱国际收支的作用;心理预期与投机因素不仅是上述各项因素的综合反映,而且在国际收支状况所决定的汇率走势的基础上,起推波助澜的作用,加剧汇率的波动幅度。从最近几年来看,在一定条件下,利率水平和政治因素对一国货币汇率的涨落起重要作用。总之,对汇率实际变动进行分析的时候,必须注意对有关因素进行综合分析和总体考察,以期得出较为切实的结论。

(二)汇率变动对经济的影响

1. 汇率变动对进出口贸易的影响。汇率变动会引起进出口商品价格的变化,从而影响到一国的进出口贸易。一国货币的对外贬值有利于该国增加出口,抑制进口。这是因为,该国货币贬值以后,以外币所表示的出口商品价格会下跌,从而诱发国外居民增加对本国出口商品的需求,所以会增加出口。同时以本币表示的进口商品价格会上涨,迫使本国居民减少对外国产品的需求,从而抑制进口。从供给的角度看,一国货币贬值后,该国出口商出口同样价值的商品,所得外汇可以换得更多的本国货币,也就是提高了其营利能力,从而有利于其出口。反之,如果一国货币对外升值,即有利于进口,而不利于出口。这是因为,该国出口商通过出口所获利润就会减少,这会影响出口商的出口积极性,或者迫使其提高出口产品价格,而这样一来,将不利于本国出口产品在世界市场上的竞争力;另一方面,一国货币对外升值意味着国外产品相对于本国产品的价格降低,这会诱发本国居民增加对外国产品的需求。

现举例说明,以日元兑美元的比价为例。原比价为 USD1 = JP￥150,后日元升值为 USD1 = JP￥100,对日本出口来说,如果商品出口售价为 40 美元,按原汇率 1∶150 计算,40 × 150 = 6 000(JP￥);按升值后汇率 1∶100 计算,40 × 100 = 4 000(JP￥)。很明显,日元升值后,日本厂商少收入 2 000JP￥。日商就会不愿意出口。若日商仍想收入 6 000JP￥,就得提高商品售价为 60 美元,提高价格,日本产品在美国市场上的竞争力就会下降,美国居民就会减少对日本产品的需求,最终使日商减少出口。

对日本进口来说,如果进口商品价格为 10 美元,按以前汇率 1∶150 计算,日本进口商需支付 10 × 150 = 1 500 (JP ¥);按升值后汇率 1∶100 计算,日本进口商需支付 10 × 100 = 1 000(JP ¥)。若日元升值,日本进口商就会少支付500 日元;而且美国商品在日本市场上的竞争力提高,日本居民就会增加对美国商品的需求,最终使日本进口增加。

2. 汇率变动对非贸易收支的影响。一国货币的贬值对该国国际收支经常账户中旅游和其他劳务的收支状况也会起影响作用。因为一国货币贬值后,外国货币的购买力相对提高,贬值国的商品、劳务、交通、导游和住宿等费用就变得相对便宜,这对外国游客无疑增加了吸引力。贬值对其他无形贸易收支的影响也大致如此。反过来,一国货币的升值提高了本国旅游和劳务的相对价格,从而抑制了国外游客对该国劳务的需求,因而会降低该国的旅游、劳务等非贸易收入。

3. 汇率变动对资本流动的影响。一般来说,一国货币的贬值将对本国资本账户收支产生不利影响。这是因为,一国货币贬值后,本国资本为了防止货币贬值的损失,就大量抛出该国货币,购进其他币种,从而使资金从国内流向国外。不过,由于人们对外汇市场变动趋势的预期不同,情况也可能发生相反的变化。例如,如果人们认为贬值已使得本国汇率处于均衡水平,那些原先因本币定值过高而外逃的资金就会抽回国内。如果本币升值,本币所表示的金融资产价值上升,吸引力增大,有利于外国资本的流入,使国际收支状况得到改善。

在来自国外的直接投资中,以合资或独资形式出现的实物投资与金融资产投资不同。因为汇率是货币价值的对外表现,如果本币贬值,外商以外币计价的实物投资将可以折算成更多的投资国货币,从而有利于外国资本的流入;反之,本币升值则不利于外国资本的流入。当然,任何事情总是利弊相联,有利则有弊。本币贬值,虽有利于外国资本流入,但当其把所得利润折成外币汇出时,只能按现在的汇率计算,折成的外币就比原来的少;反之,则相反。

汇率的变动影响到借用外债的成本。一国从国外借款,本币贬值,外汇汇率上升不利于本国即债务国,有利于债权国。因为,外汇汇率的上升会使债务的还本付息的负担加重。如果这些债务负担沉重的国家形成了债务危机,则更不会有国际资本向这些国家流动;反之,本币升值,外汇汇率下降有利于债务国而不利于债权国,其情形与上述情况正相反。

4. 汇率变动对国内生产及就业的影响。一国货币对外贬值后,其国际贸易收支往往会得到改善,即出口增加,进口减少。如果该国还存在闲置的生产要素(包括,劳动力、机器等资本品和原材料),则其国内生产就会扩大,从而带动国内经济增长,实现充分就业。反之,一国货币对外升值则有可能引起国内生产的萎缩。这是因为,货币升值会抑制本国产品的出口,直接阻碍出口工业的发展;同时,升值又刺激进口的增加,加剧本国产业受到来自国外产品的竞争压力,从而间接影响国内许多相关行业的生产水平,失业就会增加。

5. 汇率变动对国内物价的影响。汇率变动对国内物价水平也有重要影响。如果本国货币对外升值,那么,以本币表示的进口商品的价格便会下降,进而带动国内同类商品价格以及用进口原料在本国生产的产品价格的下降;同时,以外币表示的本国出口商品价格会上升,致使部分出口商品转为内销,国内市场上商品会出现供大于求,促使国内物价的下降。而如果本国货币对外贬值,就会刺激出口增加,而出口商品的增加又会使国内市场的商品供应发生缺口,结果使价格上升;同时,以本币表示的进口商品价格会上升,进而带动国内同类商品以及用进口原料生产的产品价格的上升,致使整个国内物价上升。

6. 汇率变动对国内资源配置的影响。一国的产业结构可以从多种角度进行划分。其中,与汇率变动关系密切的划分方法是把产业结构分为两大部门,即国际贸易品部门和非国际贸易品部门。前者的产品参与国际贸易,后者的产品主要在国内消费。汇率变动对这两个部门的产品有着极不相同的影响,从而影响整个国内资源在两个部门间的配置。以货币贬值为例。一国货币贬值后,由于出口规模的扩大,使出口部门的利润增加,进口替代品的价格由于进口贸易品以本币表示的价格上升而被带动上升,从而整个国际贸易品部门的价格相对于非国际贸易品部门的价格就会上升。由此诱发生产资源从非国际贸易品部门转移到国际贸易品部门。这样,一国的产业结构就会导向国际贸易部门,整个经济体系中国际贸易品部门所占的比重就会扩大,从而提高本国的对外开放程度,即有更多的产品同外国产品相竞争。

7. 汇率变动对世界经济的影响。小国的汇率变动只对其贸易伙伴国的经济产生轻微的影响,而发达国家的自由兑换货币汇率的变动对国际经济就会产生比较大的，甚至巨大的影响，因为这些国家的货币一般被国际社会普遍接受。其影响表现为：①这些国家的货币大幅度贬值或升值至少在短期内会不利于其他工业国和发展中国家的贸易收支，由此可能引起贸易战和汇率战，并影响世界经济的景气。②这些国家的汇率变动将会引起国际金融领域的动荡。货币的升值或贬值，对参与此种货币的交易或以此种货币作为交易媒介的经济主体，即跨国公司、跨国银行等将会产生直接的利害关系。为了避免汇率变动可能造成的损失，上述经济主体往往进行频繁的金融交易以对资产保值或谋取投机利润，由此使国际金融形势呈现出动荡不定的局面。③这些国家的汇率不稳定、不定期会给国际储备体系和国际金融体系带来巨大影响，目前的国际货币多样化正是其结果之一。历史上，英镑、美元的不断贬值使其原有的国际货币地位严重削弱，继而出现了日元、原德国马克等货币与其共同充当国际间计价、支付和储备手段的局面。

第三节　外汇交易与风险防范

一、外汇交易

外汇交易是指在外汇市场上，市场参与者之间发生的将一种货币按照既定的汇率兑换成另一种货币的买卖行为和过程。一般人们也称之为外汇买卖。学者伊丹·皮诺对此有一句精彩的概括：“正是‘国际主义的贸易与国家主义的货币’的共存”导致了外汇交易的产生。

从交易的本质和实现的类型来看，外汇交易分为两大类：一类是为满足客户真实的贸易、资本交易需求进行的基础外汇交易；另一类是在基础外汇交易上，为规避和防范汇率风险或出于外汇投资、投机需求进行的外汇衍生工具交易。

从这个角度出发，目前，外汇市场上主要的外汇交易有即期外汇交易、远期外汇交易、择期外汇交易、外汇期权交易、外汇期货交易、掉期外汇交易、套汇与套利交易等。

（一）即期外汇交易

即期外汇交易又称现汇交易，是指在外汇买卖成交后两个营业日内（指当天或次日，遇节假日顺延 1 天），按成交时的市场汇率进行交割的外汇业务。例如,2001 年 11 月 8 日(星期四),纽约花旗银行和日本东京银行通过电话达成一项外汇买卖交易,纽约花旗银行愿意按 1 美元 = 119.85 日元汇率卖出 1 198.5 万日元,买入等值的美元。11 月 9 日(星期五),花旗银行和东京银行分别按照对方的要求将卖出的货币解入对方指定的账户内,从而完成了整个交易过程。

(二)远期外汇交易

远期外汇交易或称期汇交易,是指买卖双方在买卖成交后并不立即进行交割,而是约定在将来的某个日期进行交割的外汇买卖。目前,在国际外汇市场上,远期外汇交易的期限范围很广,最短的为 3 天,最长的为 5 年。但最常见的期限有 1 月期、2 月期、3 月期、6 月期以及 1 年期,最多是 3 月期的交易,1 年期以上的很少见。一般报刊公布的外汇行市中,远期都只标出 1 个月和 3 个月两种。我国开展的远期外汇交易,最短为 7 天,最长为 1 年,分 14 个档次。该项业务的币种共 4 种:美元、日元、欧元、港币。

远期外汇到期时的"交割日"一般是按月而不是按天计算的。在少数情况下,有的客户出于某种特殊需要,也可以同银行签订特殊日期或带零头日期(如 78 天或 227 天等等)的远期外汇合同,叫做零星交易(Odd Date 或 Broken Date Transaction)。

与即期外汇交易不同,远期外汇交易最主要的作用是能够用于避免汇率风险。通过远期外汇交易,能够事先将外汇的成本或收益固定下来,有利于成本核算,从而能有效地避免或减少汇率风险。

对于出口商来说,在出口交易成交时,可马上在外汇市场上卖出一笔与出口收汇期一致、数量相同的远期外汇。在收到出口所得的货款后,再按规定的汇率进行远期外汇的交割,这样做的结果就保证了出口收汇的本币价值,避免了因外汇汇率下跌而带来利润损失。同样,进口商可在进口贸易成交后,买入将要支付的远期外汇,以固定进口成本。

例如:假定某一日本出口商向美国进口商出口价值为 10 万美元的商品,约定 3 个月付款,双方签约时汇率为 USD/JP ¥ = 130,按此汇率计算,出口这批商品可换得 1 300 万日元。但 3 个月后,若美元汇价跌至 USD/JP ¥ = 120,则出口商只可换得 1 200 万日元,比按原汇率计算少收入 100 万日元。可见,日元升值将对这一出口商造成损失。因此,日本出口商在订立合同的同时,马上与银行签订卖出 10 万美元的远期外汇合同。若期汇汇率为 USD/JP ¥ = 125。这样 3 个月后无论汇率如何变化,日本出口商可从银行得到 1 250 万日元,减少了 50 万日元的损失。

(三)择期外汇交易

择期外汇交易实质上是一种特殊的远期外汇交易,指在所做的远期交易中,只规定交割的期限范围,而不规定具体的交割日期。在规定的交割期限范围内,客户可以按预定的汇率和金额自由选择日期进行交割。例如,一笔 3 个月的远期外汇交易,应于 9 月 20 日到期交割,如决定做择期交易,即可由买卖双方规定一个交割期限,如在 9 月 1 日到 20 日内交割,在此期限内,可由客户自行选择交割日期。

择期交易业务是为了适应进出口商在贸易合同签订后,由于不可能预先知道确切的支付款项日期,又要尽量防范汇率变化的风险而出现的。如果只做远期业务,当付款日不是交割日时,会受到汇率变动带来的损失,通过择期交易可选择与付款日一致的远期交割日,从而达到避免外汇风险的目的。

由于择期外汇交易的顾客对具体交割日期有选择的主动权,而银行则处于被动地位,银行受到汇率变动损失的可能性大。因而使用的汇率对顾客不利而对银行有利,这既是对银行承担风险的一种补偿,也是顾客在交割日取得主动权而应付的代价。总的来说,银行将选择从择期开始到结束期间最不利于顾客的汇率作为择期交易的汇率。

(四)外汇期权交易

远期外汇的买方(或卖方)与对方签订购买(或出卖)远期外汇合约,并支付一定金额的期权费(Premium)后,在合约的有效期内,或合约规定的到期日,有权决定履行或不履行合约。这种具有选择权的外汇交易叫期权交易。

外汇期权交易是客户对未来外汇资金进行保值的有效手段。在到期日,期权的买方有权利但非义务买入或卖出某一种外汇或其他金融工具,为此,买方在交易之初要支付一定的期权费。它与远期外汇买卖的不同在于:远期外汇交易对买卖双方都有约束力,到期后双方按远期价格交割,将外汇成本或风险锁定;而期权交易的买方在预付期权费后,在固定风险的前提下,还有机会得到潜在的收益,且买方只有权利没有义务(卖方相反)。例如,一家美国公司从加拿大进口一批货物,3 个月后需支付 1 000 万加元,按 1 美元 = 1.5 加元的协定价格购买期权,期权费为 5 万美元。如到时现汇汇率是加元升值,1 美元 = 1.3 加元,需支付 769.23 万美元(1 000 ÷ 1.3),进口商(美国公司)执行合同。这比市场汇率购买加元节省了 97.57 万美元〔769.23 -(1 000 ÷ 1.5) -5〕。相反,如果加元贬值 1 美元 =1.6 加元,需支付 625 万美元(1 000 ÷1.6),进口商(美国公司)可以不执行合同,而按市场汇率购入加元,可营利 36.66 万美元〔(1 000 ÷1.5) -625 -5〕。

外汇期权就其内容来看,可分为买进期权和卖出期权。买进期权又叫看涨期权,是指合约的购买者有权在合同期满时或在以前按协定汇率购进规定数额的外币,也有权不买,作为避免该种外币汇率过度上涨而带来的汇率风险。卖出期权又称看跌期权,即合约购买方有权在合同期满时或在此以前按约定汇率卖出规定数额外币,当然也有权不卖,以避免该种外币汇率过度下跌所造成的汇率损失。

以期权的行使时间来分,外汇期权又有欧式期权与美式期权之分。欧式期权是在合约规定的到期日,向对方宣布,决定履行或不履行购买(或出卖)期权合约。美式期权是在合约规定的有效期内的任何一天,向对方宣布,决定履行或不履行购买(或出卖)期权合约。美式期权较欧式期权更为灵活,故其期权费高。

外汇期权交易一般有 3 个特点:①期权交易下的期权费不能收回;②具有履行或不履行合约的选择权;③期权费的费率不固定。

(五)外汇期货交易

外汇期货交易是金融期货的一种,它是在有形的交易场所,通过结算所的下属成员清算公司或经纪人,根据成交单位、交割时间标准化的原则,按约定价格购买或卖出远期外汇的一种业务。

外汇期货与远期外汇交易极其相似,都是以合约形式事先约定汇率和交割期,而非即日交易。但二者又有许多不同:

1. 外汇期货是买方或卖方与期货市场的结算所签约,与结算所发生直接合同关系;而远期外汇交易是买卖双方签约,产生合同责任关系。

2. 外汇期货是标准化、格式化的远期外汇交易。①合同金额标准化,不同外汇期货合约的交易金额都有特殊规定,比如,英镑为 62 500,欧元为 125 000,日元为 12 500 000,瑞士法郎为 125 000,加拿大元为 100 000 等。②交割期限和交割日期固定化。交割期一般与日历月份相同,多为每年的 3 月、6 月、9 月和 12 月。1 年中其他营业时间可以买卖,但不交割。比如,5 月份购买的 12 月期货合约,其含义是指 12 月份到期的合同,而非 12 个月后即下年 5 月到期的合同。具体交割日多是到期月份的第三个星期的星期三。

3. 外汇期货在公开市场竞价交易，由于是在交易大厅内进行，人头攒动，喧哗嘈杂，面对面说话难以听清楚，所以要借助手势报价。而远期外汇交易是通过银行柜台业务或电传电话、网上报价交易。

4. 外汇期货的买方只报买价，卖方只报卖价，而远期外汇交易买卖双方都要分别报出买、卖两种价格。

5. 外汇期货交易实行会员制，非会员要进行外汇买卖必须通过经纪人，所以要向经纪人交纳佣金；远期外汇交易一般不通过经纪人，不用交纳佣金。

6. 外汇期货一般不最后实际交割，实际交割的通常不到交易额的 1%。远期外汇交易大多最后交割。

7. 外汇期货交易实行“保证金”制度，通常为合同金额的 2% ~3%，而远期外汇交易一般不收保证金。

外汇期货有两大基本用途，即套期保值和外汇投机。例如：预计瑞士法郎对美元的汇率将提高，3 月 1 日在芝加哥国际货币市场购进 1 份 6 月交割的瑞士法郎期货合约，当天汇价 CHF1 = USD0.600 3，合约值 USD75 037.5（0.600 3 ×125 000），支付保证金 USD1 500。4 月 25 日，6 月份交割的期货合约结算价格为 CHF1 = USD0.621 4，卖出合约，其值为 USD77 675（0.621 4 × 125 000），营利 USD77 675 − USD75 037.5 = USD2 637.5（含保证金）。扣除保证金，净盈利 1 137.5（2 637.5 −1 500）美元。

（六）掉期外汇交易

掉期外汇交易是指外汇交易者在外汇市场上买进（或卖出）某种外汇时，同时卖出（或买进）相等金额，但期限不同的同一种外国货币的外汇交易活动。例如，以 A 货币交换 B 货币，并约定未来时日，再以 B 货币换回 A 货币。由此可见，掉期外汇交易的特点：①买进和卖出的货币数量相同；②买进卖出的交易行为同时发生；③其交易方向相反，交割的期限不同。符合这 3 个条件的，都可视为掉期外汇交易。

例如：某日泰国银行公布的即期外汇汇率为1 美元 =25泰铢，1 个月的远期汇率为 1 美元 =30 泰铢，泰国铢贬值 20%。这时外汇投机商就可做一笔掉期交易。①投机商以即期汇率买入 1 亿美元，卖出 25 亿泰铢；②投机商同时以远期汇率卖出 1 亿美元,买入 30 亿泰铢,获利 5 亿泰铢。

在掉期外汇交易中,一种货币在被买入的同时即被卖出,并且所买入的货币与所卖出的货币在数额上总是相等的,因此,掉期外汇交易不会改变交易者的外汇持有额。但是,所买进的和所卖出的货币,在期限上有所不同,因此,交易的结果导致交易者所持有的货币的期限发生变化。这也正是"掉期"的含义所在。

(七)套汇与套利

有这样一个被人们传为"国际金融之谜"的故事:过去美元和加元的含金量都是 0.888 671 克,即 1 美元 =1 加元。然而,在美国境内 1 加元 = 1.11美元,而在加拿大境内 1 美元 =1.11 加元。在美国和加拿大边境住着一个农民,他手中有 1 美元现金。第一天他拿着 1 美元到加拿大那边去,花了 0.11 加元饮了一杯加拿大的葡萄酒,还剩 1 加元。晚上他回到美国,用 1 加元换回 1.11 美元,然后他花了 0.11 美元买了一杯美国的葡萄酒,再次享受美酒醉人的滋味,还剩 1 美元。第二天早上,又带上这 1 美元去了加拿大,重复前一天的行动。如果美国和加拿大境内的汇率不发生变化,他可以经久不息地每天享用两杯美酒,但这 1 美元永远用不完。那么,是谁为他支付了每天的酒钱?

我们说,如果真有这样聪明的农民的话,那是因为他找到并利用了外汇市场上从事外汇交易和外汇买卖的"诀窍",全球外汇市场正是这样一个充满财富和机遇的大舞台。

今天的外汇市场已是一个昼夜运转的、交易额高达数万亿美元的巨大的交易场所,人们可以通过电话、电传、电报、电视和网络接收信息,获得几种货币的兑换比率并及时达成外汇交易。从理论上来说,由于货币是同质商品,所以很容易比较其价格。尤其是在当今电讯业如此发达、信息技术广泛运用的情况下,世界范围内某种货币的汇率应该是趋向同一的。然而,由于客观条件如世界各主要外汇市场的营业时间不一致,供求关系不平衡,汇率一般不可能完全趋向同一,尤其是不可能同时保持多个市场的完全统一性。

在这种情况下,人们就会利用两个或多个市场汇率不一致的机会,在不同外汇市场上买卖外汇,进行投资,赚取差额,这就是所谓的"套汇"和"套利"。从一定意义上讲,外汇市场和外汇交易的功能就体现在这里。也就是说,人们从事外汇交易,进行外汇买卖投资,其交易和投资的初衷,不外乎获利和保值，其目的和手段无非有二：一是为了套汇；二是为了套利套息。

实际上，在西方发达国家，外汇买卖作为一种常见的投资活动，早已家喻户晓。从公司到银行，从富翁到贫民，无不进行着外汇投资和买卖活动。进行外汇买卖，像从事其他投资活动一样，也能以钱生钱，以小本创大利，从而既能实现保值，又能从中获利。

1. 套汇交易。套汇交易，是指利用不同时间、地点、币种在汇率上的差异或利率上的差异，从中牟利的一种外汇交易。套汇交易分为时间套汇和地点套汇。

(1)时间套汇是利用即期汇率与远期汇率的汇率差进行。如 2000 年 5 月 20 日，外汇市场上汇率为 1 美元 = 124 日元，若预计日元可能会升值，即卖出 1 万美元，买进 124 万日元，到 2000 年 8 月 20 日，汇率变成了1 美元 = 105 日元，这时卖出 124 万日元，买进 11 809 美元，暂不考虑利息和手续费，收益为 1 809 美元(11 809 - 10 000)。

(2)地点套汇是利用不同外汇市场上汇率出现的差异而进行的套汇活动。地点套汇又分为直接套汇和间接套汇。

直接套汇又称双边或两角套汇，是指利用两个不同的外汇市场上某种货币出现的汇率差异，在一个市场上买进，在另一个市场上卖出，遵守贱买贵卖的原则，赚取套汇利润。这是最简单的套汇方式。

例如：在纽约外汇市场上，1 美元 = 1. 907 5 新加坡元；在新加坡外汇市场上，1 美元 = 1. 910 0 新加坡元，新加坡元在纽约价贵，在新加坡价便宜。这样，套汇者在纽约以 USD1 = SGD1. 907 5 的汇率卖出新加坡元，买进美元，在新加坡同时以 USD1 = SGD1. 910 0 的汇率卖出美元，买进新加坡元。在两地进行套汇买卖后，每 1 美元就可得 0. 002 5 新加坡元的利润。

间接套汇又称三角套汇，是指利用三个不同地点的外汇市场上的汇率差异，同时在三地市场上贱买贵卖，从中赚取汇率差价的行为。

例如：

纽约市场	USD1 = SGD5. 00
新加坡市场	GBP1 = SGD8. 54
伦敦市场	GBP1 = USD1. 72

根据三个外汇市场上的外汇行市，如果套汇者先在纽约市场卖出1 000

万美元,买进5 000万新加坡元,然后在新加坡市场上卖出5 000万新加坡元,买进585.48万英镑(5 000万÷8.54),再立即在伦敦市场上卖出585.48万英镑买进1 007.025万美元(585.48万×1.72)。套汇结果(不考虑套汇费用)净获利润70 250美元(10 070 250－10 000 000)。

2.套利交易。套利交易又称利息套汇,分为不抛补套利和抛补套利。

(1)不抛补套利。不抛补套利是指资金持有者利用两个不同金融市场上短期利率的差异,将资金从利率较低的国家调往利率较高的国家,以赚取利率差额的一种外汇交易。这种套利活动往往是在有关的两种货币汇率比较稳定的情况下进行的。

例如:在某一时期,美国金融市场上3个月定期存款利率为年利率12%,英国金融市场上3个月定期存款利率为年利率8%。在这种情况下,资金就会从英国流向美国,牟取高利。英国的投资者用英镑购买美元现汇,存入美国银行,作为3个月的短期投资。这样,就可以获得年利率4%的利差收益。如果资金总额为10万英镑,该投资者就可以通过套利净获利润100 000×4%×3/12 = 1 000英镑。

但是,这是假定美元与英镑之间的汇率在这3个月内保持不变的前提下的结果。3个月以后,如果美元汇率下降,不仅可能使英国投资者无利可图,甚至不能收回原投资数额的英镑而遭受损失。假定当前美元汇率为1英镑 = 2.0美元,3个月后美元汇率下降到1英镑 = 2.1美元。那么,3个月后投资者可收进投资本息 $100\ 000 \times 2\left(1+12\% \times \frac{3}{12}\right) =$ 206 000美元,按1英镑 = 2.1美元折算约为98 095.23英镑。扣除存英镑的成本额 $100\ 000 \times \left(1+8\% \times \frac{3}{12}\right) = 102\ 000$ 英镑,投资者反而亏损3 904.76英镑。

由此可知,不抛补套利要承受高利率货币贬值的风险。

(2)抛补套利。抛补套利是指为了防止资金在投资期间的汇率变动风险,投资者可以将套利交易与掉期交易结合进行,即在进行套利交易的同时,进行掉期抛补,以防范外汇风险。假设在上例中,3个月的美元期汇贴水10点,也就是期汇汇率为1英镑 = 2.001 0美元。那么,英国投资者在买入美元现汇存入美国银行的同时,卖出3个月期的美元期汇,不论以后美元汇率如何变动,他都可以确保赚取一定的利差收益。3个月后，他把投资收进的本息额206 000 美元，按1 英镑 = 2.001 0 美元换回102 949 英镑，扣除成本102 000 英镑，仍可净赚949 英镑。

二、外汇风险防范

在市场经济中，企业是要承担各种风险的，其中很重要的一种风险是汇率变动所带来的外汇风险。国际上外汇风险的防范措施多种多样。近年来，我国一些企业所采用的防范外汇风险的措施取得了一定的效果。下面介绍几种主要的方法。

（一）货币选择与货币组合法

1. 本币计价法。在进出口贸易中进口方和出口方有3 种计价货币的选择方式：①以进口方本国货币计价；②以出口方本国货币计价；③以“第三国”货币计价。一般而言，进出口商均应争取以本国货币计价，因为用本币收付无外汇风险。

2. 出口选硬币，进口选软币。当出口（或构成债权）时，应尽量争取使用硬货币，即汇率呈上浮趋势的货币。这样对出口商无风险。例如，一家美国出口商向日本出口一批商品，计价1 500 000 日元，即期汇率为1 美元 =150 日元，到期应收回10 000 美元。然而到期支付时，汇率变成USD1 = JP￥125，美出口商到期可收回12 000 美元，比签订合同时，多收入2 000美元。

当进口（或构成债务）时，应尽量采用软货币，即汇率呈下浮趋势的货币。例如，加拿大一家公司借入10 000 英镑，合22 000 加元（即期汇率1 英镑 =2.20 加元）。但到期时英镑下跌，汇率为1 英镑 = 2.00 加元，此时购买10 000 英镑支付借款只需20 000 加元，节省2 000 加元。

但在实际业务中，货币选择对交易双方来说是对立的，选择何种货币并非一厢情愿，双方往往各持己见，所以，采用这种方法只有在对方处于被动（或劣势）的交易情况之下，否则难以成交。

3. 软、硬货币搭配法。各种货币的“软”与“硬”是相对的，而且是有时间性的，这一段时期是硬币，过一段时期可能成为软币。在进出口贸易中，如果要求确定某一种货币计价付款，使交易双方中的一方单独承担汇率风险，一般是难以接受的。但是，如果采取软硬货币适当搭配的办法，使汇率风险由交易双方合理分担，则是比较恰当的。

4. 多种货币组合法。多种货币组合法亦称一揽子货币计价法，是指在进出口合同中使用两种以上的货币来计价以消除外汇汇率波动的风险。例如，德国一家公司签订一份100万美元的出口合同，并在合同中规定美元、加元和英镑以40%，30%和30%的比重组成一个“货币篮”。订立合同时汇率为1美元 = 2加元，1美元 = 0.5英镑，在整个“货币篮”中，有40万美元、60万加元和15万英镑。如果支付时美元汇率下跌，1美元 = 1.5加元，1美元 =0.4英镑，那么，货币篮中60万加元就折成40万美元，15万英镑折成37.5万美元。在最后支付时，进口商支付40 +40 +37.5 = 117.5万美元。德国出口商采用“货币篮”保值，比单用美元结算多收入17.5万美元。

（二）提前收付或拖延收付法

提前收付或拖延收付法就是根据汇率的变动情况，通过调整或更改货币收付日期即外汇头寸的时间结构，以达到消除或减少外汇风险的目的。

在外币计价与支付的情况下，若预计本币升值，外币贬值，出口企业则要求提前收汇，进口企业则要求推迟付汇；若预计本币贬值，外币升值，出口企业则要求推迟收汇，进口企业则要求提前付汇。

例如：1990年8月1日，我国某企业向美国出口商品，货款为200万美元，实际支付日为11月1日。如果该企业根据各种迹象推测人民币官定汇率将在11月份下调，于是它很顺利地征得美国进口商的同意，将支付日推迟到12月1日。这样，由于人民币汇率在11月17日由USD1 = RMB4.72下调到USD1 = RMB5.22，该企业结汇后，可多得100万元人民币汇率调整的好处。

（三）外汇交易法

外汇交易法是利用即期合同法、远期合同法、期权合同法、期货合同法、掉期合同法等避免外汇风险（上述方法前面已有介绍）。

（四）综合避险法

前面介绍的某些简单避险法，有的只能消除时间风险，不能消除价值风险；有的则恰恰相反，因而无法完全消除外汇风险，只有将这些简单避险法相互配合，综合利用，才能形成综合的避险方法，以达到完全消除时间风险和价值风险的目的。综合避险法主要包括以下几种方法。

1. BSI法。BSI是Borrow - Spot - Invest的缩写，即借款—即期合同—投资法。下面分两种情况介绍：

（1）BSI 法在应收外汇账款中的具体运用。某企业在有应收外汇账款的情况下，为了防止外汇风险，先借入与应收账款货币相同、金额相等的外汇，将外汇风险的时间结构转移至现在办汇日（Spot Date）。借款后时间风险消除，但价值风险仍然存在，此风险则可通过即期外汇合同法予以消除。即将借入的外币卖出换回本币，这样，外币与本币价值波动风险也被消除。消除风险虽然有一定的费用支出，但若把换回的本币进行投资，得到一定的投资回报（利息或利润），则可抵冲一定的费用支出。这实际上是将借款法、即期合同法与投资法 3 种简单避险法进行综合运用。

例如：日本某公司在 60 天后有一笔 100 万美元的应收账款，为了预防美元贬值的外汇风险，日本公司可向银行借入相同金额的 100 万美元（暂不考虑利息因素），借款期限为 60 天，从而改变外汇风险的时间结构。日本公司借得这笔贷款后，立即按即期汇率 USD/JP￥= 100 卖出 100 万美元，买入 1 亿日元，随之日本公司又将 1 亿日元投资于日本货币市场（暂不考虑利息因素），投资期为 60 天，60 天后，日本公司把 100 万美元应收款还给银行，便可消除这笔应收账款的外汇风险。如图 8 - 1 所示。

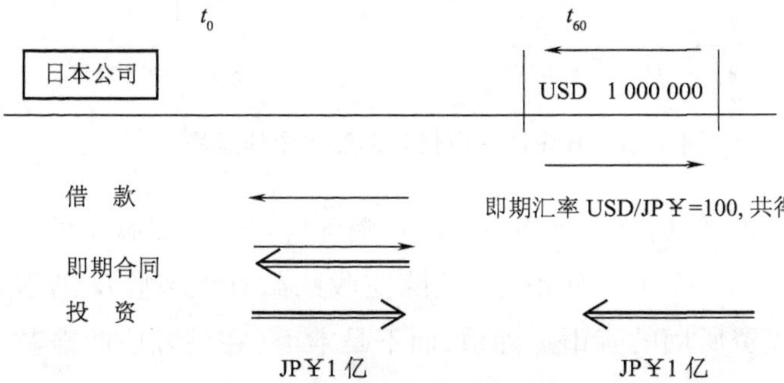

图 8 - 1　BSI 法在应收外汇账款中的运用

从图 8 - 1 中可以看出：在 t_0，即采取防险措施的当天（办汇日），通过借款、即期外汇交易和投资 3 种方法的综合运用，外币与本币的流出与流入都相互抵消了，60 天后（t_{60}），日本公司收到的外币账款，正好用以偿还其从银行的借款，剩下的是一笔本币的流入，外汇风险全部消除。

（2）BSI 法在应付外汇账款中的具体运用。当企业有应付外汇账款的情况下，为了防止外汇风险，首先借入本币，再向银行购买外汇，接着将买入的现汇投放于国际货币市场，期限与到应付外汇账款日相等。最后只剩下一笔本币的支出。

例如：某日本公司从美国进口 100 万美元的商品，支付条件为 60 天远期信用证。日本公司为防止 60 天后美元汇率上涨，首先从日本银行借入本币，期限为 60 天。然后与该行或其他日本银行签订即期外汇购买合约，以借入的本币日元购买 100 万美元。紧接着将刚买入的美元投放于欧洲市场或美国货币市场，投放的期限也为 60 天。60 天后，即日本公司的应付美元账款到期时，恰好其美元的投资期届满，以收回的美元偿付其对美国出口商的美元债务。最后仅剩下一笔本币的支出，消除了全部的外汇风险。如图 8 –2 所示。

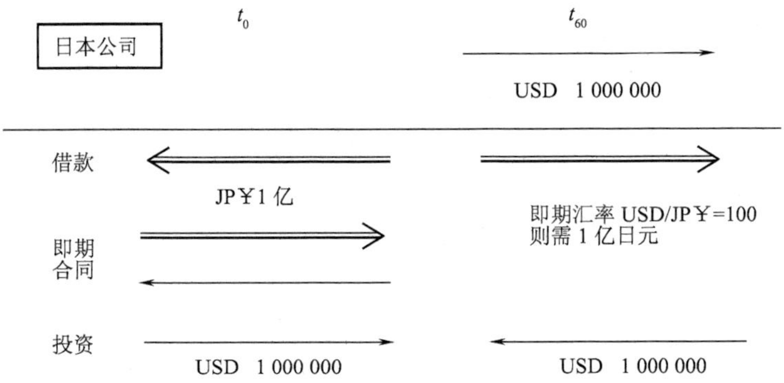

图 8 –2 BSI 法在应付外汇账款中的运用

通过图 8 –2 可以看出，运用 BSI 法在消除应付外汇账款中的外汇风险时所借入的是本币，而不是外币（在消除应收账款外汇风险中则借入的是外币）。进行投资所用的货币是外币，而不是本币（在消除应收账款外汇风险中投资的货币是本币）。

2. LSI 法。LSI 是 Lead – Spot – Invest 的缩写，即提早收付—即期合同—投资法。

（1）LSI 法在应收外汇账款中的具体运用。当某公司具有应收外汇账款时，在征得债务方的同意后，给其一定折扣请其提前支付货款，以消除时间风险，然后立即通过即期外汇交易，换成本币从而消除价值风险，再将换回的本币进行投资，取得的收益则可以抵冲上述防险的费用支出。这实际上是将提前收付法、即期合同法与投资法三种简单避险方法进行综合运用。LSI 法与 BSI 法的全过程基本相似，只不过将第一步从银行借款对其支付利息,改变为请债方提前支付,给其一定折扣而已。

我们仍以上述日本公司 60 天后有一笔 100 万美元应收账款为例。假设日本公司为了防险,在征得债务方的同意,给其一定折扣的情况下,要求其在两天内提前付清这笔债务(暂不考虑折扣具体数额),日本公司在取得 100 万美元款项后,立即采取与上例相同的防险措施,即通过即期外汇买卖换成 1 亿日元,并投资于日本货币市场。一是提前收款,消除了时间风险;二是换成本币,又消除了价值风险。如图 8-3 所示。

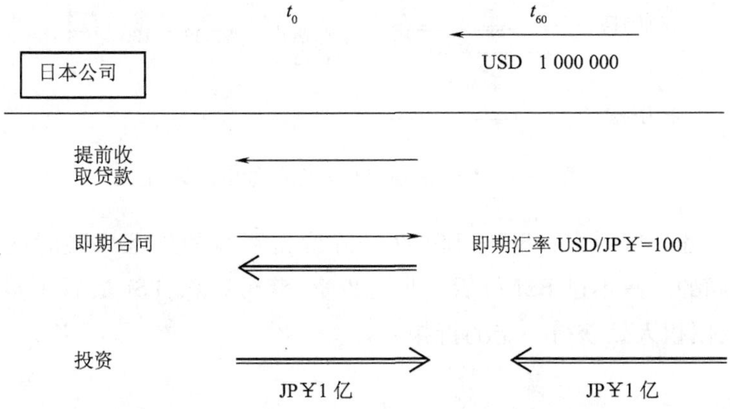

图 8-3 LSI 法在应收外汇账款中的运用

从图 8-3 中可以看出,在办汇日 t_0 有一笔提早收付的外币流入,通过即期外汇交易换成本币,以本币进行投资,在办汇日的当天,外币及本币流出入彼此抵消,在 t_{60} 时,不再有真正的外币流动,仅有一笔回收投资的本币收入,从而消除了外汇风险。

(2)LSI 法在应付外汇账款中的具体运用。LSI 法在应付外汇账款中运用的实际过程是:应付外汇账款的公司先借本币;其次,通过与银行即期交易将本币换成外汇;最后,将买得的外汇提前支付。简而言之,是先借款(Borrow),再行即期交易(Spot),最后提前支付(Lead),即 Borrow—Spot—Lead,按理这个过程应缩写为 BSL,但国际传统习惯均不叫 BSL,而仍叫 LSI。

我们还用日本某公司从美国进口 100 万美元商品,60 天后付款的例子。该公司采用 LSI 法避险,先从银行借入本币,然后通过与银行签订即期外汇交易合约,将日元兑换成 100 万美元,最后将美元提前支付(暂不考虑折扣得数额)。这样,通过借本币,换外币,再以外币提前偿付来消除全部外汇风险,将来只有一笔本币流出,借款到期时本币偿还即可。如图 8 - 4 所示。

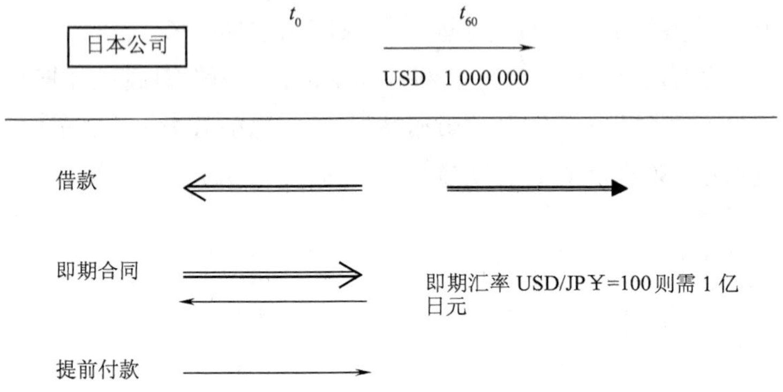

图 8 - 4 LSI 法在应付外汇账款中的运用

从上述可以看出:LSI 与 BSI 在消除应付账款的外汇风险时的机理作用是相同的。只不过 BSI 最后一步是投资,获得利息;LSI 最后一步是提前付款,从债权人处获得一定的折扣。

思考与练习

一、基本概念

国际收支的概念　国际平衡表的内容　国际储备的概念　国际储备的构成、作用和管理　外汇　外汇汇率　即期外汇交易　远期外汇交易　外汇期权交易　外汇期货交易　掉期外汇交易　套汇交易　套利交易　BSL 法　LSI 法

二、练习题

1. 国际收支平衡表的主要内容有哪些?

2. 简述确定适度国际储备规模应考虑的因素。

3. 什么是外汇汇率? 外汇汇率有哪几种标价法? 试分别进行分析。

4. 简述影响汇率变动的因素有哪些?

5. 试分析汇率变动会给一国经济带来哪些影响。

6. 什么是掉期外汇交易? 它与外汇期权交易、远期外汇交易的主要区别是什么?

7. 试述 BSI 法与 LSI 法在金融避险运用中的异同。

8. 假定某日外汇市场上几种货币的报价如下：

USD1 = HKD7.779 1/7.783 1

USD1 = CHF1.147 5/1.151 5

USD1 = JP￥103.750 0/104.150 0

(1)指出 USD/HKD 的美元买入价。

(2)指出 USD/CHF 的瑞士法郎的卖出价。

(3)根据 USD/ JP￥的报价写出 JP￥/ USD 的报价。

9. 设某日的外汇市场行情如下：纽约 GBP1 = USD1.500/10，苏黎世 USD1 = CHF1.720 0/10，伦敦 GBP1 = CHF2.520 0/10，假定你有 100 万美元，试问：

(1)是否存在套汇的机会？

(2)若存在套汇机会，请计算套汇收益。

10. 我国某外贸公司 3 月 1 日预计 3 个月后用美元支付 400 万加拿大元进口货款，预测加拿大元汇价会有大幅度波动，以货币期权交易保值。

已知：3 月 1 日即期汇价 USD1 = CAD2.000 0

(IMM)协定价格 CAD1 = USD0.505 0

(IMM)期权费 CAD1 = USD0.016 9

期权交易佣金占合同金额的 0.5%，采用欧式期权。3 个月后假设美元市场汇价分别为 USD1 = CAD1.700 0 与 USD1 = CAD2.300 0，该公司各需支付多少美元？

11. 我国某公司 8 月 2 日装船发货，收到 9 月 1 日到期的 100 万英镑远期汇票，8 月 2 日现货市场上汇率为 GBP1 = USD1.490 0，期货市场上汇率为 GBP1 = USD1.484 0。该公司担心英镑到期时贬值，带来外汇风险，于是 8 月 2 日在外汇期货市场上进行了保值交易。假定 9 月 1 日现货市场汇率为 GBP1 = USD1.460 0，期货市场上汇率为 GBP1 = USD1.454 0，请问如何操作？

12. 某日本公司 60 天后有一笔 100 万美元的应付款，为了预防美元升值的外汇风险，可采用 BSI 法或 LSI 法。试分别说明运用两种方法的操作过程，并画图说明(假设签约时即期汇率 USD1/JP￥= 100)。

参考文献

[1]米什金. 货币金融学[M]. 北京:中国人民大学出版社,1998.

[2]黄达. 货币银行学[M]. 北京:中国人民大学出版社,2000.

[3]黄达. 金融学[M]. 北京:中国人民大学出版社,2004.

[4]姚长辉. 货币银行学[M]. 北京:北京大学出版社,2002.

[5]李成. 货币金融学[M]. 北京:科学出版社,2003.

[6]殷孟波. 货币金融学[M]. 北京:中国金融出版社,2004.

[7]凌怀江. 金融学概论[M]. 北京:高等教育出版社,2004.

[8]孔祥毅. 金融理论教程[M]. 北京:中国金融出版社,2003.

[9]李翀等. 当代西方金融理论[M]. 北京:经济日报出版社,2005.

[10]柳永明. 通货紧缩论[M]. 上海:上海财经大学出版社,2002.

[11]成思危. 原因与对策:透视中国的通货紧缩[M]. 北京:经济科学出版社,2002.

[12]曹兴华. 货币银行学[M]. 北京:经济科学出版社 1998.

[13]曹龙骐. 货币银行学[M]. 北京:高等教育出版社 2000.

[14]马克思. 资本论(1-3卷)[M]. 北京:人民出版社,1975.

[15]凯恩斯. 就业、利息和货币通论[M]. 北京:商务印书馆,1963.

[16]饶余庆. 现代货币银行学[M]. 北京:中国金融出版社,1997.

[17]王松奇. 金融学[M]. 北京:中国金融出版社,2000.

[18]韩玉珍. 国际贸易与国际金融[M]. 北京:北京大学出版社,2002.

[19]贺瑛. 金融概论[M]. 北京:高等教育出版社,2004.

[20]魏文静. 金融学基础[M]. 北京:清华大学出版社,2005.

[21]盖锐. 金融学概论[M]. 北京:清华大学出版社,2005.